2024

NCS
국민건강보험공단

대표유형+실전문제

타임 NCS 연구소

2024

NCS 국민건강보험공단 대표유형+실전문제

인쇄일 2024년 2월 5일 2판 1쇄 인쇄
발행일 2024년 2월 10일 2판 1쇄 발행
등 록 제17-269호
판 권 시스컴2024

발행처 시스컴 출판사
발행인 송인식
지은이 타임 NCS 연구소

ISBN 979-11-6941-319-0 13320
정 가 17,000원

주소 서울시 금천구 가산디지털1로 225, 514호(가산포휴) | **홈페이지** www.nadoogong.com
E-mail siscombooks@naver.com | **전화** 02)866-9311 | **Fax** 02)866-9312

INTRO

국가직무능력표준(NCS, National Competency Standards)은 산업현장에서 직무를 수행하기 위해 요구되는 지식 · 기술 · 소양 등의 내용을 국가가 산업부문별 · 수준별로 체계화 한 것으로, 산업현장의 직무를 성공적으로 수행하기 위해 필요한 지식과 기술, 태도 등의 능력을 국가적 차원에서 표준화한 것을 의미한다. 즉, 그동안의 스펙 중심 채용에 따른 취업준비생의 부담과 과중한 취업 준비로 인한 사회적 부담 증가를 해소하고, 국가가 중심이 되어 능력 중심의 인재를 선발하기 위해 마련한 제도라 할 수 있다.

NCS는 국민건강보험공단을 비롯한 다수의 공공기관에서 시행하고 있고, 앞으로 더욱 확대될 것으로 예상되고 있다. 이에 따라 실제 공공기관의 채용 과정에서 NCS의 취지에 부합하는 출제 형태가 점점 늘어나고 있으며, 기존의 필기시험 유형이 NCS의 직업기초능력평가 형태를 반영한 것으로 변경되고 있는 추세이다.

본 교재는 국민건강보험공단 채용시험 준비에 꼭 필요한 수험서로서 10개 영역을 충분히 분석하여 중요 내용을 모두 반영하였고, 여러 가지의 문제 유형을 실어 국민건강보험공단 NCS 직업기초능력평가에서 처음 접하는 문제가 나오더라도 당황하지 않고 대처할 수 있도록 하였다. 또한 직업기초능력 외에도 인성검사와 면접에 대한 자료를 수록하여 학습자가 국민건강보험공단의 채용에 한발 더 다가갈 수 있도록 구성하였다.

본 교재가 국민건강보험공단의 취업을 준비하는 분들의 수고와 부담을 줄여줄 수 있기를 기대해 본다.

타임 NCS 연구소

NCS(기초직업능력평가)란 무엇인가?

1. 표준의 개념

국가직무능력표준(NCS.national competency standards)은 산업현장에서 직무를 수행하기 위해 요구되는 지식 · 기술 소양 등의 내용을 국가가 산업부문별 수준별로 체계화한 것으로 산업현장의 직무를 성공적으로 수행하기 위해 필요한 능력(지식, 기술, 태도)을 국가적 차원에서 표준화한 것을 의미합니다.

〈국가직무능력표준 개념도〉

2. 표준의 특성

| 한 사람의 근로자가 해당 직업 내에서 소관 업무를 성공적으로 수행하기 위하여 요구되는 실제적인 수행 능력을 의미합니다.
- 직무수행능력 평가를 위한 최종 결과의 내용 반영
- 최종 결과는 '무엇을 하여야 한다' 보다는 '무엇을 할 수 있다'는 형식으로 제시

❙ 해당 직무를 수행하기 위한 모든 종류의 수행능력을 포괄하여 제시합니다.

– 직업능력 : 특정업무를 수행하기 위해 요구되는 능력
– 직업관리 능력 : 다양한 다른 직업을 계획하고 조직화하는 능력
– 돌발상황 대처능력 : 일상적인 업무가 마비되거나 예상치 못한 일이 발생했을 때 대처하는 능력
– 미래지향적 능력 : 해당 산업관련 기술적 및 환경적 변화를 예측하여 상황에 대처하는 능력

❙ 모듈(Module)형태의 구성

– 한 직업 내에서 근로자가 수행하는 개별 역할인 직무능력을 능력단위(unit)화 하여 개발
– 국가직무능력표준은 여러 개의 능력단위 집합으로 구성

❙ 산업계 단체가 주도적으로 참여하여 개발

– 해당분야 산업별인적자원개발협의체(SC), 관련 단체 등이 참여하여 국가직무능력표준 개발
– 산업현장에서 우수한 성과를 내고 있는 근로자 또는 전문가가 국가직무능력표준 개발 단계마다 참여

3. 표준의 활용 영역

– 국가직무능력표준은 산업현장의 직무수요를 체계적으로 분석하여 제시함으로써 '일–교육·훈련–자격'을 연결하는 고리 즉 인적자원개발의 핵심 토대로 기능

〈국가직무능력표준의 기능〉

- 국가직무능력표준은교육훈련기관의 교육훈련과정, 직업능력개발 훈련기준 및 교재 개발 등에 활용되어 산업수요 맞춤형 인력양성에 기여합니다. 또한, 흔로자를 대상으로 경력개발경로 개발, 직무기술서, 채용·배치·승진 체크리스트, 자가진단도구로 활용 가능합니다.
- 한국산업인력공단에서는 국가직무능력표준을 활용하여 교육훈련과정, 훈련기준, 자격종목 설계, 출제기준 등 제·개정시 활용합니다.
- 한국직업능력개발원에서는 국가직무능력표준을 활용하여 전문대학 및 마이스터고·특성화고 교과과정을 개편합니다.

구 분		활용콘텐츠
산업현장	근로자	평생경력개발경로, 자가진단도구
	기 업	직무기술서, 채용·배치·승진 체크리스트
교육훈련기관		교육훈련과정, 훈련기준, 교육훈련교재
자격시험기관		자격종목 설계, 출제기준, 시험문항, 시험방법

NCS 구성

능력단위

- 직무는 국가직무능력표준 분류체계의 세분류를 의미하고, 원칙상 세분류 단위에서 표준이 개발 됩니다.
- 능력단위는 국가직무능력표준 분류체계의 하위단위로서 국가직무능력표준의 기본 구성요소에 해당 됩니다.

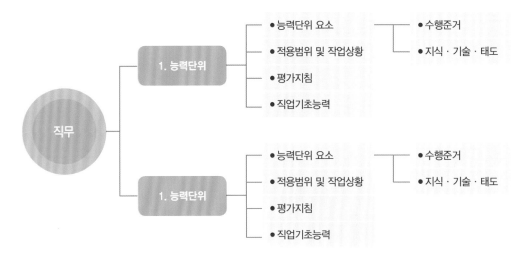

〈 국가직무능력표준 능력단위 구성 〉

– 능력단위는 능력단위분류번호, 능력단위정의, 능력단위요소(수행준거, 지식·기술·태도), 적용범위 및 작업상황, 평가지침, 직업기초능력으로 구성

구성항목	내 용
1. 능력단위 분류번호(Competency unit code)	– 능력단위를 구분하기 위하여 부여되는 일련번호로서 14자리로 표현
2. 능력단위명칭(Competency unit title)	– 능력단위의 명칭을 기입한 것
3. 능력단위정의(Competency unit description)	– 능력단위의 목적, 업무수행 및 활용범위를 개략적으로 기술
4. 능력단위요소(Competency unit element)	– 능력단위를 구성하는 중요한 핵심 하위능력을 기술
5. 수행준거(performance criteria)	– 능력단위요소별로 성취여부를 판단하기 위하여 개인이 도달해야 하는 수행의 기준을 제시
6. 지식·기술·태도(KSA)	– 능력단위요소를 수행하는 데 필요한 지식·기술·태도
7. 적용범위 및 작업상황(range of variable)	– 능력단위를 수행하는데 있어 관련되는 범위와 물리적 혹은 환경적 조건 – 능력단위를 수행하는 데 있어 관련되는 자료, 서류, 장비, 도구, 재료
8. 평가지침(guide of assessment)	– 능력단위의 성취여부를 평가하는 방법과 평가시 고려되어야 할 사항
9. 직업기초능력(key competency)	– 능력단위별로 업무 수행을 위해 기본적으로 갖추어야할 직업능력

주요 공공기관 NCS 채용제도

기 관	NCS 채용제도
국 민 건 강 보 험 공 단	CS 입사지원서, 직업기초능력평가, NCS 면접 등
교 통 안 전 공 단	자기소개서, 직업기초능력평가, 직무수행능력평가 등
건강보험 심사평가원	입사지원서, 직업기초능력평가, 직무수행능력평가 등
국 민 연 금 공 단	NCS 서류전형 등
국 립 공 원 관 리 공 단	직무관련 자격증, 직무상황 논술, 인성검사 등
한국보훈 복지의료공단	직업기초능력, 직무능력평가, 역량면접 등
한 국 환 경 공 단	NCS 이력서, 역량면접 등
한 국 수 력 원 자 력(주)	직업기초능력, 직무수행능력 평가 등
한 국 산 업 인 력 공 단	직업기초능력평가, 직무수행능력면접 등

국민건강보험공단

1. 국민건강보험공단

국민건강보험공단은 대한민국 국민의 질병·부상에 대한 예방·진단·치료·재활과 출산·사망 및 건강증진에 대하여 보험급여를 실시함으로써 국민보건 향상과 사회보장 증진에 기여함은 물론 일상생활을 혼자서 수행하기 어려운 노인에게 신체활동 또는 가사활동 지원 등의 요양급여를 실시함으로써 노후의 건강증진과 생활안정 도모를 목적으로 국민건강보험법에 의거 국민의료보험관리공단과 직장조합을 통합하여 출범한 대한민국 보건복지부 산하 위탁집행형 준정부기관이다.

국민건강보험공단은 가입자 및 피부양자의 자격을 관리하고, 보험료 기타 국민건강보험법에 의한 징수금을 부과·징수하고, 보험급여를 관리하고, 가입자 및 피부양자의 건강의 유지·증진을 위한 예방사업을 실시하고, 보험급여비용의 지급 및 급여사후관리를 하고, 자산의 관리·운영 및 증식사업을 시행하고, 의료시설을 운영하고, 건강보험에 관한 교육훈련 및 홍보를 실시하고, 건강보험에 관한 조사연구 및 국제협력 업무를 수행하고, 이 법 또는 다른 법령에 의하여 위탁받은 업무를 담당하며, 기타 건강보험과 관련하여 보건복지부장관이 필요하다고 인정한 업무를 수행한다.

2. 비전 및 핵심가치

| 비전

> **평생건강, 국민행복, 글로벌건강보장 리더**

저부담–저급여
체계에서 향후
적정부담–적정급여의
더 나은 평생건강서비스
체계로 전환하여

모든 국민이
더 건강하고
행복한 삶을
누릴 수 있는
나라를 만들고,

한국형 건강보장으로
세계표준을 선도하는
글로벌 리더가
되자은 의미

| 비전선언문

우리는 최상의 건강서비스로 국민의 평생건강을 지켜 행복한 세상을 열어가며, 글로벌 건강보험의 리더로 나아가기 위해 다음 사항을 실천한다.

하나. 우리는 건강보험의 지속가능한 발전을 추구하고, 건강수명 향상을 위한 맞춤형 건강서비스를 제공하여 국민의 평생건강을 지켜나간다.
하나. 우리는 모든 국민이 의료비 걱정 없도록 더 나은 건강보장을 실현하며 노후 삶의 질 향상으로 국민행복을 위해 최선을 다한다.
하나. 우리는 건강보장의 보편적 가치 공유를 위해 국제사회와 협력하고, 세계표준이 되는 글로벌 건강보장 리더가 되기 위해 노력한다.

이러한, 새로운 10년의 뉴비전을 실현하기 위해 가입자 · 공급자 · 정부 · 보험자가 함께 상생협력하여, 국민과 직원에게 한줄기 빛과 같은 희망을 주는 건강보험제도와 공단을 만드는데 앞장서 나갈 것을 다짐합니다.

| 핵심가치

희망과 행복
(Happiness)

평생건강서비스를 강화하여 국민에게 한줄기 빛과 같은 희망을 주고, 행복한 삶을 영위할 수 있도록 건강의 가치를 나누어 가지는 의미

소통과 화합
(Harmony)

내외부 이해관계자와 신뢰를 바탕으로 소통과 화합을 통해 건강보험제도의 지속 가능한 발전과 보건의료체계 전반의 도약을 추구해 나가자는 의미

변화와 도전
(Challenge)

기존의 제도와 틀에 안주하지 않고 변화와 혁신을 통해 제도의 미래가치를 창출할 수 있도록 도전해 나가자는 의미

창의와 전문성
(Creativity)

창의적인 사고와 최고의 전문역량을 함양하여 글로벌 Top 건강보장제도로 도약할 수 있도록 혁신을 주도하는 전문가를 지향하자는 의미

※채용 공고는 공단 사정에 따라 변경될 수 있으므로, 해당 홈페이지에서 반드시 공고문을 확인하세요.

국민건강보험공단 채용 안내

1. 채용분야 및 응시자격 [예시]

직렬	직급	분야	인원	응시자격
계			569	–
행정직		소계	287	
	6급갑	일반	190	• 다음 요건 중 하나에 해당되는 사람 – 우리공단(계약직 포함) 또는 고객센터 2년이상 근무경력자 (휴직기간 제외) – 공인어학성적(TOEIC 700점이상, TEPS 555점이상, TOEFL 79점이상) 보유자 ※ 응시원서 접수마감일 이전 2년 이내 성적
		인턴제한	45	• 우리 공단 청년인턴으로 계약하여 4개월 이상 근무한 사람
		통계	2	• 통계학 관련 전공자로서 통계프로그램(SAS 또는 SPSS) 자격증 소지자
		노무사	2	• 공인노무사 자격증 소지자 (공인노무사법 시행령 제15조에 의한 직무개시 등록한 사람에 한함)
		단시간근로 (시간선택제)	48	• 성별, 학력 등 제한없음 ※1일 4시간 근무
	6급을	소계	60	
		일반	40	• 최종학력이 고등학교 졸업자 (접수마감일 현재 대학 재학 · 휴학 · 졸업예정 중에 있지 아니한 사람)
		인턴제한	20	• 우리공단 청년인턴으로 계약하여 4개월 이상 근무한 자 중 최종학력이 고등학교 졸업자 (접수마감일 현재 대학 재학 · 휴학 · 졸업예정 중에 있지 아니한 사람)
요양직		소계	206	
		일반	184	• 다음의 자격 또는 면허증을 소지한 사람 – 간호사, 물리치료사, 작업치료사, 사회복지사(2급이상)
		지역 실거주자	22	• 다음의 자격 또는 면허증을 소지한 사람으로 – 간호사, 물리치료사, 작업치료사, 사회복지사(2급이상) • 해당지역에서만 계속 근무 가능하고 공고일 현재 계속하여 3년 이상 거주 (주민등록주소지)하면서 해당지역에 친인척이 장기요양기관을 개설(대표자, 시설장, 사무국장)하지 아니한 사람
전산직		소계	15	
	6급갑	일반	15	• 정보처리기사, 전자계산기기사, 정보통신기사 중 1개 이상 자격증 소지자
기술직		소계	1	
	6급갑	전기	1	• 전기공학 전공자로서 전기기사 또는 전기공사기사 자격증 소지자

2. 단시간근로(시간선택제) [예시]

(단위 : 명)

계	지원 지역본부					
	서 울	부 산	대 구	광 주	대 전	경 인
48	10	8	8	6	6	10

※ 근무장소는 각 지원 지역본부와 해당 지역본부에서 관할하는 지사(출장소 포함)
  채용된 단시간근로자가 전일제로 근무하고자 하는 경우 반드시 경쟁을 통한 신규채용 절차를 거쳐야 가능
  (근무 기간과 상관없이 전일제로의 전환 불가)

3. 지역 실거주자 [예시] : 22개 지역(22명)

(단위 : 명)

연 번	관할본부	근무지역	인 원
1	서 울	인 제	1
2		강원고성	1
3	부 산	함 안	1
4	대 구	고 령	1
5		영 덕	1
6		청 도	1
7		성 주	1
8	대 전	서 천	1
9		보 은	1
10		진 천	1
11		금 산	1
12		괴 산	1
13	광 주	장 수	1
14		영 암	1
15		신 안	1
16		무 주	1
17		구 례	1
18		곡 성	1
19		함 평	1
20		강 진	1
21	경 인	가 평	1
22		여 주	1

4. 응시자격 등 공통사항

- 응시자격은 원서마감일 기준이며 성별, 연령 제한은 없으나 공단 인사규정 제90조에 따라 정년(60세)을 초과한 사람은 지원 불가
- 각 채용 직렬·직급·분야 및 모집지역을 달리하여 중복 지원하거나, 동일 분야·동일 내용으로 재지원 불가
  ※ 응시원서 제출 후 증빙서류 미등록 등을 이유로 재지원하였을 경우 중복 지원으로 간주(최종 제출된 응시원서는 수정·삭제가 불가하므로 주의 요망)
- 학력 허위 기재 등 응시원서 기재 불량자는 자격미달 처리
- '6급갑' 지원자 중 남자의 경우 병역필 또는 면제자
  다만, 2016. 6. 27. 현재 근무 가능한 전역예정자는 응시가능
- '6급을'은 최종학력이 고등학교 졸업자(접수마감일 현재 대학 재학·휴학·졸업예정이 아닌 자)에 한하여 지원 가능
- 고등학교 졸업증명서와 한국장학재단에서 발급하는 학자금대출·장학금 신청증명서를 반드시 제출(미제출 시 자격미달 처리)
  ※ 학자금대출·장학금 신청내역이 있는 경우는 반드시 대학 중퇴를 증명할 수 있는 서류를 추가 제출(미제출 시 자격미달 처리)
  ▶ '6급을' 합격자가 사후에 대졸 및 전문대 이상의 학력(접수마감일 현재 재학·휴학·졸업예정 포함)이 확인될 경우 합격 취소 또는 징계해고 될 수 있음
- 시험에 있어서 부정한 행위를 한 자에 대하여는 당해 시험을 정지 또는 무효로 하고, 그 처분이 있는 날부터 5년간 채용 응시자격을 제한함(인사규정시행규칙 제15조)
- 공단 인사규정 제8조 직원임용 결격사유에 해당되지 않는 사람

직원임용 결격사유

- 피성년후견인 또는 피한정후견인
- 파산선고를 받고 복권되지 아니한 사람
- 금고이상의 형을 받고 그 집행이 종료되거나 집행을 받지 아니하기로 확정된 날부터 5년이 경과되지 아니한 사람
- 금고이상의 형을 받고 그 집행유예의 기간이 완료된 날부터 2년이 경과되지 아니한 사람
- 금고이상의 형의 선고유예를 받은 경우에 그 선고 유예기간 중에 있는 사람
- 법률 또는 법원의 판결에 의하여 자격이 상실 또는 정지된 사람
- 전직 근무기관에서 징계처분에 의하여 파면된 날부터 5년이 경과되지 아니한 사람
- 전직 근무기관에서 징계처분에 의하여 해임된 날부터 3년이 경과되지 아니한 사람

대표 유형 문제

각 영역을 대표하는 문제들을 추린 후 해설과 함께 실었습니다.

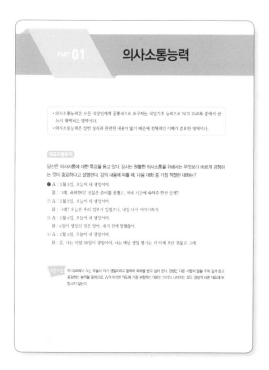

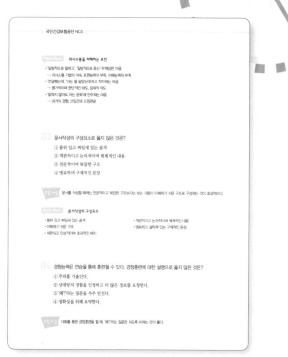

핵심정리

해설 부분에서 문제에 대한 해설 뿐 아니라 그 문제와 관련된 이론 내용을 첨부하여 관련된 문제를 쉽게 이해하고 풀 수 있게 만들었습니다.

기초 응용문제

각 영역에서 반드시 알고 넘어가야 할 이론들을 토대로 한 다수의 기초문제와, 자주 출제되는 대표유형의 응용문제들을 실어 다양한 변수들에 적응할 수 있게 만들었습니다.

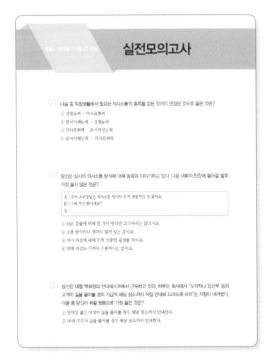

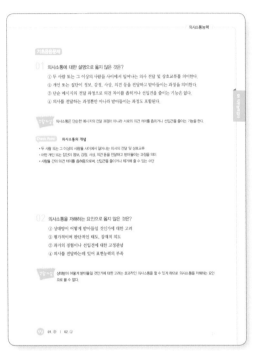

실전모의고사

연습문제만 푸는 것 외에도 실전과 같은 모의고사를 통해 얻을 수 있는 경험이 있습니다. 실제 시험시간에 맞추어 문제를 풀어보세요.

CONTENTS

Part 01

NCS
직무능력검사

CHAPTER 01

의사소통능력

- 의사소통능력은 모든 직장인에게 공통적으로 요구하는 직업기초 능력으로 NCS 10과목 중에서 반드시 채택되는 영역이다.
- 의사소통능력은 일반 상식과 관련된 내용이 많기 때문에 전체적인 이해가 중요한 영역이다.

대표유형문제

당신은 의사사통에 대한 특강을 듣고 있다. 강사는 원활한 의사소통을 위해서는 무엇보다 바르게 경청하는 것이 중요하다고 설명한다. 강의 내용에 따를 때, 다음 대화 중 가장 적절한 대화는?

❶ A : 1월 5일, 오늘이 내 생일이야.

　 B : 그래, 축하한다! 선물은 준비를 못했고, 저녁 시간에 축하주 한잔 살게?

② A : 1월 5일, 오늘이 내 생일이야.

　 B : 그래? 오늘은 우리 업무가 밀렸으니, 내일 다시 이야기하자.

③ A : 1월 5일, 오늘이 내 생일이야.

　 B : 5일이 생일인 것은 알아. 네가 전에 말했잖아.

④ A : 1월 5일, 오늘이 내 생일이야.

　 B : 음, 나는 이달 30일이 생일이야. 나는 매년 생일 챙기는 거 이제 조금 귀찮고 그래.

정답
해설 위 대화에서 A는 오늘이 자기 생일이라고 말하며 축하를 받고 싶어 한다. 경청은 다른 사람의 말을 주의 깊게 듣고 공감하는 능력을 말하므로, A의 이러한 의도에 가장 부합하는 대화는 ①이다. 나머지는 모두 경청의 바른 태도에 부합하지 않는다.

PART1 직무능력검사

기초응용문제

01 의사소통에 대한 설명으로 옳지 않은 것은?

① 두 사람 또는 그 이상의 사람들 사이에서 일어나는 의사 전달 및 상호교류를 의미한다.

② 개인 또는 집단이 정보, 감정, 사상, 의견 등을 전달하고 받아들이는 과정을 의미한다.

③ 단순 메시지의 전달 과정으로 의견 차이를 좁히거나 선입견을 줄이는 기능은 없다.

④ 의사를 전달하는 과정뿐만 아니라 받아들이는 과정도 포함된다.

 정답해설 의사소통은 단순한 메시지의 전달 과정이 아니라 서로의 의견 차이를 좁히거나 선입견을 줄이는 기능을 한다.

Check Point — **의사소통의 개념**

• 두 사람 또는 그 이상의 사람들 사이에서 일어나는 의사의 전달 및 상호교류

• 어떤 개인 또는 집단이 정보, 감정, 사상, 의견 등을 전달하고 받아들이는 과정을 의미

• 사람들 간의 의견 차이를 좁혀줌으로써, 선입견을 줄이거나 제거해 줄 수 있는 수단

02 의사소통을 저해하는 요인으로 옳지 않은 것은?

① 상대방이 어떻게 받아들일 것인가에 대한 고려

② 평가적이며 판단적인 태도, 잠재적 의도

③ 과거의 경험이나 선입견에 대한 고정관념

④ 의사를 전달하는데 있어 표현능력의 부족

 정답해설 상대방이 어떻게 받아들일 것인가에 대한 고려는 효과적인 의사소통을 할 수 있게 하므로 의사소통을 저해하는 요인으로 볼 수 없다.

Check Point --- 의사소통을 저해하는 요인

- '일방적으로 말하고', '일방적으로 듣는' 무책임한 마음
  → 의사소통 기법의 미숙, 표현능력의 부족, 이해능력의 부족
- '전달했는데', '아는 줄 알았는데'라고 착각하는 마음
  → 평가적이며 판단적인 태도, 잠재적 의도
- '말하지 않아도 아는 문화'에 안주하는 마음
  → 과거의 경험, 선입견과 고정관념

03 문서작성의 구성요소로 옳지 않은 것은?

① 품위 있고 짜임새 있는 골격
② 객관적이고 논리적이며 체계적인 내용
③ 전문적이며 복잡한 구조
④ 명료하며 구체적인 문장

 정답해설 문서를 작성할 때에는 전문적이고 복잡한 구조보다는 보는 사람이 이해하기 쉬운 구조로 구성하는 것이 효과적이다.

Check Point --- 문서작성의 구성요소

- 품위 있고 짜임새 있는 골격
- 이해하기 쉬운 구조
- 세련되고 인상적이며 효과적인 배치
- 객관적이고 논리적이며 체계적인 내용
- 명료하고 설득력 있는 구체적인 문장

04 경청능력은 연습을 통해 훈련될 수 있다. 경청훈련에 대한 설명으로 옳지 않은 것은?

① 주의를 기울인다.
② 상대방의 경험을 인정하고 더 많은 정보를 요청한다.
③ '왜?'라는 질문을 자주 던진다.
④ 정확성을 위해 요약한다.

 정답해설 대화를 통한 경청훈련을 할 때, '왜?'라는 질문은 되도록 피하는 것이 좋다.

Check Point ··· 대화를 통한 경청훈련

- 주의 기울이기
- 정확성을 위해 요약하기
- '왜?'라는 질문은 피하기
- 상대방의 경험을 인정하고 더 많은 정보 요청하기
- 개방적인 질문하기

05 기초외국어능력에 대한 설명으로 옳지 않은 것은?

① 외국어로 된 간단한 자료를 이해하거나, 외국인과의 전화응대와 간단한 대화 등 외국인의 의사 표현을 이해하고, 자신의 의사를 외국어로 표현하는 능력이다.

② 외국인과의 의사소통이 어려울 것이라는 선입견을 갖지 말고, 사용하는 언어가 다르다고 생각한다면 외국어로 의사소통을 하는 것이 어렵지 않게 느껴진다.

③ 기초외국어능력을 키우는 것은 그들의 바디랭귀지를 포함한 문화를 이해하려는 노력보다 더욱 중요하다.

④ 직업 활동에서 요구되는 기초외국어능력은 전문가와 같은 실력을 요구하는 것이 아니다.

 정답 해설 외국어 의사소통에서는 2대화뿐 아니라 몸짓과 표정, 무의식적인 행동으로 자신의 기분과 느낌을 표현하는 문화도 이해해야 한다.

- **기초외국어능력** : 직장생활 중 외국어로 된 간단한 자료를 이해하거나, 외국인의 의사 표현을 이해하는 능력

06 김 대리는 평소 일을 잘하기로 소문이 났지만, 사람들과 대화를 할 때면 답답하다는 소리를 많이 들었다. 다음 중 김 대리가 원활한 의사소통을 위해 노력해야 할 부분으로 적절하지 않은 것은?

① 상대방의 말을 듣고 충분히 검토한 다음 피드백을 한다.

② 명확하고 전문성이 높은 단어를 사용하여 신뢰감을 준다.

③ 상대방과 대화할 때 다른 행동을 하지 않고 경청한다.

④ 자신의 감정을 드러내지 말고 침착하게 조절한다.

 정답 해설 명확하고 쉬운 단어를 선택하여 이해를 높이고 언어를 단순화해야 한다.

Check Point ── 의사소통능력 개발을 위한 지침

- 사후검토와 피드백을 활용하라
- 적극적으로 경청하라

- 언어를 단순화 시켜라
- 감정을 억제하라

07 다음은 문서의 이해를 위한 절차이다. 빈칸에 들어갈 내용으로 알맞은 것을 순서대로 나열한 것은?

1. 문서의 (   )을 이해하기
2. 문서가 작성된 배경과 주제 파악하기
3. 문서에 쓰인 정보를 밝혀내고 문서가 제시하고 있는 (   ) 파악하기
4. 문서를 통해 상대방의 욕구와 의도 및 내게 요구하는 행동에 관한 내용을 분석하기
5. 문서에서 이해한 목적 달성을 위해 취해야 할 행동을 생각하고 결정하기
6. 상대방의 의도를 도표나 그림 등으로 메모하여 요약, (   )해보기

① 제목 – 현안문제 – 유추

② 목적 – 현안문제 – 정리

③ 제목 – 해결된 문제 – 정리

④ 목적 – 해결된 문제 – 유추

정답해설 문서를 이해하기 위해서는 먼저 문서의 목적을 이해해야 하며, 문서의 배경과 주제를 파악한 다음에는 문서에 쓰인 정보가 무엇인지, 문서가 나타내고 있는 현안문제가 무엇인지를 파악해야 한다. 또한, 문서에 대한 파악이 끝나고 해야 할 행동이 결정되면 상대방의 의도를 도표나 그림 등으로 메모하여 요약 또는 정리해서 쉽게 볼 수 있게 한다.

08 내일 있을 회의에서 문서를 작성해서 보고해야 한다. 다음 중 문서를 작성할 때의 방법으로 옳지 않은 것은?

① 숫자를 그래프로 표시하여 보기 쉽게 만들었다.

② 육하원칙에 따라 작성하고 경어는 사용하지 않았다.

③ 최대한 길고 자세하게 문장을 써서 보는 사람이 쉽게 이해하도록 하였다.

④ 대상, 목적, 시기, 기대효과를 고려해서 작성하였다.

 정답 해설 문장은 짧고 간결하게 작성해야 보는 사람이 이해하기 쉽다.

Check Point ---- **문서작성의 원칙**

• 문장은 짧고 간결하게 작성한다.　　　　• 상대방이 이해하기 쉽게 작성한다.

• 불필요한 한자의 사용은 자제한다.　　　• 긍정적인 형태로 작성한다.

• 간단한 표제를 붙여 작성한다.　　　　　• 주요한 내용은 먼저 쓴다.

09 다음의 양식과 같이 작성하는 문서로 옳은 것은?

( )
1. 개요
2. 현재 상태
3. 목표
4. 구성
5. 제작 기간
6. 기대효과
0000년 00월 00일 작성자

① 기획서　　　　　　　　　　② 공문서

③ 설명서　　　　　　　　　　④ 보고서

기획서는 목적을 달성할 수 있는 핵심 사항을 정확하게 기입해야 하며, 내용이 한눈에 파악되도록 목차를 구성해야 한다.

Check Point

- **공문서** : 회사외부로 전달되는 문서이므로 누가, 언제, 어디서, 무엇을, 어떻게(왜)가 정확하게 드러나야 한다. 마지막엔 반드시 '끝'자로 마무리 한다.
- **설명서** : 명령문보다는 평서형으로 작성한다. 상품이나 제품에 대해 설명하는 글의 성격에 맞춰 기술해야한다.
- **보고서** : 진행과정에 대한 핵심내용을 구체적으로 드러낸다. 핵심사항만 간결하게 작성하고 내용의 중복을 피한다.

---

10 다음 지문의 결론으로 옳은 것은?

> 서론 : 인터넷 언어문화는 세대 간의 대화 단절은 물론 의식단절도 가져올 수 있다.
> 본론 : 1. 인터넷 문화에 대한 의견
>   1) 인터넷 속에도 청소년 세대와 성인 세대의 특징이 반영되어 있다.
>   2. 바람직한 통신 언어문화에 대한 방안
>   1) 통신 언어를 강압적으로 막을 수는 없다.
>   2) 네티즌의 자발적인 참여가 필요하다.
> 결론 : (　　　　　　　)

① 인터넷 언어문화는 세대 간의 친목을 유도할 수 있다.

② 인터넷 언어문화는 청소년만의 문제가 아니다.

③ 인터넷 언어문화를 전면 통제해야 한다.

④ 통신언어와 생활언어를 구분하여 사용해야 한다.

 청소년 문제로 국한하지 않았고, 통신언어를 강압적으로 막을 수도 없다고 하였다. 또, 각 세대의 특징이 반영되어 있기 때문에 '인터넷 언어문화가 청소년만의 문제가 아니다.'로 도출 할 수 있다.

11 다음은 신문기사를 읽고 사원들이 나눈 대화 내용에 해당한다. 신문기사의 내용을 정확하게 파악하지 못한 사람은 누구인가?

○○신문

○○신문 제12345호 | △△△△년 ◇◇월 ○○일　　　　　　　안내전화 : 02-△△△-△△△△
- -

달걀의 콜레스테롤, 걱정하지 마세요!

　농촌진흥청이 달걀에 대한 잘못된 상식을 바로 잡기 위한 정보제공에 앞장서고 있다. 달걀 1개의 열량은 75kcal~80kcal로 열량이 낮고 영양이 풍부해 콜레스테롤 걱정을 하지 않고 섭취해도 된다고 설명했다.

　농촌진흥청은 달걀에는 시력보호 물질로 노른자에 풍부한 루테인과 지아잔틴이 풍부해 항산화작용과 자외선 차단 및 노화를 방지하는 역할을 한다고 설명했다. 또 콜린은 두뇌 발달과 기억력 증진에, 인지질인 레시틴은 항산화와 피부 건강에 도움을 준다고 강조했다. 농진청은 달걀이 콜레스테롤이 높다는 잘못된 상식이 퍼지고 있지만 건강한 사람의 경우 하루 3~4알 정도는 자유롭게 먹어도 괜찮다고 피력했다.

　농진청은 5주 동안 실험용 쥐에 달걀을 먹인 결과 총 콜레스테롤 수치는 늘지 않았고 오히려 몸에 좋은 콜레스테롤인 HDL 수치가 약 20% 증가했으며, 과다 섭취한 콜레스테롤은 몸에 쌓이지 않고 배설된 것으로 파악됐다. 뿐만 아니라 농진청은 "오히려 달걀에 함유된 레시틴은 콜레스테롤 수치를 떨어뜨리는 역할을 한다."는 결과를 덧붙였다.

---

① A 사원 : 달걀은 하루 3~4알 이상을 섭취하면 콜레스테롤이 축적되므로 조심해야 하겠군요.

② B 사원 : 달걀의 열량이 낮다고 하니 다이어트를 위해서도 애용할 수 있겠군요.

③ C 사원 : 달걀이 항산화작용뿐만 아니라 두뇌의 활성화를 돕는다는 것은 무척 놀라운 사실이네요.

④ D 사원 : 레시틴 성분이 피부 건강에 도움이 된다는 매일 먹어야 하겠네요.

 정답 해설　첫 번째 단락에서 달걀은 열량이 낮고 영양이 풍부해 콜레스테롤 걱정을 하지 않고 섭취해도 된다고 하였고, 세 번째 단락에서 과다 섭취한 콜레스테롤은 몸에 쌓이지 않고 배설되며, 달걀에 함유된 레시틴은 콜레스테롤 수치를 떨어뜨리는 역할을 한다고 하였다. 따라서 달걀을 과다 섭취하는 경우 콜레스테롤이 축적된다는 A 사원의 대화 내용은 신문 기사의 내용과 배치된다.

[12~13] 다음 지문을 읽고 물음에 답하시오.

정부나 기업이 사업에 투자할 때에는 현재에 투입될 비용과 미래에 발생할 이익을 비교하여 사업의 타당성을 진단한다. 이 경우 물가 상승, 투자 기회, 불확실성을 포함하는 할인의 요인을 고려하여 미래의 가치를 현재의 가치로 환산한 후, 비용과 이익을 공정하게 비교해야 한다. 이러한 환산을 가능케 해주는 개념이 할인율이다. 할인율은 이자율과 유사하지만 역으로 적용되는 개념이라고 생각하면 된다. 현재의 이자율이 연 10%라면 올해의 10억 원은 내년에는 (1+0.1)을 곱한 11억 원이 되듯이, 할인율이 연 10%라면 내년의 11억 원의 현재가치는 (1+0.1)로 나눈 10억 원이 된다.

공공사업의 타당성을 진단할 때에는 대개 미래 세대까지 고려하는 공적 차원의 할인율을 적용하는데, 이를 사회적 할인율이라고 한다. 사회적 할인율은 사회 구성원이 느끼는 할인의 요인을 정확하게 파악하여 결정하는 것이 바람직하나, 이것은 현실적으로 매우 어렵다. 그래서 시장 이자율이나 민간 자본의 수익률을 사회적 할인율로 적용하자는 주장이 제기된다.

시장 이자율은 저축과 대출을 통한 자본의 공급과 수요에 의해 결정되는 값이다. 저축을 하는 사람들은 원금을 시장 이자율에 의해 미래에 더 큰 금액으로 불릴 수 있고, 대출을 받는 사람들은 시장 이자율만큼 대출금에 대한 비용을 지불한다. 이때의 시장 이자율은 미래의 금액을 현재 가치로 환산할 때의 할인율로도 적용할 수 있으므로, 이를 사회적 할인율로 간주하자는 주장이 제기되는 것이다. 한편 민간자본의 수익률을 사회적 할인율로 적용하자는 주장은, 사회 전체적인 차원에서 공공사업에 투입될 자본이 민간 부문에서 이용될 수도 있으므로, 공공사업에 대해서도 민간 부문에서 만큼은 높은 수익률을 요구해야 한다는 것이다.

그러나 시장 이자율이나 민간 자본의 수익률을 사회적 할인율로 적용하자는 주장은 수용하기 어려운 점이 있다. 우선 공공 부문의 수익률이 민간 부문만큼 높다면, 민간 투자가 가능한 부문에 굳이 정부가 투자할 필요가 있는가 하는 문제가 제기될 수 있다. 더욱 중요한 것은 시장 이자율이나 민간 자본의 수익률이, 비교적 단기적으로 실현되는 사적 이익을 추구하는 자본 시장에서 결정된다는 점이다. 반면에 사회적 할인율이 적용되는 공공사업은 일반적으로 그 이익이 장기간에 걸쳐 서서히 나타난다. 이러한 점에서 공공사업은 미래 세대를 배려하는 지속 가능한 발전의 이념을 반영한다. 만일 사회적 할인율이 시장 이자율이나 민간 자본의 수익률처럼 높게 적용된다면, 미래 세대의 이익이 저평가되는 셈이다. 그러므로 사회적 할인율은 미래 세대를 배려하는 공익적 차원에서 결정되는 것이 바람직하다.

12 위 글의 주제로 가장 옳은 것은?

① 공공 부문의 수익률을 높이기 위한 경쟁 방안
② 시장 이자율과 사회적 할인율의 관계
③ 공공사업에 적용되는 사회적 할인율의 수준
④ 사회적 할인율이 민간 자본의 수익률에 미치는 영향

정답해설 사회적 할인율은 사회 구성원이 느끼는 할인의 요인을 정확하게 파악하여 결정하는 것이 바람직하지만 이것은 현실적으로 매우 어려우며, 사회적 할인율은 미래 세대를 배려하는 공익적 차원에서 결정되는 것이 바람직하다.

13 위 글의 내용과 일치하지 않는 것은?

① 사회적 할인율은 공공사업의 타당성을 진단할 때 미래 세대까지 고려하여 적용하는 공적 차원의 할인율이다.

② 사회적 할인율이 시장 이자율이나 민간 자본의 수익률처럼 높게 적용된다면, 미래 세대의 이익이 저평가되는 것과 같다.

③ 사업의 타당성을 진단할 때 미래의 가치를 현재의 가치로 환산한 후 비용과 이익을 비교하는데, 이러한 환산을 가능케 해주는 개념이 할인율이다.

④ 시장 이자율이나 민간 자본의 수익률은 비교적 장기적으로 실현되는 자본 시장에서 결정된다.

 정답 해설 시장 이자율이나 민간 자본의 수익률은 장기적이 아닌, 비교적 단기적으로 실현되는 사적 이익을 추구하는 자본 시장에서 결정된다.

14 주어진 지문을 읽고 바로 뒤에 이어질 내용으로 옳은 것은?

> 우리가 살아남고, 다음 세대들이 이 조그마한 행성 위에서 삶을 향유할 수 있게 하려면 탐욕이 아니라 자연의 순리가 사람살이의 척도가 되는 세상을 향해 조금이라도 나아가기를 염원하고 노력하는 수밖에 다른 선택이 없다. 대량 생산과 소비체제, 장거리 유통구조, 거대산업과 권력의 중앙 집중, 관료주의 학교와 병원의 위계질서, 비대화하는 도시공간과 황폐화하는 농촌, 과학기계 영농, 자가용에 의존하는 교통체계 – 도대체 이런 것들이 지탱 가능한 생활 방식인지 따져보아야 한다. 환경에 대한 인식이 높아진다 해도 그것을 자신의 일상생활과 관련 짓지 못한다면 그런 인식은 헛된 것일 뿐이다.

① 진정 생명가치를 인식하고 선양하기 위해서는 우리가 탐닉하는 문명, 안락, 편의 중 많은 부분을 포기할 필요가 있다.

② 많은 사람들은 아직도 자동차의 생태학적 부담을 인식하면서도 그것을 돌이킬 수 없는 운명이라고 생각하는지도 모른다.

③ 하기는 산업문화의 압력 밑에서 이것을 정면으로 파악하는데 필요한 능력과 용기를 가진다는 것이 쉽지는 않을 것이다.

④ 이제 우리는 이러한 문명을 그대로 두고도 환경 재난을 막을 수 있는 획기적인 방법을 찾아낼 그 누군가를 기대할 수 없다.

 정답 해설 제시된 지문은 자연의 순리가 사람살이의 척도가 되는 세상을 향해 조금이라도 나아가도록 노력해야 한다는 취지의 글로서, 이러한 자연의 순리에 어긋나는 생활방식을 비판적 관점으로 보고 있다. 글의 마지막 부분에서 이러한 인식

정답 **12.** ③ **| 13.** ④ **| 14.** ①

을 일상생활과 관련지어야 한다고 말하고 있으므로, 이어지는 내용은 일상생활에서 자연의 순리에 순응하는 노력이 필요하다는 것과 관련된 내용이 나와야 한다.

15 제시된 9개의 단어 중 3개의 단어와 공통 연상되는 단어를 고르시오.

물	책	바구니
연필	공항	수심
인천	바퀴	하늘

① 학교   ② 비행기

③ 과일   ④ 배

 인천, 공항, 하늘을 통해 비행기를 연상할 수 있다.

16 제시된 9개의 단어 중 3개의 단어와 공통 연상되는 단어를 고르시오.

으뜸	국가	왕자
신부	반지	카메라
해	예배	결혼

① 미국   ② 혈육

③ 금   ④ 왕

 으뜸, 국가, 왕자를 통해 왕을 연상할 수 있다.

17 제시된 9개의 단어 중 3개의 단어와 공통 연상되는 단어를 고르시오.

나무	빨강	글씨
커피	전화	바지
칫솔	쌀	책

① 흙   ② 소방차

③ 종이   ④ 물

 나무, 글씨, 책을 통해 종이를 연상할 수 있다.

18 제시된 낱말과 동일한 관계가 되도록 괄호 안에 가장 적절한 단어를 고르시오.

> 물 : 컵 = 연필 : (   )

① 지우개   ② 필통

③ 자   ④ 종이

 물은 컵에 담아 마시고 연필은 필통에 담아 보관한다. 따라서 정답은 필통이다.

19 제시된 낱말과 동일한 관계가 되도록 괄호 안에 가장 적절한 단어를 고르시오.

> 조기 : 두름 = 오이 : (   )

① 거리   ② 접

③ 코   ④ 톳

 조기 20마리를 한 두름이라 하고, 오이 50개를 한 거리라고 한다.

20 제시된 낱말과 동일한 관계가 되도록 괄호 안에 가장 적절한 단어를 고르시오.

> (   ) : 꿀 = 누에 : (   )

① 목화, 솜   ② 벌, 솜
③ 벌, 실   ④ 양봉장, 실

 정답해설 벌이 꿀을 만들고 누에가 실을 만든다. 따라서 정답은 벌과 실이다.

21 다음 주어진 개요에서 전개상 옳지 않은 것은?

> 제목 – 정보화 사회를 사는 지혜
> 서두 : ① 정보화 사회의 개념과 정보 테크놀로지가 인간생활에 주는 의의
> 본문 : ② 정보화 기기의 이점
>   ③ 정보화 기기의 부정적 영향과 정보 통제의 중요성
>   정보화 사회가 몰고 오는 방향
> 맺음말 : ④ 정보화 사회를 맞이하는 우리의 자세

 정답해설 정보화 사회에서는 모든 정보를 공개하고 전달하며, 정보화 기기는 그것을 가능하게 하는 매체이다. 그러므로 정보 통제는 정보화 사회와는 어울리지 않는다.

22 다음 주어진 개요에서 전개상 옳지 않은 것은?

> 제목 – 건강을 지키는 법
> 서론 : 환경과 불규칙한 생활이 현대인의 건강에 나쁜 영향을 미치고 있다.
> 본론 : 1. 올바른 식사법을 익힌다.
>   ① 1) 영양제를 복용한다.
>   2) 편식하지 않는다.
> ② 2. 과로하지 않는다.
>   ③ 1) 밤샘을 하지 않는다.

> 2) 적절히 휴식한다.
>
> 3. 내적인 안정을 꾀한다.
>
> ④ 1) 늘 즐거운 마음을 갖도록 노력한다.
>
>   2) 과욕을 버린다.
>
>   3) 타인에 대한 미움이나 시기심을 갖지 않는다.
>
> 결론 : 바르고 규칙적인 생활과 긍정적인 마음가짐은 신체의 건강으로 이어진다.

영양제를 복용하는 내용은 올바른 식사법을 익힌다는 개요와 맞지 않다. 편식을 하지 않거나 제 시간에 밥을 챙겨 먹는 등 바른 식사법에 대한 내용이 들어가야 한다.

23 다음 의사소통 개발에 관한 설명 중 옳지 않은 것은?

① 조직 밖의 사람들에게 전문용어를 사용하는 것은 이해를 촉진시키는 장점을 지닌다.

② 상대방의 이야기를 수동적으로 듣는 것과 경청은 의미상 구분된다.

③ 다른 사람 이야기에 관심을 가지는 것도 의사소통능력을 개발하는 방법이 된다.

④ 의사소통에 앞서 생각을 명확히 하고 평범한 단어를 쓰는 것은 자신의 의견을 말하는 과정상의 장애를 극복하는 전략이 된다.

전문용어의 경우 그 언어를 사용하는 집단 구성원들 간에서는 상호 이해를 촉진시키지만, 고객 등 조직 밖의 사람들에게 사용하는 경우 이해가 어려운 등 의사소통상의 문제를 야기할 수 있다.

② 이야기를 듣는 것은 수동적인 의미의 탐색에 해당되는데 반해 경청은 능동적인 의미의 탐색이므로, 양자는 의미상 구분된다.

③ 다른 사람 이야기에 관심가지기, 메모하는 습관 기르기 등도 의사소통능력을 개발하는 방법이 된다. 의사소통능력을 개발하는데 실천 가능한 작은 변화를 위한 습관부터 고려할수록 좋으므로 자신의 내재적인 특징이나 목표, 성격 등을 모두 고려하여 작성한다.

④ 의사소통에 앞서 생각을 명확히 하고 평범한 단어를 쓰는 것은 자신이 의견을 말하는 과정과 관련된 장애극복 전략이 된다.

24 다음 중 인상적인 의사소통능력의 개발에 관한 설명으로 옳지 않은 것은?

① 인상적인 의사소통이란 같은 이야기라도 그것을 새롭게 부각시켜 인상을 주는 것을 말한다.

② 인상적인 의사소통은 전달하는 내용을 상대방이 '과연'하며 감탄하게 만드는 것이라 할 수 있다.

③ 인상적인 의사소통능력을 개발하기 위해서는 자주 사용하는 표현을 잘 섞어 사용하는 것이 필요하다.

④ 자신의 의견을 인상적으로 전달하기 위해서는 자신의 의견도 장식하는 것이 필요하다.

 인상적인 의사소통을 위해서는 자주 사용하는 표현은 섞어 쓰지 않으면서 자신의 의견을 잘 전달하는 것이 중요하다. 자신에게 익숙한 말이나 표현만을 고집스레 사용하면 전달하고자 하는 이야기의 내용에 신선함과 풍부함이 떨어져 의사소통에 집중을 하기 어렵다. 또한 새로운 고객을 만나는 직업인이라도 매일 다른 사람을 만나기 때문에 같은 말을 되풀이하는 경향이 많은데, 상대방에게 인상적으로 나의 의견을 전달하기 위해서는 상대의 마음을 끌어당길 수 있는 새로운 표현을 익혀 사용하는 것이 필요하다.

 ① 인상적인 의사소통이란 의사소통과정에서 상대방에게 같은 내용을 전달한다고 해도 이야기를 새롭게 부각시켜 인상을 주는 것을 말한다.

② 인상적인 의사소통은 내가 전달하고자 하는 내용이 상대방에게 의사소통과정을 통하여 '과연'하며 감탄하게 만드는 것이라고 할 수 있다.

④ 자신의 의견을 인상적으로 전달하기 위해서는 선물 포장과 같이 자신의 의견을 적절히 꾸미고 포장하는 것이 필요하다.

25 다음 중 문서이해능력에 대한 설명으로 옳지 않은 것은?

① 문서이해능력은 업무와 관련된 필요한 문서를 읽고 내용을 이해하고 요점을 파악하는 능력을 말한다.

② 주어진 문장이나 정보를 읽고 이해하는 것을 말하며, 필요한 행동을 추론하는 것까지 요구하는 것은 아니다.

③ 도표, 수, 기호 등도 이해하고 표현할 수 있어야 한다.

④ 직업생활에서 문서이해능력은 원활한 업무처리를 위해 필수적이다.

 문서이해능력을 통해 주어진 문장이나 정보를 읽고 이해하여, 자신에게 필요한 행동을 추론할 수 있어야 한다. 즉, 문서이해를 통해 주어진 문서에 나타난 내용을 이해하고 말하고자 하는 요점을 파악하여 우리에게 필요한 행동을 추론하는 것이 문서이해능력의 목적이라 할 수 있다.

① 문서이해능력이란 직업현장에서 자신의 업무와 관련된 인쇄물이나 기호화된 정보 등 필요한 문서를 확인하여 읽고, 내용을 이해하고 요점을 파악하는 능력이다.

③ 문서이행능력은 도표, 수, 기호 등도 이해하고 표현할 수 있는 능력을 의미한다.

④ 직장생활에서의 원활한 업무처리를 위해서 문서이해능력은 필수적인 것을 이해된다. 직장생활을 통해 업무와 관련된 수많은 문서를 접하게 되는데, 이때 문서를 제대로 이해하지 못한다면 자신에게 주어진 업무가 무엇인지, 자신에게 요구된 행동이 무엇인지 파악하지 못해 원활한 직업생활을 영위할 수 없다.

26 다음 문서의 종류와 각 문서에 대한 설명으로 옳지 않은 것은?

① 기획서 – 상대방에게 기획의 내용을 전달하여 기획을 시행하도록 설득하는 문서

② 기안서 – 회사의 업무에 대한 협조나 의견을 전달시 작성하는 사내 공문서

③ 설명서 – 상품의 특성이나 가치, 작동 방법 등을 소비자에게 설명하기 위해 작성한 문서

④ 비즈니스 레터 – 업무상 체크해야 할 내용을 메모형식으로 작성한 문서

비즈니스 레터가 아니라 비즈니스 메모에 대한 설명이다.

① **기획서** : 적극적으로 아이디어를 내고 기획해 하나의 프로젝트를 문서형태로 만들어, 상대방에게 기획의 내용을 전달하여 기획을 시행하도록 설득하는 문서

② **기안서** : 회사의 업무에 대한 협조를 구하거나 의견을 전달할 때 작성하는 문서(사내 공문서)

③ **설명서** : 대개 상품의 특성이나 사물의 성질과 가치, 작동 방법이나 과정을 소비자에게 설명하는 것을 목적으로 작성한 문서

27 직장생활에서 사용되는 문서의 종류 중 다음 (A)와 (B)에 해당하는 것을 모두 알맞게 짝 지은 것은?

(A) 사안의 수입과 지출결과를 보고하는 문서
(B) 언론을 상대로 자신의 정보가 기사로 보도되도록 하기 위해 보내는 자료

	(A)	(B)
①	영업보고서	비즈니스 레터
②	결산보고서	비즈니스 레터
③	영업보고서	보도자료
④	결산보고서	보도자료

문서의 종류 중 (A)는 결산보고서, (B)는 보도자료에 대한 설명이다. 보도자료는 정부 기관이나 기업체, 각종 단체 등이 언론을 상대로 자신들의 정보가 기사로 보도되도록 하기 위해 보내는 자료를 말한다.

28 다음 중 문서작성 시 고려해야할 사항으로 적합하지 않는 것은?

① 대상 및 목적 ② 시기
③ 고객의 요구 ④ 기대효과

 고객의 요구는 문서작성 시 고려사항에 해당하지 않는다. 문서작성 시에 고려해야 할 사항으로는 대상과 목적, 시기가 포함되며, 기획서나 제안서 등 경우에 따라 기대효과 등이 포함되어야 한다.

29 다음 문서작성의 원칙에 대한 설명 중 옳지 않은 것은?

① 이해하기 쉽게 쓰며, 우회적인 표현은 가급적 쓰지 않는다.
② 문장은 간결하게 작성하며, 간단한 표제를 붙인다.
③ 관련된 논거와 상황을 모두 제시한 후에 결론을 마지막에 쓴다.
④ 한자의 사용은 되도록 자제해야 한다.

 문서작성의 핵심은 결론과 같은 주요한 내용을 먼저 쓰는 것이다. 따라서 ③은 문서작성 원칙으로 옳지 않다.

Check Point --- 문서작성의 원칙

• 문장은 짧고, 간결하게 작성한다.
• 상대방이 이해하기 쉽게 쓴다.
• 의미전달이 효과적이 되도록 간결체로 작성한다.
• 간단한 표제를 붙인다.
• 부정문이나 의문문의 형식은 되도록 피하고 긍정문으로 작성한다.
• 결론 등 문서의 주요한 내용을 먼저 쓴다.
• 의미전달에 중요하지 않은 한자사용을 자제하도록 한다.

30 다음 의사표현에 대한 설명 중 옳지 않은 것은?

① 의사표현은 의사소통의 중요한 수단으로서, 말하는 이가 듣는 이에게 언어로 표현하는 행위를 말한다.

② 의사표현에는 입말로 표현하는 음성언어와 몸말을 의미하는 신체언어가 있다.

③ 의사표현의 종류는 공식적 말하기, 의례적 말하기, 친교적 말하기로 구분된다.

④ 공식적 말하기는 주례나 회의 등과 같이 정치적 · 문화적 행사 절차에서 말하기를 의미한다.

 주례나 회의, 식사 등과 같이 정치적 · 문화적 행사에서와 같이 의례 절차에 따라 말하기는 '의례적 말하기'이다. 공식적 말하기는 사전에 준비된 내용을 대중을 상대로 하여 말하는 것으로, 연설, 토의, 토론 등이 있다.

 ① 의사표현은 말하는 이가 자신의 생각과 감정을 듣는 이에게 음성 언어나 신체언어로 표현하는 행위이다. 즉, 한 마디로 말하기이다.

② 의사표현에는 입말로 표현하는 구어인 음성언어와 신체의 한 부분인 표정, 손짓, 발짓, 몸짓 등으로 표현하는 신체 언어(몸말)가 있다.

③ 의사표현의 종류는 상황이나 사태와 관련하여 공식적 말하기, 의례적 말하기, 친교적 말하기로 구분하며, 구체적 으로 대화, 토론, 연설, 인터뷰, 낭독, 소개하기, 전화로 말하기, 안내 등이 있다.

31 다음 중 성공하는 사람의 이미지를 위한 의사표현에 대한 설명으로 옳지 않은 것은?

① 부정적인 말을 하기보다는 항상 긍정적으로 말하는 것이 필요하다.

② 항상 '죄송합니다', '미안합니다'는 표현을 입에 붙들고 사는 자세가 필요하다.

③ 상대의 말을 듣고 그에 대해 긍정적으로 대답하여야 한다.

④ 자신의 대화 패턴을 주의 깊게 살펴보고 불필요한 어휘나 거부감을 주는 표현을 쓰지 않도록 한다.

 성공하는 사람의 이미지를 위해서는 의사표현 시 자신을 너무 과소평가하지 않는 자세가 필요하다. 안 좋은 일을 항상 자신의 탓으로 표현한다든지, '죄송합니다', '미안합니다'라는 표현을 입에 붙들고 사는 자세는 자신의 낮은 자존감과 열등감을 표현하는 것임을 인식하는 것이 중요하다.

32 다음은 의사표현의 방해요인을 제거하는 방법을 설명한 것이다. 옳지 않은 것은?

① 숨을 얕게 들이마시기보다는 깊게 들이마시는 것이 음성을 좋게 한다.

② 팔짱을 끼거나 주머니에 손을 넣지 않도록 주의하며, 시선을 고루 배분한다.

③ 자신의 실패담은 이야기하지 않도록 하며, 서투르더라도 항상 유머를 구사한다.

④ 기발한 아이디어를 찾고 습관적인 사고방식은 배제한다.

 의사표현에 있어 자기의 실패담을 이야기하는 것도 좋은 방법이 된다. 또한 유머를 활용하는 데 있어서도, 서투른 유머를 해서는 안 되며 무리하게 웃기려고 하지 않아야 한다. 특히 진지한 내용의 연설을 전개할 때 유머 삽입은 가능하면 피하는 것이 좋다.

33 다음은 원활한 의사표현을 위한 방법에 대한 설명이다. 옳지 않은 것은?

① 올바른 의사표현과 유창한 말솜씨를 갖기 위해 독서를 충분히 한다.

② 상대편의 말에 귀를 기울이고 상대보다 나중에 이야기하는 좋은 청중이 된다.

③ 상대편의 말에 긍정적인 맞장구를 쳐주어 상대방이 편안함과 친근감을 느낄 수 있도록 한다.

④ 축약된 문장을 적절히 사용하여 상대가 보다 편하고 빠르게 이해할 수 있도록 한다.

 축약된 문장은 무례하거나 건방지다는 느낌을 줄 수 있으므로, 완전한 문장을 말하는 것이 필요하다. 완전한 문장은 말하는 이의 품격을 높여줄 뿐 아니라 원활한 의사소통에도 도움이 된다.

Check Point ── **원활한 의사표현을 위한 지침**

• 올바른 화법을 위해 독서를 하라.

• 좋은 청중이 되라(남의 말을 경청하는 사람이 되라).

• 칭찬을 아끼지 마라.

• 공감하고, 긍정적으로 보이게 하라.

• 겸손은 최고의 미덕임을 잊지 마라.

• 과감하게 공개하라(상대에게 먼저 자신의 속내를 드러내라).

• '뒷말'을 숨기지 마라(중의적 표현, 비꼬거나 빈정대는 표현을 삼가라).

• '첫마디'말을 준비하라.

• 이성과 감성의 조화를 꾀해라.

• 대화의 룰을 지켜라.

  – 상대방의 말을 가로막지 않는다.   – 혼자서 의사표현을 독점하지 않는다.

  – 의견을 제시할 땐 반론 기회를 준다.   – 임의로 화제를 바꾸지 않는다.

• 축약된 말보다는 문장을 완전하게 말해라.

34 다음 내용이 설명하는 설득력 있는 의사표현의 지침으로 가장 옳은 것은?

> 회사에 불만이 가득한 부하 직원이 있다고 하자. 이런 부하 직원을 회사 일에 적극적으로 협조하게 만들려면 그와 공동의 적을 만드는 방법이 있다. "이번에도 실적이 떨어지면 자네와 나는 지방 영업소로 밀려나겠지"라는 식으로 가상의 적을 만들면 불평만 늘어놓던 부하 직원은 상사에게 협력하게 된다. 또한 라이벌 의식을 부추기는 것도 한 가지 방법이 될 수 있다. 이러한 것은 모두 대부분의 다른 사람들과 같은 행동을 하고 싶어 하는 마음을 이용하는 것이다.

① 대비 효과로 분발심을 불러 일으켜라.
② 상대방의 불평이 가져올 결과를 강조하라.
③ 동조 심리를 이용하여 설득하라.
④ 변명의 여지를 만들어 주고 설득하라.

정답해설 제시문의 마지막 부분에 언급된 '대부분의 다른 사람들과 같은 행동을 하고 싶어 하는 마음(심리)'를 동조 심리라 한다. 인간은 동조심리에 의해 행동하는 수가 많은데, 이는 유행이라는 현상을 생각하면 쉽게 알 수 있다. 즉, 다른 사람들과 같아지고 싶은 충동이 유행을 추구하게 만드는 것이다. 제시된 가상의 적이나 라이벌 의식을 부추기는 것도 이러한 동조 심리를 이용하여 설득하는 예라 할 수 있다.

35 신입사원이 기획부 과장인 당신에게 공문서를 작성하여 검토를 요청하였다. 다음 중 직접적인 관련이 없는 내용은?

① 날짜 작성 시 연도와 월일을 반드시 함께 기입하며, 날짜 다음에 괄호를 사용할 경우에는 마침표를 찍지 않는다.
② 한 장에 담아내는 것을 원칙으로 하며, 마지막엔 반드시 '끝'자로 마무리 한다.
③ 복잡한 세부 내용은 '-다음-', '-아래-' 등을 사용하여 항목 별로 구분한다.
④ 복잡한 내용은 도표로 시각화하고, 동일한 문장 반복은 피한다.

정답해설 복잡한 내용은 도표를 통해 시각화하여 이해도를 높이며, 동일한 문장 반복을 피하고 다양하게 표현하는 것은 설명서의 작성법에 해당한다. 나머지는 모두 공문서 작성 시의 유의사항에 해당한다.

CHAPTER 02

수리능력

- 수리능력은 모든 직장인에게 공통적으로 요구하는 직업기초 능력으로 NCS 10과목 중에서 자주 채택되는 영역이다.
- 수리능력은 직업인으로서 업무를 효과적으로 수행하기 위해서 다단계의 복잡한 연산을 수행하고 다양한 도표를 만들고, 내용을 종합하기 때문에 중요한 영역이다.

대표유형문제

60명의 승진 대상자 중 70%만 2단계 시험을 응시하였고, 2단계 응시자 중 $\frac{1}{3}$만 3단계 시험에 응시하였다. 3단계에서 11명이 떨어지고 나머지가 승진했다면, 승진자는 처음 대상자 60명의 몇 %인가?

❶ 5%

② 10%

③ 15%

④ 20%

정답
해설

60명의 승진 대상자 중 70%만 2단계 시험을 응시하였으므로, 2단계 응시자는 '$60 \times \frac{70}{100} = 42$(명)'이다.

2단계 응시자의 $\frac{1}{3}$만 3단계 시험에 응시하였으므로, 3단계 시험 응시자는 '$42 \times \frac{1}{3} = 14$(명)'이다.

3단계에서 11명이 떨어졌으므로, 승진자는 '$14 - 11 = 3$(명)'이다.

따라서 승진자 3명은 처음 대상자 60명의 5%가 된다.

기초응용문제

01
A씨가 산을 올라갈 때는 시속 3km, 내려올 때에는 같은 코스를 시속 4km의 속력으로 내려왔더니 3시간 30분이 걸렸다. 산을 올라간 거리는 얼마인가?

① 3km

② 4km

③ 5km

④ 6km

 올라갈 때와 내려올 때의 코스가 같으므로 올라간 거리를 $x(\text{km})$라 하면 내려온 거리도 $x(\text{km})$가 된다.

전체 등산한 시간은 3시간 30분이고, 시속이기 때문에 시간으로 고치면 $3+\dfrac{30}{60}=\dfrac{7}{2}$(시간)

시간$=\dfrac{거리}{속력}$을 이용하면, $\dfrac{7}{2}=\dfrac{x}{3}+\dfrac{x}{4}$, $42=4x+3x$, $7x=42$ ∴ $x=6(\text{km})$

02
$x\triangledown y=x+\dfrac{1}{y}$, $x\odot y=\dfrac{1}{x}-y$일 때, $(4\triangledown2)\odot\left(\dfrac{1}{2}\odot1\right)$는?

① $-\dfrac{7}{9}$

② $\dfrac{11}{9}$

③ $-\dfrac{7}{2}$

④ $\dfrac{11}{2}$

 먼저 각각의 괄호안의 연산을 풀어보면 $(4\triangledown2)=4+\dfrac{1}{2}=\dfrac{9}{2}$, $\left(\dfrac{1}{2}\odot1\right)=\dfrac{1}{\frac{1}{2}}-1=2-1=1$

따라서 $(4\triangledown2)\odot\left(\dfrac{1}{2}\odot1\right)=\dfrac{9}{2}\odot1=\dfrac{1}{\frac{9}{2}}-1=\dfrac{2}{9}-1=-\dfrac{7}{9}$

03 40% 소금물 200g에 소금 40g을 첨가했을 때의 소금물의 농도를 구하면?

① 45%

② 50%

③ 55%

④ 60%

 정답 해설

농도(%)= $\dfrac{소금}{소금물}$ ×100이므로,

40% 소금물 200g에 들어있는 소금의 양을 $x(\mathrm{g})$이라 하면 $\dfrac{x}{200}$ ×100=40(%)

∴ $x=80(\mathrm{g})$

여기에 소금 40g을 첨가했을 때,

소금의 양은 80+40=120(g)이고 소금물의 양은 200+40=240(g)이므로

소금물의 농도는 $\dfrac{120}{240}$ ×100=50(%)

Check Point ── 농도 관련 문제 공식 ────────────────────────

소금이 $x(\mathrm{g})$, 물이 $y(\mathrm{g})$라 하면,

• 소금을 z만큼 추가 : 농도= $\dfrac{소금(x+z)}{소금물(x+y+z)}$ ×100(%)

• 물을 z만큼 추가 : 농도= $\dfrac{소금(x)}{소금물(x+y+z)}$ ×100(%)

• 물을 z 만큼 증발 : 농도= $\dfrac{소금(x)}{소금물(x+y-z)}$ ×100(%)

──

04 A씨가 혼자서 하면 15일이 걸리는 일이 있는데 A씨, B씨가 같이 하니 12일이 걸렸다. 그럼 B 씨가 혼자서 하면 며칠이 걸리겠는가?

① 60일

② 65일

③ 68일

④ 70일

 정답 해설

B씨가 혼자서 일할 때 x(일)이 걸린다고 하면

전체 일의 양이 1일 때, A씨의 1일 일 양은 $\dfrac{1}{15}$, B씨의 1일 일 양은 $\dfrac{1}{x}$ 이다.

A씨와 B씨가 함께 일했을 때 $1÷\left(\dfrac{1}{15}+\dfrac{1}{x}\right)=12$(일) ∴$x=60$(일)

05
공기 중에서 소리의 속력은 기온이 x°C일 때, 매초 약 $(0.6x+331)$m/s이다. 기온 18°C에서 번개가 보이고 10초 후 천둥소리를 들었다면, 번개가 발생한 지점까지의 거리를 구하면?

① 3,211m   ② 3,308m

③ 3,418m   ④ 3,563m

 정답 해설
기온이 18°C일 때 소리의 속력은 $0.6×18+331=341.8$(m/s)이다. 따라서 번개가 발생한 지점까지의 거리는 341.8(m/s)$×10$(s)$=3,418$(m)이다.

06
박람회에서 500원인 볼펜과 1,200원인 공책을 한 세트로 해서 사람들에게 가장 많이 나누어 줄 경우 500,000원으로 몇 명의 사람들에게 나누어 줄 수 있는가?

① 282   ② 283

③ 294   ④ 295

 정답 해설
볼펜과 공책 한 세트의 가격은 $500+1,200=1,700$(원)
$500,000÷1,700≒294.1$(명)이므로 295명에게 줄 경우에는 세트가 모자라므로 294.1을 소수점아래 버림 한 294명에게 나누어 줄 수 있다.

07
어떤 수 x에 5를 곱해야 할 것을 실수로 5로 나누고, 다시 15를 빼야 할 것을 실수로 15를 더했더니 30이 되었다. 다시 올바르게 계산한다면 그 값은?

① 387   ② 397

③ 417   ④ 427

 정답 해설
계산 실수한 식을 세워보면 $x÷5+15=30$, $x÷5=45$ ∴ $x=225$
다시 올바르게 계산해보면 $225×5-15=1125-15=1110$

08 연속하는 세 정수 A, B, C 각각의 제곱수의 합이 302이상 350이하일 때, 가장 큰 수는?

① 9

② 10

③ 11

④ 12

연속하는 수에 관한 문제는 가운데 수를 x로 놓고 푸는 것이 쉽다.

문제에서 연속하는 세 수를 $(x-1)$, x, $(x+1)$로 하면,

각각의 제곱수는 $(x-1)^2$, x^2, $(x+1)^2$이다.

모두 합해보면 $(x^2-2x+1)+x^2+(x^2+2x+1)=3x^2+2$이다. 이 값이 302이상 350이하이므로

$302 \leq 3x^2+2 \leq 350$, $300 \leq 3x^2 \leq 348$, $100 \leq x^2 \leq 116$이다.

따라서 $x=10$이므로 연속하는 세 수는 9, 10, 11이다.

∴ 가장 큰 수는 11이다.

09 자동차 레이싱 시합에서 한선수가 처음에는 Akm는 $x$km/h로, 그 다음은 Bkm는 $y$km/h로 나머지 Ckm는 $z$km/h로 달렸다고 한다. 이 선수의 평균 속력을 구하면?

① $\dfrac{A+B+C}{x+y+z}$

② $\dfrac{Ax+By+Cz}{x+y+z}$

③ $\dfrac{A+B+C}{\dfrac{A}{x}+\dfrac{B}{y}+\dfrac{C}{z}}$

④ $\dfrac{Ax+By+Cz}{\dfrac{A}{x}+\dfrac{B}{y}+\dfrac{C}{z}}$

'속력$=\dfrac{거리}{시간}$' 공식을 이용하면 총 걸린 시간은 $\dfrac{A}{x}+\dfrac{B}{y}+\dfrac{C}{z}$(h), 총 거리는 $A+B+C$(km)이다.

따라서 속력은 $\dfrac{A+B+C}{\dfrac{A}{x}+\dfrac{B}{y}+\dfrac{C}{z}}$(km/h)이다.

10 산책로에 가로등을 세우려고 한다. 14m간격으로 세울 경우와 8m간격으로 세울 경우에는 6개의 차이가 난다. 4m간격으로 가로등을 세운다면 몇 개의 가로등이 필요한가?

① 25개

② 26개

③ 27개

④ 28개

8m간격으로 세울 경우 가로등의 개수를 x(개)라고 하면

14m간격으로 세울 경우 가로등의 개수는 $x-6$(개)다.

(가로등 사이 간격이 멀수록 세울 수 있는 가로등의 개수는 줄어든다)

가로등을 세우려는 산책로의 전체 거리는 같으므로 $8 \times x = 14(x-6)$, $x=14$(개)이다.

따라서 산책로 전체 거리는 $8 \times 14 = 112(\text{m})$이다.

4m 간격으로 가로등을 세운다면 $\frac{112}{4}=28$(개)가 필요하다.

11 A조, B조, C조가 참가한 회의에 참석한 인원은 105명이다. A조는 B보다 5명 적고, B조는 C 조 보다 3배 적었다. C조는 몇 명 참석하였는가?

① 46   ② 56

③ 66   ④ 76

 C조 참석자 수를 x명이라고 하면, B조는 $\frac{1}{3}x$명, A조는 $\left(\frac{1}{3}x-5\right)$명이다.

따라서 $x+\frac{1}{3}x+\left(\frac{1}{3}x-5\right)=105$(명), $\frac{5}{3}x-5=105$, $\frac{5}{3}x=110$ $\therefore x=66$(명)

12 어떤 일을 하는데 A씨는 60시간, B씨는 40시간이 걸린다고 한다. A씨와 B씨가 함께 일을 하면 각자 능력의 20%를 분업효과로 얻을 수 있다고 한다. A씨와 B씨가 함께 일을 한다면 몇 시간이 걸리겠는가?

① 15   ② 20

③ 25   ④ 30

 전체 작업량을 1이라 하면, A씨의 1시간 작업량 : $\frac{1}{60}$, B씨의 1시간 작업량 : $\frac{1}{40}$

A씨와 B씨의 1시간 작업량 : $\left(\frac{1}{60}+\frac{1}{40}\right) \times 1.2 = \frac{1}{20}$

따라서 전체 일을 하는데 걸리는 시간은 $1 \div \frac{1}{20} = 20$(시간)

13

실내 수영장에 물을 채우는데 A호스로는 10시간, B 호스로는 30시간, C호스로는 45시간이 걸린다. 이 일을 3시간동안 A, C호스로 물을 채우고 남은 부분은 B호스로 채울 때, 이 일을 시작하여 끝내기까지 몇 시간이 걸리겠는가?

① 18시간

② 19시간

③ 20시간

④ 21시간

정답해설

A, C 두 호스가 3시간 동안 채운 물의 양 : $\left(\frac{1}{10} + \frac{1}{45} \right) \times 3 = \frac{11}{90} \times 3 = \frac{11}{30}$

나머지 B호스 하나로 채울 때의 걸리는 시간 : $\left(1 - \frac{11}{30} \right) \div \frac{1}{30} = 19(시간)$

∴ 총 걸린 시간은 3 + 19 = 21(시간)

14

9개의 구슬 중 3개의 당첨 구슬과 6개의 비 당첨 구슬이 있다. 이 중 2개를 뽑을 때, 적어도 1개가 당첨 구슬일 확률은? (단, 한번 꺼낸 구슬은 다시 넣지 않는다.)

① $\frac{1}{2}$

② $\frac{7}{12}$

③ $\frac{2}{3}$

④ $\frac{3}{4}$

정답해설

적어도 한 개 이상의 당첨 구슬을 뽑을 확률은 전체 확률에서 두 개 모두 비 당첨 구슬을 뽑을 확률을 빼면 된다.

식으로 나타내면 $1 - \left(\frac{6}{9} \times \frac{5}{8} \right) = \frac{7}{12}$ 이다.

15

월 A씨는 80,000원씩, B씨는 60,000원씩 은행에 적금을 넣는다. 현재 A씨는 840,000원, B씨는 180,000원을 저축하고 있다면 A씨의 적금 금액이 B씨의 적금금액의 3배가 되는 때는 언제인가?

① 3개월

② 4개월

③ 5개월

④ 6개월

A씨의 x개월 후의 적금 금액은 $840,000+80,000x$
B씨의 x개월 후의 적금 금액은 $180,000+60,000x$
$$840,000+80,000x=3(180,000+60,000x)$$
$$300,000=100,000x \quad \therefore x=3(개월)$$

16

한 팀의 사원 중 여름휴가를 미리 사용할 사원이 전체의 $\frac{5}{12}$ 이고, 그중에 $\frac{2}{5}$ 가 해외로 갈 예정이다. 해외에 가지 않고 국내에서 여름휴가를 미리 사용할 사원이 12명일 때, 이 팀 전체 사원은 몇 명인가?

① 44명 ② 46명

③ 48명 ④ 50명

 전체 사원수를 x라 하면

여름휴가를 미리 사용할 사원의 수가 $\frac{5}{12} \times x$(명)

그중에 해외로 갈 예정인 사원의 수가 $\left(\frac{5}{12} \times x\right) \times \frac{2}{5} = \frac{1}{6} \times x$(명)

해외는 가지 않고 국내에 있는 사원의 수가 $\frac{5}{12}x - \frac{1}{6}x = 12$(명)

계산해보면 $30x-12x=864,\ 18x=864 \quad \therefore x=48$(명)

[17~18] 다음은 한 가구의 5월 소비 지출 내역을 나타낸 것이다.

구분	주거비	식비	교육비	기타
2015년 5월	35%	30%	10%	25%
2016년 5월	40%	35%	14%	11%

17

이 가구의 2015년 5월 총 소비 지출액이 200만 원이라면, 식비 지출액은 얼마인가?

① 58만 원 ② 60만 원

③ 65만 원 ④ 70만 원

 2015년 5월 총 지출액이 200만 원이고, 식비가 차지하는 비율은 30%이므로 식비는 $200 \times 0.3 = 60$(만 원)이다.

18 이 가구의 2016년 5월 총 소비 지출액은 전년 동월에 비해 15% 증가하였다고 할 때, 이 가구의 2016년 5월 주거비는 전년 동월에 비해 얼마나 증가하였는가? (단, 2015년 5월 총 소비 지출액은 200만 원이라 가정한다.)

① 16만 원   ② 18만 원

③ 20만 원   ④ 22만 원

 정답해설 총 소비 지출액이 전년 동월 200만 원에서 15% 증가하였으므로 2016년 5월 총 소비 지출액은 230만 원이 된다. 2015년 5월 주거비 지출액은 200×0.35＝70(만 원)이며, 2016년 5월의 주거비 지출액은 230×0.4＝92(만 원)이다.

∴ 2016년 5월의 주거비는 전년 동월에 비해 22만 원 증가하였다.

[19~21] 다음은 이동통신 사용자의 통신사별 구성비와 향후 통신사 이동 성향에 관한 자료이다.

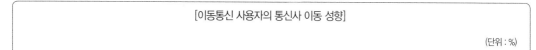

[이동통신 사용자의 통신사 이동 성향]

(단위 : %)

현재 \ 1년 뒤	A사	B사	C사	합계
A사	80	10	10	100
B사	10	70	20	100
C사	40	10	50	100

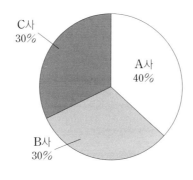

[현재 이동통신 사용자의 통신사별 구성비]

C사 30% / A사 40% / B사 30%

19 1년 뒤, A사와 B사에서 C사로 이동한 이동통신 사용자는 전체 사용자 중 몇 %인가?

① 10%　　　　　　　　　　② 12%

③ 14%　　　　　　　　　　④ 16%

 정답해설 전체 사용자를 100으로 잡고 계산했을 때

현재 A사의 사용자는 40이고, 이중 10%가 1년 뒤 C사의 사용자이므로, $40 \times 0.1 = 4(\%)$

현재 B사의 사용자는 30이고, 이중 20%가 1년 뒤 C사의 사용자이므로, $30 \times 0.2 = 6(\%)$

따라서 $4 + 6 = 10(\%)$이다.

20 1년 뒤 총 사용자 중 A사 사용자는 몇 %인가?

① 41%　　　　　　　　　　② 43%

③ 45%　　　　　　　　　　④ 47%

 정답해설 전체 사용자를 100으로 잡았을 때

현재 A사 사용자는 40이고, 이 중 80%는 1년 후에도 A사의 사용자로 남아있으므로, $40 \times 0.8 = 32(\%)$

현재 B사 사용자는 30이고, 이 중 10%는 1년 뒤 A사의 사용자이므로, $30 \times 0.1 = 3(\%)$

현재 C사 사용자는 30이고, 이 중 40%는 1년 뒤 A사의 사용자이므로, $30 \times 0.4 = 12(\%)$

따라서 1년 뒤 총 사용자 중 A사 사용자는 $32 + 3 + 12 = 47(\%)$이다.

21 1년 뒤에 다른 통신사로 이동한 이동통신 사용자는 모두 몇 %인가?

① 28%　　　　　　　　　　② 32%

③ 36%　　　　　　　　　　④ 40%

 정답해설 전체 사용자를 100으로 잡으면

현재 A사 사용자는 40이고, 이 중 20%는 1년 뒤 다른 통신사의 사용자이므로, $40 \times 0.2 = 8(\%)$

현재 B사 사용자는 30이고, 이 중 30%는 1년 뒤 다른 통신사의 사용자이므로, $30 \times 0.3 = 9(\%)$

현재 C사 사용자는 30이고, 이 중 50%는 1년 뒤 다른 통신사의 사용자이므로, $30 \times 0.5 = 15(\%)$

따라서 1년 뒤에 다른 통신사로 이동한 이동통신 사용자는 $8 + 9 + 15 = 32(\%)$이다.

[22-23] 다음은 2008년에서 2016년까지 주요 교통수단별 인구 10만 명당 교통사고 사망자 수를 나타낸 표이다.

(단위 : 명)

연도 교통수단	2008	2010	2012	2014	2016
A	31.5	28.2	25.5	23.3	24.3
B	24.5	22.0	21.4	20.0	21.3
C	14.1	18.9	19.4	21.6	24.4
D	4.2	5.5	6.7	7.3	8.9
E	1.5	2.0	2.2	2.1	4.9
F	5.2	7.0	6.5	5.3	5.1

22 다음 설명 중 옳지 않은 것은?

① F에 의한 교통사고 건수 중 2010년에 사고가 가장 많다.

② 2012년의 교통수단별 교통사고 사망자 중 A에 의한 사망자 수가 가장 많다.

③ 2014년까지 A, B에 의한 교통사고 건수는 점차 감소하는 추세를 보이고 있다.

④ 2008년에 비해서 2016년 인구 10만 명당 사망자 수가 증가한 것은 C, D, E, F이다.

 F의 경우에는 2008년보다 2016년에 사망자 수가 감소하였다.

23 연도별 인구 10만 명당 교통사고 사망자 수의 차이가 가장 큰 교통수단은 무엇인가?

① A

② B

③ C

④ D

 각각의 교통수단에 대해 구해보면

① A : 31.5(2008년) – 23.3(2014년) = 8.2명

② B : 24.5(2008년) – 20.0(2014년) = 4.5명

③ C : 24.4(2016년) – 14.1(2008년) = 10.3명

④ D : 8.9(2016년) – 4.2(2008년) = 4.7명

따라서 연도별 인구 10만 명당 교통사고 사망자 수의 차이가 가장 큰 교통수단은 C(10.3명)이다.

[24~25] 다음은 어느 사이버 쇼핑몰의 지불결제 수단별 거래액에 대하여 조사한 결과이다. 표를 참고하여 물음에 답하시오.

지불결제 수단별 거래액 구성비

(단위 : %, %p)

구분	2015년 1월	216년 1월	전월차 ($\%p$)	
			2015년 1월	2016년 1월
계	100.0	100.0		
온라인 입금	28.5	30.0	2.0	1.0
신용카드	67.8	65.7	0.7	-1.2
전자화폐	0.8	0.8	0.2	0.1
기타	2.9	3.5	0.1	0.1

24 2015년 12월의 거래액 중 신용카드가 차지하는 비율은?

① 67.8%

② 66.9%

③ 65.7%

④ 64.5%

 정답 해설 $\%p$(퍼센트 포인트)는 퍼센트 사이의 차이를 말한다. 신용카드의 경우, 2015년 12월을 기준으로 한 2016년 1월의 전월차가 $-1.2\%p$이므로 2015년 12월의 거래액 중 신용카드가 차지하는 비율은 $65.7-(-1.2)=66.9(\%)$이다.

25 전년 동월과 비교했을 때, 2016년 1월의 거래액 중 온라인입금이 차지하는 비율의 증가$\%p$는?

① $1.5\%p$

② $2\%p$

③ $3.5\%p$

④ $4\%p$

 정답 해설 2015년 1월 온라인입금과 2016년 1월 온라인 입금 비율을 비교해 보면 된다.
따라서 $30.0(\%)-28.5(\%)=1.5(\%p)$이다.

26 다음 도량형의 등호가 성립하게 할 때 괄호에 들어갈 수로 적합하지 않은 것은?

① $1mm = (10^{-3})m$

② $1kg = (10^3)g$

③ $1L = (10^2)ml$

④ $1m^2 = (10^4)cm^2$

 정답해설 ③ $1L = 1,000ml = 10^3ml$

 오답해설 ① $1mm = \dfrac{1}{1,000}m = \dfrac{1}{10^3} = 10^{-3}m$

② $1kg = 1,000g = 10^3g$

④ $1m^2 = 1m \times 1m = 100cm \times 100cm = 10,000cm^2 = 10^4cm^2$

27 연속하는 세 홀수의 합이 591일 때 가장 작은 홀수를 x, 연속하는 세 짝수의 합이 714일 때 가장 작은 짝수를 y라 할 때, '$x+y$'의 값은?

① 429

② 431

③ 433

④ 435

 정답해설 연속하는 세 홀수를 $x, x+2, x+4$라 하면, '$x+(x+2)+(x+4)=593$'이 된다.
따라서 '$3x+6=591$'이므로, $x=195$가 된다.
연속하는 세 짝수를 $y, y+2, y+4$라 하면, '$y+(y+2)+(y+4)=714$'가 된다.
따라서 '$3y+6=714$'이므로, $y=236$이 된다.

> **Check Point** ── **연속하는 수에 관한 문제의 미지수 정하기** ────────────
>
> • 연속하는 두 정수 : $x, x+1$
> • 연속하는 세 정수 : $x, x+1, x+2$ 또는 $x-1, x, x+1$
> • 연속하는 두 짝수(홀수) : $x, x+2$
> • 연속하는 세 짝수(홀수) : $x, x+2, x+4$ 또는 $x-2, x, x+2$
> • 두 자리의 자연수 : $10x+y$

28

집에서 회사까지 갈 때는 시속 3km, 회사에서 집으로 올 때는 시속 5km의 속력으로 걸어서 집에서 회사까지 왕복하는데 2시간이 걸렸다고 한다. 집에서 회사까지의 거리를 구하면?

① 3.5km
② 3.75km
③ 4km
④ 4.25km

 정답해설 집에서 회사까지의 거리를 $x(\mathrm{km})$라 하면, 갈 때 걸린 시간은 $\frac{x}{3}$(시간), 올 때 걸린 시간은 $\frac{x}{5}$(시간)이 된다.

따라서 $\frac{x}{3}+\frac{x}{5}=2$이므로, $5x+3x=30$이 된다.

따라서 $x=3.75(\mathrm{km})$이다.

Check Point — 거리, 속력, 시간에 관한 문제

• 거리＝속력×시간

• 시간＝$\frac{거리}{속력}$, 속력＝$\frac{거리}{시간}$

29

시계 바늘이 3시 10분을 가리킬 때, 시침과 분침이 이루는 작은 각의 크기는?

① 30°
② 33°
③ 35°
④ 40°

 정답해설 시침이 한 시간 동안 이동하는 각도는 $\frac{360°}{12}=30°$이며, 시침이 1분 동안 이동하는 각도는 $\frac{30°}{60}=0.5°$이다.

12시 정각을 기준으로 할 때, 3시 10분의 시침의 각도는 $30°×3+0.5°×10=95°$가 된다.

분침이 1분 동안 이동하는 각도는 $\frac{360°}{60}=6°$이다. 따라서 3시 10분의 분침의 각도는 $6°×10=60°$이다. 따라서 시침과 분침이 이루는 작은 각의 각도는 35°이다.

Check Point — a시 b분의 각도 계산

• a시 b분의 시침의 각도 : $30a+0.5b$

• a시 b분의 분침의 각도 : $6b$

• a시 b분의 시침과 분침의 각도 : $|30a+0.5b-6b|$

• 시침과 분침이 일치하기 위한 조건 : $30a+0.5b=6b$

정답 26. ③ | 27. ② | 28. ② | 29. ③

30 길이 L인 끈이 있는데, A가 끈의 절반을 가져가고, B가 남은 끈의 절반을 가져갔으며, C가 다시 남은 끈의 절반을 가져갔다. 이후 D가 다시 남은 끈의 $\frac{2}{3}$을 가져갔다. 남은 끈의 길이가 50cm라면, 원래 끈의 길이 L은 얼마인가?

① 5.6m   ② 6m

③ 6.4m   ④ 6.8m

 A가 끈의 절반을 가져간 후 남은 끈의 길이는 $\frac{1}{2}$L이다. B와 C가 가져가고 남은 끈의 길이는 $\frac{1}{8}$L 된다. 이후 D가 남은 끈의 $\frac{2}{3}$을 가져갔으므로, 남은 끈의 길이는 $\frac{1}{8}$L$\times\frac{2}{3}$이 된다. 이 길이가 50cm이므로, $\frac{1}{8}$L$\times\frac{2}{3}=50$(cm)이다. $\frac{1}{12}$L$=50$이므로, L$=600$cm$=6$m이다.

31 다음 제시된 자료들로부터 평균, 분산, 표준편차를 각각 구한 것으로 옳은 것은?

80, 83, 74, 96, 87

	평균	분산	표준편차
①	84	52	$\sqrt{52}$
②	85	53	$\sqrt{53}$
③	84	54	$\sqrt{54}$
④	85	55	$\sqrt{55}$

 • 평균 : 제시된 자료의 평균을 구하면, $\frac{80+83+74+96+87}{5}=84$이다.

• 분산 : 분산은 각 관찰값과 평균값과의 차이의 제곱을 모두 합한 값을 개체의 수로 나눈 값을 의미하므로,

$$\frac{(80-84)^2+(83-84)^2+(74-84)^2+(96-84)^2+(87-84)^2}{5}=54$$가 된다.

• 표준편차 : 표준편차란 분산값의 제곱근 값을 의미하므로, $\sqrt{54}(3\sqrt{6})$이다.

32 다음 제시된 도표는 E사의 2016년 1분기(3개월간)의 전체 매출에서 핸드폰과 TV가 차지하는 비율을 나타낸 매출현황이다. 이것을 보고 직원들이 해석한 내용으로 옳은 것은?

(단위 : %)

구분	핸드폰	TV
1월	21	30
2월	35	33
3월	43	34

① A군 : 3개월간의 평균 매출점유율은 TV가 더 높군요.

② B군 : 1월, 2월만 본다면 핸드폰의 매출점유율이 더 높군요.

③ C군 : 주력 제품이 바뀌긴 했지만, 두 제품의 A사의 주력 제품임에는 틀림없군요.

④ D군 : 전체적으로 핸드폰의 매출이 더욱 고르다고 할 수 있겠군요.

 주력 제품이 1월에는 TV였지만, 2월과 3월에는 핸드폰으로 바뀌었다. 핸드폰과 TV 매출 비중이 항상 전체 매출의 50%를 초과하고 있으므로, A사의 주력 제품이라고 할 수 있다.

 ① 3개월간의 핸드폰 매출점유율은 $\frac{21+35+43}{3}=33(\%)$이며, TV 매출점유율은

$\frac{30+33+34}{3}≒32.33(\%)$이다. 따라서 핸드폰의 매출점유율이 더 높다.

② 1, 2월의 핸드폰 매출점유율은 $\frac{21+35}{2}=28(\%)$이며, TV 매출점유율은 $\frac{30+33}{2}=31.5(\%)$이다. 따라서 TV가 더 높다.

④ 전체적으로 TV의 매출점유율이 고르다. 핸드폰의 경우 매월 증가폭이 크다.

33 다음은 어떤 시험에 응시한 남녀 응시자와 합격자 수를 나타낸 것이다. 이에 대한 설명으로 옳지 않은 것은?

(단위 : 명)

구분	응시자	합격자
남자	2,536	331
여자	1,127	147

① 총 응시자 중 남자 비율은 대략 69.23%이다.

② 응시자 대비 합격률은 남자보다 여자가 높다.

③ 여자의 응시자 대비 합격률은 대략 13.04%이다.

④ 총 응시자의 합격률은 13%가 조금 넘는 수준이다.

남자의 응시자 대비 합격률은 $\frac{331}{2536} \times 100 \fallingdotseq 13.05\%$이며, 여자의 응시자 대비 합격률은

$\frac{147}{1127} \times 100 \fallingdotseq 13.04\%$이다. 따라서 응시자 대비 합격률은 여자보다 남자가 높다.

① 총 응시자는 $2536+1127=3663$(명)이므로, 총 응시자 중 남자 비율은 $\fallingdotseq 69.23\%$이다.

③ 여자의 응시자 대비 합격률은 대략 13.04%이다.

④ 총 합격자 수는 478명이므로, 총 응시자의 합격률은 $\fallingdotseq 13.05\%$이다. 따라서 13%가 조금 넘는 수준이다.

34 다음 식이 완성되도록 빈칸에 들어갈 수학 기호를 고르면?

$$14 \times 8 - 70(\quad)10 - 5 = 100$$

① ＋　　　　　　　　　　　　② －

③ ×　　　　　　　　　　　　④ ÷

$(14 \times 8) - (70 \div 10) - 5 = 112 - 7 - 5 = 100$

따라서 빈칸에 들어갈 수학 기호는 '÷'이다.

35 $A \blacklozenge B = (A-B)^2$, $A \triangle B^2 = A^2 - B^2$일 때, $(3 \triangle 2) \triangle (3 \blacklozenge 5)$는 얼마인가?

① 5　　　　　　　　　　　　② 7

③ 9　　　　　　　　　　　　④ 11

$(3 \triangle 2) = 3^2 - 2^2 = 9 - 4 = 5$

$(3 \blacklozenge 5) = (3-5)^2 = (-2)^2 = 4$

따라서 $(3 \triangle 2) \triangle (3 \blacklozenge 5) = 5 \triangle 4 = 5^2 - 4^2 = 25 - 16 = 9$

36 A의 자동차 연비는 $16km/L$이며, 휘발유 가격은 $1L$당 2,000원이다. A가 자동차에 기름이 하나도 없는 상태에서 주유하여 560km를 달린 후 기름이 모두 소진되었다면, A가 주유한 휘발유 가격은 모두 얼마인가?

① 50,000원   ② 60,000원

③ 70,000원   ④ 80,000원

 정답 해설   자동차 연비는 16km/L이므로, 560km를 달려 휘발유가 모두 소진된 경우 주유한 휘발유의 양은 $560 \div 16 = 35(L)$이다.

따라서 주유한 휘발유의 가격은 $35 \times 2,000 = 70,000$원이 된다.

37 하나의 작업을 완료하는데 A는 18일, B는 24일이 걸린다. A와 B가 공동으로 작업을 시작하였는데, 중간에 B는 잠시 휴가를 떠났다. 공동 작업이 완료되는데 총 15일이 소요되었다면, B가 떠난 휴가 일수는 얼마인가?

① 8일   ② 9일

③ 10일   ④ 11일

 정답 해설   전체 작업의 양을 1이라 하면, A가 하루 동안 하는 작업량은 $\frac{1}{18}$, B가 하루 동안 하는 작업량은 $\frac{1}{24}$가 된다. 따라서 A가 15일 동안 한 일의 양은 $\frac{1}{18} \times 15$이다.

B의 휴가 일수를 x라 하면, B가 15일 중 일한 날 수는 $15-x$이므로, B가 한 일의 양은 $\frac{1}{24} \times (15-x)$가 된다.

전체 일의 양은 A와 B가 한 일의 양의 합과 같으므로, $1 = \frac{1}{18} \times 15 + \frac{1}{24} \times (15-x)$이다. 이를 풀면 $x = 11$이다.

따라서 B가 떠난 휴가 일수는 11일이다.

38 같은 집에 사는 회사 동료 A와 B는 각각 시속 $60km/h$, $40km/h$의 속력으로 운전하여 회사에 간다. A와 B가 집에서 같은 시간에 출발하였을 때 A가 30분 빨리 회사에 도착했다면, 집에서 회사까지의 거리는 얼마인가? (회사까지의 거리는 직선이라 가정한다.)

① 40km   ② 50km

③ 60km   ④ 70km

집과 회사의 거리를 $x(\mathrm{km})$라 하면, 시간$=\dfrac{거리}{속력}$이므로 A와 B가 회사까지 걸린 시간은 각각 $\dfrac{x}{60}, \dfrac{x}{40}$이 된다. 같은 시간에 출발한 경우 A가 0.5시간(30분) 빨리 도착하므로, $\dfrac{x}{40}-\dfrac{x}{60}=0.5$이다. $3x-2x=60$이므로, $x=60(\mathrm{km})$이다.

39 한 가게의 주인 A는 손님에게 3만원인 물건을 팔고 5만원권을 받았다. 잔돈이 없어 옆 가게에서 5만원권을 만원권 5장으로 바꾸어 거스름돈 2만원을 손님에게 주었다. 그런데 이후 그 돈이 위조지폐로 판명이 되어 옆 가게 주인에게 5만원을 변상하게 되었다. 주인 A가 이 일로 손해를 입은 금액은 모두 얼마인가?

① 5만원
② 8만원
③ 10만원
④ 13만원

 주인 A의 경우 실제로 손해를 본 금액은 물건값 3만원과 거스름돈 2만원이다. 옆 가게 주인에게 변상한 5만원은 위조지폐로 5만원을 얻었다가 그대로 돌려준 셈이 되므로, 여기서 손해가 발생한 것은 아니다. A는 위조지폐를 준 손님과의 거래에서만 손해가 발생하였다.

CHAPTER 03   문제해결능력

- 문제해결능력은 모든 직장인에게 공통적으로 요구하는 직업기초 능력으로 NCS 10과목 중에서 주로 채택되는 영역이다.
- 문제해결능력은 창조적이고 논리적인 사고를 통하여 이를 올바르게 인식하고 적절히 해결하기 때문에 이해가 중요한 영역이다.

대표유형문제

다음 제시된 명제가 모두 참일 때, 아래 문장 중 옳은 것을 고르면?

- 컴퓨터를 구매한 사람은 프린터를 구매한다.
- 테이블을 구매하지 않은 사람은 프린터를 구매하지 않는다.
- 팩스를 구매한 사람은 테이블을 구매한다.

① 컴퓨터를 구매하지 않은 사람은 프린터를 구매하지 않는다.

❷ 컴퓨터를 구매하면 테이블을 구매한다.

③ 테이블을 구매하지 않으면 팩스를 구매한다.

④ 프린터를 구매하면 테이블을 구매하지 않는다.

 정답해설 첫 번째 문장은 '컴퓨터를 구매 → 프린터 구매'이고 두 번째 문장의 대우명제는 '프린터 구매 → 테이블 구매'이므로, 이를 종합하면 '컴퓨터 구매 → 테이블 구매'가 성립한다. 따라서 ②는 옳은 문장이다.

    ① 첫 번째 문장의 이에 해당하므로, 반드시 참이라 할 수는 없다.

    ③ 세 번째 문장의 대우는 '테이블을 구매하지 않으면 팩스를 구매하지 않는다.'이다. 이것이 참이므로, ③은 항상 참이라 할 수 없다.

    ④ 두 번째 문장의 대우명제인 '프린터를 구매하면 테이블을 구매한다.'가 항상 참이므로, ④는 참이 아니다.

기초응용문제

[01~04] 다음 문장으로부터 올바르게 추론한 것은?

01

> A사가 출시한 두 번째 컴퓨터인 이 모델은 세계에서 가장 얇은 컴퓨터로 두께는 11mm이고 무게는 850g입니다. 참고로 지금까지 무게가 850g인 컴퓨터는 없었습니다.

① A사의 첫 번째 컴퓨터는 두께가 12mm 이상이다.

② A사의 첫 번째 컴퓨터는 무게가 850g을 초과하고 두께가 11mm를 초과했다.

③ 무게가 850g미만이고 두께가 12mm 이상인 컴퓨터는 존재하지 않는다.

④ A사의 제품 중에는 무게가 850g이 아닌 컴퓨터가 있다.

 정답해설 A사의 첫 번째 컴퓨터에 대한 언급은 없으며, 무게가 850g인 컴퓨터가 처음이므로 첫 번째 컴퓨터의 무게는 850g 이 아니라는 것을 알 수 있다.

02

> A씨는 각각의 파란색, 빨간색, 노란색, 초록색, 보라색 사각기둥을 가지고 놀고 있다. 파란색, 노란색, 보라색 기둥의 순으로 나란히 세워 놓은 다음, 빨간색 기둥을 노란색 기둥보다 앞에, 초록색 기둥을 빨간 색 기둥보다 뒤에 세워 놓았다.

① 어떤 기둥이 맨 뒤에 있는지 알 수 없다.

② 빨간색 기둥이 맨 뒤에 있다.

③ 보라색 기둥이 맨 뒤에 있다.

④ 노란색 기둥이 맨 뒤에 있다.

 정답해설 빨간색 기둥의 위치는 노란색 기둥 앞일 수도 있고, 파란색 기둥 앞일 수 도 있다. 초록색 기둥의 위치는 빨간색 기둥 뒤일 수도 있고, 파란색 기둥 뒤일 수도 있고, 노란색 기둥 뒤일 수도 있고, 보라색 기둥 뒤일 수도 있다. 따라서 어느 기둥이 맨 뒤에 있는지 알 수 없다.

03

> • 마라톤을 좋아하는 사람은 체력이 좋고, 인내심도 있다.
> • 몸무게가 무거운 사람은 체력이 좋다.
> • 명랑한 사람은 마라톤을 좋아한다.

① 체력이 좋은 사람은 인내심이 없다.

② 인내심이 없는 사람은 명랑하지 않다.

③ 마라톤을 좋아하는 사람은 몸무게가 가볍다.

④ 몸무게가 무겁지 않은 사람은 인내심이 있다.

 정답해설 '명랑한 사람 → 마라톤을 좋아함 → 체력이 좋고, 인내심도 있음'이므로 명랑한 사람은 인내심이 있다. 이것의 대우 명제는 '인내심이 없는 사람은 명랑하지 않다.'이다.

04

> • 부채를 탐구하는 사람은 선풍기를 학습한다.
> • 선풍기를 학습하는 사람은 에어컨을 선호한다.
> • 에어컨을 선호하는 사람은 가습기를 동반하지 않는다.
> • 가습기를 동반하는 사람은 제습제를 바라지 않는다.
> • 제습제를 바라는 사람은 부채를 탐구하지 않는다.

① 에어컨을 선호하지 않는 사람은 부채를 탐구한다.

② 가습기를 동반하는 사람은 부채를 탐구하지 않는다.

③ 제습제를 바라지 않는 사람은 에어컨을 선호한다.

④ 선풍기를 학습하는 사람은 제습제를 바란다.

 정답해설 대우를 이용하면 쉽게 풀 수 있다.
부채를 탐구하는 사람 → 선풍기를 학습 → 에어컨을 선호 → 가습기를 동반하지 않음
가습기를 동반하는 사람 → 에어컨을 선호하지 않음 → 선풍기를 학습하지 않음 → 부채를 탐구하지 않음
따라서 가습기를 동반하는 사람은 부채를 탐구하지 않는다.

05

> • A씨는 B보다 먼저 약속장소에 도착했다.
> • B씨는 약속 때마다 가장 늦게 도착한다.
> • 오늘 C씨는 A씨보다 일찍 약속장소에 도착했다.
> • _____.

① C씨는 B씨보다 약속장소에 먼저 도착했다.

② C씨는 항상 가장 먼저 약속장소에 도착한다.

③ B씨는 오늘 가장 일찍 약속장소에 도착했다.

④ A씨는 항상 약속장소에 먼저 도착한다.

B씨는 약속 때마다 가장 늦게 도착한다고 했고, 약속장소에 A씨는 B씨보다 먼저, C씨는 A씨보다 일찍 도착하였으므로 C-A-B순으로 도착했다. 따라서 C씨는 B씨보다 먼저 약속장소에 도착했음을 알 수 있다.

06

> • A는 B의 사촌오빠이다.
> • C와 B는 자매이다.
> • D는 A의 누나이다.
> • 따라서, _____.

① D는 B의 사촌오빠이다.　　　② A와 C는 나이가 같다.

③ D는 C와 사촌간이다.　　　　④ C는 B보다 나이가 많다.

나이순으로 나열하면 D > A > B이다. C의 경우 B와 자매라는 것만 제시되어 있으므로 나이를 알 수 없다.
③ D와 A는 남매이고 C와 B가 자매인데, A와 B가 사촌지간이므로 D와 C도 사촌지간임을 알 수 있다.

07

> • A를 구매하는 사람은 B를 구매한다.
> • C를 구매하지 않는 사람은 B도 구매하지 않는다.
> • C를 구매하는 사람은 D를 구매하지 않는다.
> • 따라서 _____.

① A를 구매한 사람은 D를 구매하지 않는다.

② B를 구매하는 사람은 C를 구매하지 않는다.

③ C를 구매하는 사람은 A를 구매하지 않는다.

④ B를 구매하지 않은 사람은 C도 구매하지 않는다.

 정답해설 두 번째 문장의 대우 명제는 'B를 구매하는 사람은 C를 구매한다.'이므로

'A를 구매 → B를 구매', 'B를 구매 → C를 구매', 'C를 구매 → D를 구매하지 않음'이 성립한다.

① 'A를 구매하는 사람은 D를 구매하지 않는다.'는 성립한다.

② B를 구매하는 사람은 C를 구매한다.

③ C를 구매하는 사람은 D를 구매하지 않는다.

[08~10] 제시된 조건을 바탕으로 A, B에 대해 옳은 것은?

08

> 〈조건〉
> • P, Q, R, S씨가 벤치에 일렬로 앉는다고 할 때, P의 왼쪽에는 Q가 앉는다.
> • Q의 왼쪽에는 S가 앉아있다.
> • R의 오른쪽에는 S가 앉아있다.
> 〈결론〉
> A : 벤치의 오른쪽 끝에 앉은 사람은 P이다.
> B : R와 P사이에는 두 사람이 앉는다.

① A만 옳다.　　　　　　　　　② B만 옳다.

③ A, B 모두 옳다.　　　　　　④ A, B 모두 틀렸다.

 정답해설 P, Q, R, S씨가 벤치에 앉는 순서는 다음과 같다.

앞

| 왼쪽 | R – S – Q – P | 오른쪽 |

뒤

따라서 A와 B의 말은 모두 옳다.

09

조건

- 책을 많이 읽는 사람은 감수성이 풍부하다.
- 감수성이 풍부한 사람은 발라드를 즐겨 듣는다.
- 20대 여성들은 모두 발라드를 즐겨 듣는다.

결론

A : 책을 가장 많이 읽는 독자층은 20대 여성이다.

B : 10대 여성들은 댄스 음악을 즐겨 듣는다.

① A만 옳다.
② B만 옳다.
③ A, B 모두 옳다.
④ A, B 모두 알 수 없다.

 정답 해설 제시된 조건을 정리하면 다음과 같다.

- 책을 많이 읽는 사람 → 감수성이 풍부한 사람 → 발라드를 즐겨 듣는 사람
- 20대 여성들 → 발라드를 즐겨 들음

따라서 A와 B의 말은 주어진 조건만으로는 판단할 수 없다.

10

조건

- P씨가 승진하였다면 L씨도 같이 승진하였다.
- K씨와 H씨 중에서 한 사람만 승진하였다.
- P, K, L, H씨 중 적어도 2명은 승진하였다.

결론

A : P씨는 승진하였다.

B : L씨는 승진하였다.

① A만 옳다.　　　　　　　　　② B만 옳다.

③ A, B 모두 옳다.　　　　　　　④ A, B 모두 틀렸다.

 정답해설 두 번째 조건에서 K씨와 H씨 중 한 사람만 승진하였다고 했고, 세 번째 조건에서 적어도 두 명이 승진하였다고 했으므로 P씨와 L씨 중 한 사람 이상이 승진해야 한다. 그런데 첫 번째 조건에서 P씨와 L씨가 함께 승진한다고 했으므로 P씨와 L씨는 모두 승진하였다. 따라서 A와 B의 말은 모두 옳다.

11 다음 명제들이 모두 참일 때 옳지 않은 추론은?

> • A, B, C, D, E씨는 5층인 아파트에 살고 있다.
> • A씨와 B씨는 같은 간격을 유지하고 있고, B씨와 D씨도 같은 간격으로 유지하고 있다.
> • C씨는 D씨보다 아래층에 살고 있다.
> • A씨는 5층에 살고 있다.

① D는 3층에 살고 있다.　　　　　② B는 D와 인접해서 살고 있다.

③ C는 1층 또는 2층에 살고 있다.　④ E는 B와 인접해서 살고 있다.

 정답해설
• A, B, C, D, E씨는 5층인 아파트에 살고 있다.
• A씨와 B씨는 같은 간격을 유지하고 있고, B씨와 D씨도 같은 간격으로 유지하고 있다.
• A씨는 5층에 살고 있다.

5	A
4	–
3	B
2	–
1	D

또는

5	A
4	B
3	D
2	–
1	–

• C씨는 D씨보다 아래층에 살고 있다.

5	A
4	B
3	D
2	E
1	C

또는

5	A
4	B
3	D
2	C
1	E

따라서 어떤 경우에도 E는 B와 인접해서 살고 있다.

12 세 슈퍼마켓 E, F, G는 직선도로를 따라서 서로 이웃하고 있다. 이들 슈퍼마켓의 간판은 초록색, 파란색, 빨간색이며 슈퍼마켓 앞에서 슈퍼마켓을 바라볼 때 다음과 같이 되어 있다. 아래와 같은 조건을 만족시킬 때 가운데 위치하는 슈퍼마켓과 간판의 색이 바르게 연결된 것을 고르면?

> • 파란색 간판은 왼쪽 끝에 있는 슈퍼마켓의 것이다.
> • F슈퍼마켓은 E슈퍼마켓의 오른쪽에 있다.
> • G슈퍼마켓의 간판은 빨간색이다.

① E슈퍼마켓-초록색   ② F슈퍼마켓-빨간색

③ F슈퍼마켓-초록색   ④ G슈퍼마켓-빨간색

 정답해설 • 파란색 간판은 왼쪽 끝에 있는 슈퍼마켓의 것이다.

파란색		

• F슈퍼마켓은 E슈퍼마켓의 오른쪽에 있다.

파란색		
E슈퍼마켓	F슈퍼마켓	

혹은

파란색		
	E슈퍼마켓	F슈퍼마켓

• G슈퍼마켓의 간판은 빨간색이다.

파란색	초록색	빨간색
E슈퍼마켓	F슈퍼마켓	G슈퍼마켓

따라서 가운데 위치하는 슈퍼마켓과 간판의 색은 F슈퍼마켓-초록색이다.

13 다음 주어진 조건을 읽고, 유추할 수 있는 것은?

> • 세 문구점 A, B, C는 학교 앞 골목을 따라 서로 이웃하고 있다.
> • 세 문구점은 평수에 따라 임의의 순서로 각각 소형, 중형, 대형으로 구분된다.
> • A문구점은 맨 왼쪽에 있다.
> • 평수가 대형인 문구점은 A문구점과 인접해 있지 않다.
> • 팩스를 보낼 수 있는 문구점은 중형 문구점의 바로 오른쪽에 있다.
> • 소형 문구점에서는 코팅을 할 수 있다.
> • C문구점에서는 복사를 할 수 있다.

① C문구점에서는 복사할 수 없다.

② B문구점은 A문구점과 인접해 있다.

③ C문구점의 크기는 대형이다.

④ A문구점에서는 코팅을 할 수 있다.

 정답해설 • A문구점은 맨 왼쪽에 있다.

A문구점		

• 평수가 대형인 문구점은 A문구점과 인접해 있지 않다.

A문구점		
		대형

• 팩스를 보낼 수 있는 문구점은 중형 문구점의 바로 오른쪽에 있다.

A문구점		
중형		대형
	팩스	

또는

A문구점		
	중형	대형
	팩스	

• 소형 문구점에서는 코팅을 할 수 있다.
• C문구점에서는 복사를 할 수 있다.

A문구점	C문구점	B문구점
소형	중형	대형
코팅	복사	팩스

① C문구점에서는 복사할 수 있다.
② B문구점은 A문구점과 인접해 있지 않다.
③ C문구점의 크기는 중형이다.

14 다음의 조건에 따를 때 S회사에 지원한 K씨가 가지고 있는 자격증의 개수는?

- S회사에 지원하기 위해서는 A자격증을 가지고 있어야 한다.
- C자격증을 취득하기 위해서는 B자격증을 가지고 있어야 한다.
- A자격증 시험에 지원하기 위해서는 D자격증을 가지고 있어야 한다.
- D자격증 시험에 지원하기 위해서는 E자격증을 취득하고 1년 이상의 기간이 경과하여야 한다.
- B자격증을 가지고 있는 사람은 E자격증 시험에 지원할 수 없고, E자격증을 취득하면 B자격증 시험에 지원할 수 없다.

① 2개   ② 3개
③ 4개   ④ 5개

- 첫 번째 조건에 따라 K씨는 A자격증을 가지고 있다.
- 세 번째 조건에서 A자격증을 취득하기 위해서는 D자격증이 있어야 한다고 했으므로 K씨는 D자격증도 가지고 있다.
- 네 번째 조건에 따라 K씨는 E자격증도 가지고 있어야 한다.
- 다섯 번째 조건에 따라 K씨는 B자격증은 취득하지 못했음을 알 수 있다.
- 두 번째 조건에 따라 K씨는 C자격증도 취득할 수 없다.
따라서 K씨는 A, D, E 자격증 3개를 갖고 있다.

15 다음은 K국의 국민인 A, B, C, D씨의 사회 이동 양상에 대한 표이다. 표의 내용을 올바르게 분석한 것은? (단, K국의 계층은 상층, 중층, 하층으로 분류되며, 부모의 계층은 변함이 없음)

구분		부모의 계층과 비교한 본인의 현재 계층		
		높음	같음	낮음
10년 전 계층과 비교한 본인의 현재 계층	높음	A		B
	같음	C		
	낮음		D	

① A씨는 세대 내 이동과 세대 간 이동을 모두 경험했다.

② B씨는 현재 하층에 속해 있다.

③ C씨의 부모님의 계층은 상층이다.

④ D씨는 세대 내 이동은 경험하였으나 세대 간 이동은 경험하지 않았다.

정답해설 ① A씨는 현재 계층이 10년 전 계층보다 높으므로 세대 내 이동을 하였고, 부모의 계층보다 본인의 계층이 높으므로 세대 간 이동을 하였다.

오답해설 ② B씨는 계층 상승을 하였으므로 중층이나 상층일 가능성이 있다. 그런데 현재 계층이 부모의 계층보다 낮으므로 B씨의 현재 계층은 중층이다.

③ C씨의 계층이 부모의 계층보다 높으므로 부모님의 계층은 중층이거나 하층일 수 있다.

④ D씨는 세대 내 하강 이동을 통해 현재 계층이 부모의 계층과 같아졌다. 이는 10년 전 D씨의 계층이 부모의 계층보다 높았음을 의미하므로 D씨는 세대 간 이동을 경험하였다.

16 A, B 2개의 극장이 있는 어느 소도시에서 지난 일요일 하루 영화를 본 관람객 수를 연령대 별로 조사한 것이다. 이날 하루 두 극장에서 영화를 본 사람이 모두 5000명이고, 이 중 60%가 A극장에서, 40%가 B극장에서 영화를 봤다고 할 때 다음 중 옳지 않은 것은?

구분	20대	30대	40대	50대 이상
A극장	29%	36%	24%	11%
B극장	14%	27%	39%	20%

① 지난 일요일 B극장을 찾은 40대 관람객 수는 780명이다.

② 지난 일요일 30대 관람객 수는 A극장이 B극장의 2배이다.

③ 지난 일요일 40대 관람객 수는 A극장보다 B극장이 더 많다.

④ 지난 일요일 50대 이상의 관람객 수는 B극장보다 A극장이 더 많다.

정답해설 지난 일요일 극장을 찾은 세대별 관람객 수를 구하면 다음과 같다.

구분	20대	30대	40대	50대 이상
A극장	870명	1,080명	720명	330명
B극장	280명	540명	780명	400명

따라서 50대 이상의 관람객 수는 A극장보다 B극장이 더 많았다.

[17~18] 다음은 어떤 공장에서 생산되는 제품의 2016년 1분기 생산량을 나타낸 것이다.

구분	A제품 생산량(개)	B제품 생산량(개)
1월	4,200	2,600
2월	4,500	2,500
3월	5,000	2,800

17 A제품의 단가는 3,000원, B제품의 단가는 5,500원이라 할 때 공장의 2016년 1분기 총 생산액은 얼마인가?

① 8,027만 원   ② 8,180만 원

③ 8,324만 원   ④ 8,455만 원

 정답
해설

1분기 A제품의 총 생산액은 $(4,200+4,500+5,000) \times 3,000 = 41,100,000$(원)이며,
B제품의 총 생산액은 $(2,600+2,500+2,800) \times 5,500 = 43,450,000$(원)이다.
따라서 이 공장의 1분기 총 생산액은 84,550,000(원)이다.

18 A제품과 B제품의 월별 생산액의 차가 가장 큰 달과 가장 작은 달을 바르게 짝 지은 것은?

① 1월, 2월   ② 1월, 3월

③ 3월, 1월   ④ 3월, 2월

 정답
해설

각 제품의 월별 생산액과 그 차이를 구하면 다음과 같다.

구분	A제품 생산액	B제품 생산액	차액
1월	$4,200 \times 3,000 = 12,600,000$(원)	$2,600 \times 5,500 = 14,300,000$(원)	170만 원
2월	$4,500 \times 3,000 = 13,500,000$(원)	$2,500 \times 5,500 = 13,750,000$(원)	25만원
3월	$5,000 \times 3,000 = 15,000,000$(원)	$2,800 \times 5,500 = 15,400,000$(원)	40만원

[19~20] 다음은 식품 A, B의 구성 성분을 모두 분석하여 그 중량 비율에 따라 표시한 성분 비율표이다. 다음 물음에 답하시오.

구성 성분	A식품(%)	B식품(%)
탄수화물	28.8	7.4
지방	19.1	5.7
단백질	35.6	
수분		65.6
기타	5.8	8.1

19 다음 설명 중 옳지 않은 것은?

① A식품의 수분 비율은 10.7%이다.

② B식품의 단백질 비율은 13.2%이다.

③ A식품의 250g에 포함된 수분의 중량은 10.7g이다.

④ B식품의 500g에 포함된 지방 성분의 중량은 28.5g이다.

 ①, ③ 식품의 모든 성분을 분석한 것이므로 구성 성분 비율의 합은 100%가 되어야 하므로 A식품의 수분 비율은 10.7g이다. 따라서 250g인 A식품에는 $250 \times 0.107 = 26.75(g)$의 수분이 포함되어 있다.

 ② 구성 성분의 합이 100%이므로 B식품의 단백질 비율은 13.2%이다.
④ B식품 500g에 포함된 지방 성분의 중량은 $500 \times 0.057 = 28.5(g)$이다.

20 B식품에서 수분을 완전히 제거한 후 구성 성분의 비율을 다시 분석할 때 이 식품 속에 함유된 탄수화물의 성분 비율은 대략 얼마인가?

① 7.4%   ② 14.8%

③ 21.5%   ④ 37.0%

 수분을 완전히 제거한 후 남은 구성 성분 중 탄수화물의 비율은 $\dfrac{7.4}{100-65.6} \times 100 ≒ 21.5(\%)$이다.

정답 **17.** ④ | **18.** ① | **19.** ③ | **20.** ③

21 아래의 표는 어느 나라의 기업 기부금 순위 상위 기업의 현황과 연도별 기부금 추이를 나타낸 것이다. 다음 중 옳지 않은 것은?

[표1] 2012년도 생산량 구성비

회사	A사	B사	C사	D사	E사	기타
생산량 구성비(%)	17	18	12	25	15	13

[표2] 생산량 지수(2012년 지수를 100으로 한 지수)

연도	A사	B사	C사	D사	E사
2012	100	100	100	100	100
2013	120	130	95	125	85
2014	135	155	55	140	60
2015	125	175	70	155	40
2016	125	185	50	150	40

[표1] 2016년 기부금 순위 상위 5개 기업 현황

순위	기업명	총 기부금 (억 원)	현금 기부율(%)
1	A	350	20
2	B	300	24
3	C	280	28
4	D	250	15
5	E	200	19

[표2] 연도별 기부금 추이

(단위: 억 원)

구분 \ 연도	2012	2013	2014	2015	2016
기부금 총액	5,520	6,240	7,090	7,820	8,220
기업 기부금 총액	1,980	2,190	2,350	2,610	2,760

① 2016년 기부금 상위 5개 기업 중 현금 기부금이 가장 많은 기업은 C이다.

② 2016년 상위 5개 기업의 총기부금은 기부금 총액의 17%미만이다.

③ 기부금 총액과 기업의 기부금 총액은 2012년부터 매년 지속적으로 증가하였다.

④ 기부금 총액에서 기업의 기부금이 차지하는 비중은 매년 지속적으로 증가하였다.

 정답해설 ④ 2016년 기부금 총액에서 기업 기부금이 차지하는 비중은 대략 33.6%이며 2015년의 경우는 대략 33.4%, 2014년의 경우 대략 33.1%, 2013년의 경우 대략 35.1%, 2012년의 경우 대략 35.9%이다. 따라서 이는 2012 년부터 2014년까지는 감소하다가 이후 증가하고 있다.

 오답해설 ① 현금 기부금＝현금 기부율×총기부금÷100이다. 이를 통해 상위 5개 기업의 현금 기부금을 구하면 C기업이 78.4(억 원)으로 가장 많다.

② 2016년 상위 5개 기업의 총 기부금은 1,380(억 원)인데, 기부금 총액은 8,220(억 원)이므로 상위 5개 기업의 총기부금은 대략 기부금 총액의 16.8%를 차지하고 있다.

③ [표2]에서 보면 기부금 총액과 기업 기부금 총액은 2012년부터 2016년까지 매년 증가하고 있다.

[22~23] 아래는 A, B, C, D, E 5개 회사가 동종의 제품 시장에서 차지하는 생산량의 구성비와 생산량 변동 추이를 나타낸 것이다. 다음 물음에 답하시오.

22 2016년도에 생산량이 가장 많은 회사와 그 생산량 구성비로 가장 알맞은 것은?

① A사, 38.25%

② B사, 33.3%

③ C사, 37.5%

④ E사, 40.0%

 정답해설 2012년도 생산량 구성비를 기준으로 하여 지수의 변동을 비교해 볼 때, 2012년도 생산량 구성비가 크면서도 2016 년도 생산량 지수가 많이 증가한 B사와 D사를 비교해본다.

B사의 경우 2016년도 생산량 구성비는 $18(\%) \times \dfrac{185}{100} = 33.3(\%)$이고,

D사의 경우 $25(\%) \times \dfrac{153}{100} = 37.5(\%)$이다.

따라서 2016년도 생산량 구성비가 가장 큰 회사는 D회사이며, 그 구성비는 37.5%이다.

23 위의 두 표를 참고로 할 때, 다음 설명 중 옳은 것은?

① 2016년도 C사와 E사의 생산량은 같다.

② A사의 2016년도 생산량은 2015년과 같다.

③ 2012년도 5개 회사의 생산량은 같다.

④ ①~③ 어느 것도 옳지 않다.

 정답해설

① 2016년도 생산량 구성비를 볼 때, C사의 경우 $12(\%) \times \dfrac{50}{100} = 6(\%)$이고,

E사의 경우 $15(\%) \times \dfrac{40}{100} = 6(\%)$로 같다.

생산량 구성비가 같다는 것은 두 회사의 생산량이 같다고 할 수 있다.

 오답해설

② 제시된 것은 생산량의 구성비와 기준 지수로 환산한 생산량 변동 추이인데, 이것만으로는 구체적인 생산량을 알 수는 없으므로 두 연도의 생산량을 비교할 수는 없다. 다만 A~E 5개 회사만을 두고 봤을 때는 A회사의 두 연도의 생산량 구성비(생산량 지수)가 같은데 비해, 5개 회사의 생산량 지수의 합은 2015년도에 565에서 2016년도에 550으로 줄었다. 이는 상대적으로 A회사가 생산시장에서 차지하는 생산량 구성비가 2016년도에 더 높아졌다는 것을 의미하므로 생산량도 증가했다고 할 수 있다.

③ 생산량 구성비를 통해 볼 때 5개 회사의 2012년도 생산량은 서로 다름을 알 수 있다.

[24~25] 아래의 표는 A, B, C의 세 지역에서 평상시의 미생물 밀도와 황사 발생 시의 미생물 밀도를 미생물 종류별로 조사한 결과이다. 다음 물음에 답하시오.

구분		미생물 밀도(개체/mm^3)	
		평상시	황사 발생 시
A지역	미생물 X	270	1,800
	미생물 Y	187	2,720
	미생물 Z	153	2,120
B지역	미생물 X	40	863
	미생물 Y	45	1,188
	미생물 Z	38	1,060
C지역	미생물 X	98	1,340
	미생물 Y	86	1,620
	미생물 Z	77	1,510

24 다음 설명 중 옳지 않은 것은?

① 황사 발생 시에는 지역과 미생물의 종류에 관계없이 평상시보다 미생물 밀도가 높다.

② 미생물 Z는 지역에 관계없이 다른 미생물에 비해 평상시와 황사 발생 시 밀도 차이가 가장 작다.

③ B지역에서 평상시와 황사 발생 시 밀도차가 가장 큰 것은 미생물 Y이며, 그 때의 밀도 차이는 1,143(개체/mm^2)이다.

④ 미생물 종류에 관계없이 평상시 미생물 밀도가 가장 낮은 지역이 황사 발생 시에도 미생물 밀도가 가장 낮다.

 ② 지역에 관계없이 평상시와 황사 발생 시 밀도 차이가 가장 작은 것은 미생물 X이다.

 ① 황사 발생 시에는 모든 지역에서 세 미생물 밀도가 전부 높아졌다.

③ B지역에서 평상시와 황사 발생 시 밀도차를 살펴보면

미생물 X : 863－40＝823(개체/mm^3)

미생물 Y : 1,188－45＝1,143(개체/mm^3)

미생물 Z : 1,060－38＝1,022(개체/mm^3)

따라서 밀도차가 가장 큰 것은 미생물 Y이다.

④ 평상시 미생물 밀도가 가장 낮은 지역은 B지역이며, 황사 발생 시에도 B지역의 미생물 밀도가 가장 낮다.

25 다음 중 C지역에서 평상시에 비해 황사 발생 시 밀도 증가율이 가장 큰 미생물은?

① 미생물 X ② 미생물 Y
③ 미생물 Z ④ 미생물 X, Y, Z 모두 동일하다.

 C지역의 황사 발생 시 밀도 증가율을 구하면 다음과 같다.

미생물 X의 밀도 증가율 : $\frac{1,242}{98}\times100≒1,267(\%)$

미생물 Y의 밀도 증가율 : $\frac{1,534}{86}\times100≒1,784(\%)$

미생물 Z의 밀도 증가율 : $\frac{1,433}{977}\times100≒1,861(\%)$

따라서 미생물 Z의 밀도 증가율이 가장 크다.

26 다음은 창의적 문제와 분석적 문제에 대한 진술이다. 이 중 분석적 문제에 대한 진술로 옳은 것은?

① 현재 문제가 없더라도 보다 나은 방법을 찾기 위한 문제

② 해답의 수가 적고 한정되어 있는 문제

③ 많은 아이디어의 작성을 통해 해결하는 문제

④ 직관적 · 감각적 · 개별적 특징에 의존하는 문제

 분석적 문제는 문제 해결 방법에 있어 해답의 수가 적으며 한정되어 있다는 것이 특징이다. 나머지는 모두 창의적 문제에 해당하는 설명이다.

Check Point 창의적 문제와 분석적 문제의 구분

구 분	분석적 문제	창의적 문제
문제제시 방법	• 현재의 문제점이나 미래의 문제로 예견될 것에 대한 문제 탐구 • 문제 자체가 명확함	• 현재 문제가 없더라도 보다 나은 방법을 찾기 위한 문제 탐구 • 문제 자체가 명확하지 않음
해결 방법	논리적 방법(분석, 논리, 귀납 등)을 통해 해결	창의력에 의한 많은 아이디어의 작성을 통해 해결
해답의 수	정답의 수가 적으며, 한정되어 있음	해답의 수가 많으며, 많은 답 가운데 보다 나은 것을 선택
주요 특징	객관적 · 일반적 · 논리적 · 이성적 · 정량적 · 공통성	주관적 · 개별적 · 직관적 · 정성적 · 감각적 · 특수성

27 다음 중 탐색형 문제(찾는 문제)와 관련된 내용에 해당하는 것은?

① 원인지향적인 문제　　　② 일탈문제와 미달문제

③ 잠재문제, 예측문제, 발견문제　　　④ 창조적 문제

 탐색형 문제(찾는 문제)는 잠재문제, 예측문제, 발견문제의 세 가지 형태로 구분된다. 잠재문제는 문제가 잠재되어 있어 보지 못하고 인식하지 못하다가 결국은 문제가 확대되어 해결이 어려운 문제를 의미한다. 이와 같은 문제는 존재하나 숨어있기 때문에 조사 및 분석을 통해서 찾아야 할 필요가 있다. 예측문제는 지금 현재로는 문제가 없으나 현 상태의 진행 상황을 예측이라는 방법을 사용하여 찾아야 앞으로 일어날 수 있는 문제가 보이는 문제를 의미한다. 발견문제는 현재로서는 담당 업무에 아무런 문제가 없으나 유사 타 기업의 업무방식이나 선진기업의 업무방법 등의 정보를 얻음으로써 보다 좋은 제도나 기법, 기술을 발견하여 개선, 향상시킬 수 있는 문제를 말한다.

① · ② 발생형 문제(보이는 문제)는 눈에 보이는 이미 일어난 문제로, 어떤 기준을 일탈함으로써 생기는 일탈문제와 기준에 미달하여 생기는 미달문제로 구분된다. 또한 문제의 원인이 내재되어 있기 때문에 원인지향적인 문제라고도 한다.

④ 설정형 문제(미래 문제)는 미래 지향적으로 새로운 과제 또는 목표를 설정함에 따라 일어나는 문제로서, 이러한 과제나 목표를 달성하는데 따른 문제해결에는 지금까지 경험한 바가 없기 때문에 많은 창조적인 노력이 요구되므로 이를 창조적 문제라 하기도 한다.

28 다음 중 문제해결을 위한 기본요소와 가장 거리가 먼 것은?

① 문제해결방법에 대한 지식
② 문제해결을 위한 동료나 선배의 조언
③ 문제해결자의 의지와 도전의식, 끈기
④ 체계적 접근을 통한 문제 분석

문제해결을 위해 동료나 직장선배가 조언을 줄 수는 있으나, 이것이 문제해결을 위해 개인이 갖추어야 할 기본요소가 될 수는 없다. 문제해결을 위한 기본요소로는 체계적인 교육훈련과 문제해결방법에 대한 지식, 문제관련 지식에 대한 가용성, 문제해결자의 도전의식과 끈기, 문제에 대한 체계적인 접근, 체계적인 교육훈련 등의 5가지가 있다.

29 다음 중 문제해결을 위한 장애요소와 가장 거리가 먼 것은?

① 직관에 의한 문제의 성급한 판단
② 단순한 정보에의 의지
③ 많은 자료를 얻으려는 노력
④ 새로운 아이디어와 가능성의 수용

고정관념에 얽매여 새로운 아이디어와 가능성을 무시해 버리는 경우 문제해결의 장애가 된다. 따라서 새로운 아이디어와 가능성을 수용하는 것은 장애요소라 볼 수 없다.

① 문제가 발생하면 직관에 의해 성급하게 판단함으로써 문제를 명확하게 분석하지 않고 대책 안을 수립 · 실행하는 것은 문제해결의 장애요인이 된다.

② 쉽게 떠오르는 단순한 정보에 의지하는 경우도 문제해결의 장애요인에 해당한다.

③ 너무 많은 자료를 수집하려고 노력하는 경우도 문제해결의 장애요인이다. 구체적 절차를 무시하는 무계획적인 자료 수집은 제대로 된 자료가 무엇인지 알 수 없게 한다.

30 다음 설명 중 창의적 사고의 3가지 특징과 가장 거리가 먼 것은?

① 정보를 조합하고 이를 해답으로 통합해야 하는 것이 창의적 사고의 첫 걸음이다.

② 창의적 사고는 개인 또는 사회에 새로운 가치를 창출한다.

③ 창의적 사고에는 전인격적인 가능성까지도 포함하므로, 자유분방함보다는 적절한 조절과 통제가 창의력을 높일 수 있다.

④ 창의적 사고에는 문제를 사전에 찾아내는 힘과 문제해결을 위해 끈기 있게 도전하는 태도 등이 포함된다.

창의적인 사고는 창의력 교육훈련을 통해서 개발할 수 있으며, 모험심과 호기심, 집념과 끈기를 지니고 적극적 · 예술적 · 자유분방적일수록 높은 창의력을 보인다.

① 창의적 사고란 정보와 정보의 조합이다. 이러한 정보를 조합하고 그 조합을 최종적인 해답으로 통합해야 하는 것이 창의적 사고의 첫 걸음이다.

② 창의적 사고는 사회나 개인에게 새로운 가치를 창출한다. 창의적 사고는 개인이 갖춘 창의적 사고와 사회적으로 새로운 가치를 가지는 창의적 사고의 두 가지로 구분되며, 단순히 사회에 대한 영향력 외에도 개인이 창의적 사고를 얼마나 발전시킬 수 있는가 하는 점도 고려해야 한다.

③ 창의적 사고는 창조적인 가능성이다. 여기에는 문제를 사전에 찾아내는 힘과 문제해결에 있어서 다각도로 힌트를 찾아내는 힘, 문제해결을 위해 끈기 있게 도전하는 태도 등이 포함된다. 즉, 창의적 사고에는 사고력을 비롯해서 성격, 태도에 걸친 전인격적인 가능성까지도 포함된다.

31 다음은 창의적 사고를 개발하는 방법과 구체적인 기법에 대한 설명이다. 연결이 잘못된 것은?

① 자유연상법 – 브레인스토밍

② 강제연상법 – 체크리스트

③ 비교발상법 – Synectics

④ 자유연상법 – NM법

비교발상법은 주제의 본질과 닮은 것을 힌트로 발생해내는 것으로, NM법과 Synectics 기법 등이 있다.

① 자유연상법은 어떤 주제에서 생각나는 대로 자유롭게 발상하는 방법으로, 브레인스토밍이 대표적인 기법이다.
② 강제연상법은 각종 힌트에 따라 강제적으로 연결지어 새로운 아이디어를 생각해내는 방법으로, 체크리스트 방법이 대표적 기법에 해당한다.

32 브레인스토밍(Brain Storming)의 4대 원칙으로 적절하지 않은 것은?

① 비판엄금   ② 자유분방

③ 양보다 질   ④ 결합과 개선

브레인스토밍의 4대 원칙의 하나는 '질보다 양(Speed)'이다. 즉, 양(量)이 질(質)을 낳는다는 원리로, 질에는 관계없이 가능한 많은 아이디어들을 생성해내도록 격려하는 것으로, 많은 아이디어를 생성해 낼 때 유용한 아이디어가 들어있을 가능성이 더 커진다는 것을 전제로 한다. 브레인스토밍 활동 시 시간을 정해주거나 아이디어의 개수를 정해주기도 하는데, 이는 두뇌를 긴장시켜 빠른 시간에 많은 아이디어를 생성하도록 유도하는 것이다.

33 논리적 사고의 구성요소 중, 자신의 사상을 강요하지 않고 함께 일을 진행하는 상대와 의논하는 가운데 자신이 깨닫지 못했던 새로운 가치를 발견하는 과정으로 가장 알맞은 것은?

① 생각하는 습관   ② 상대 논리의 구조화

③ 타인에 대한 이해   ④ 설득

논리적인 사고의 구성요소 중 설득은 자신의 사상을 강요하지 않고, 자신이 함께 일을 진행하는 상대와 의논하기도 하고 설득해 나가는 가운데 자신이 깨닫지 못했던 새로운 가치를 발견하고 생각해 내는 과정을 의미한다.

34 다음 중 비판적 사고를 저해하는 것으로, 사물을 바라보는 편견이나 편협적인 시각을 의미하는 것은?

① 문제의식   ② 독창성

③ 고정관념   ④ 발상의 전환

정답   30. ③ | 31. ④ | 32. ③ | 33. ④ | 34. ③

비판적 사고를 하기 위해 필요한 것은 고정관념을 탈피하는 것인데, 고정관념은 사물을 바라보는 편견이나 편협적인 시각을 의미하는 것으로 사물을 바로 보는 시각에 영향을 줄 수 있으며 일방적인 평가를 내리기 쉽다. 비판적 사고를 위해서는 지각의 폭을 넓히는 것이 필요한데, 지각의 폭을 넓히는 것은 정보에 대한 개방성을 가지고 편견을 갖지 않는 것으로 고정관념을 타파하는 일이 중요하다.

35 환경 분석을 위한 주요 기법 중 사업 환경을 구성하고 있는 자사, 경쟁사, 고객에 대한 체계적인 분석을 무엇이라 하는가?

① 3C 분석 ② SWOT 분석

③ MECE 사고 ④ SMART 기법

 환경 분석을 위한 주요 기법으로는 3C 분석, SWOT 분석방법이 있는데, 3C 분석은 사업 환경을 구성하고 있는 요소인 자사(Company), 경쟁사(Competition), 고객(Customer)에 대한 체계적인 분석을 통해서 환경 분석을 수행하는 것을 말한다. 3C분석에서 고객 분석에서는 '고객은 자사의 상품·서비스에 만족하고 있는지'를, 자사 분석에서는 '자사가 세운 달성목표와 현상 간에 차이가 없는지'를 경쟁사 분석에서는 '경쟁기업의 우수한 점과 자사의 현상과 차이가 없는지'에 대한 질문을 통해서 환경을 분석하게 된다.

Check Point

- SWOT 분석 : 기업내부의 강점·약점과 외부환경의 기회·위협요인을 분석 평가하고 이들을 서로 연관지어 전략을 개발하고 문제해결 방안을 개발하는 방법이다.
- MECE(Mutually Exclusive and Collectively Exhaustive) : 서로 배타적이며 중복되지 않게 문제를 분류할 수 있도록 하는 기법으로, 어떤 사항과 개념을 중복 없이, 그리고 전체로서 누락 없는 부분집합으로 파악하는 것이라고 할 수 있다.
- SMART 기법 : 구체성, 평가가능성, 어렵지만 달성 가능한 목표, 관련성, 시간 등 5가지 항목을 기초로 하는 목표설정 방법이다.

CHAPTER 04 자기개발능력

- 자기개발능력은 모든 직장인에게 공통적으로 요구하는 직업기초 능력으로, 자신의 능력, 적성, 특성 등의 이해를 기초로 자기발전 목표를 수립하고 성취해나가는 능력이다.
- 자기개발능력 함양을 통해 직장생활에서 자신의 가치를 드러낼 수 있다.

대표유형문제

A가 속한 팀의 팀장은 지금 준비하는 프로젝트를 종료한 후에 이를 성찰하는 회의를 갖겠다고 통보하였다. 그러자 같은 팀의 한 신입사원이 성찰 회의의 성격과 내용이 무엇인지 A에게 질문하였다. A가 신입사원에게 해줄 수 있는 말로 적절하지 않은 것은?

① 우리 팀에 신뢰감을 형성하기 위해서야.

② 이번 프로젝트가 얼마나 성공적인지 피드백해보는 거지.

❸ 프로젝트가 잘못된 경우 실패의 원인과 책임자를 규명하자는 거야.

④ 다음 프로젝트 진행에 필요한 노하우를 찾기 위해서야.

 정답 해설 첫프로젝트가 잘못된 경우 성찰을 통해 반성하고 개선할 점은 무엇인지 파악하는 것이 필요하지만, 책임자를 규명하기 위해 성찰을 하는 것은 아니다.

    ① 성찰을 통해 현재 저지른 실수에 대하여 원인을 파악하고 이를 수정하게 되어 신뢰감을 형성할 수 있다.

    ② 업무상 잘한 점과 프로젝트가 얼마나 성공적인지를 피드백하는 것도 성찰의 과정에 포함된다.

    ④ 어떤 일을 마친 후 잘한 일과 개선할 점을 무엇인지 깊이 생각해보는 성찰의 과정을 통해 앞으로 다른 일을 해결해나가는 노하우를 축적할 수 있다.

기초응용문제

01 직장인 A씨는 자기개발을 하려고 한다. 다음 중 A씨가 자기개발을 설계하기 위해 고려 해야 할 전략으로 옳지 않은 것은?

① 인간관계를 고려한다.

② 현재의 직무를 고려한다.

③ 단기 목표는 생략하고 장기 목표를 세운다.

④ 자신의 욕구, 가치, 적성, 흥미 등을 고려하여 수립한다.

정답 해설 자기개발을 설계할 때에는 장기적 목표와 더불어 단기적 목표도 함께 수립해야 한다. 단기적 목표는 장기적 목표를 이루기 위한 기본 단계가 되며, 장기 목표를 위한 직무 관련 경험, 능력, 자격증 등을 고려해야 한다.

Check Point ─ 자기개발 설계전략 ────────────────────────

• 장 · 단기 목표를 수립한다.
  – 장기 목표 : 욕구, 적성, 가치, 흥미 등을 고려
  – 단기 목표 : 직무 관련 경험, 자격증, 능력 등을 고려
• 인간관계를 고려한다.
• 현재의 직무를 고려한다.
• 구체적인 방법으로 계획한다.

---

02 다음에 해당하는 자기개발의 구성요소로 옳은 것은?

> • 나의 업무에서 생산성을 높이기 위해서는 어떻게 해야 할까?
> • 다른 사람과의 대인관계를 향상시키기 위한 방법은?
> • 나의 장점을 살리기 위해 어떤 비전과 목표를 수립해야 할까?

① 자아인식　　　　　　　　　② 자기관리

③ 자기비판　　　　　　　　　④ 자기반성

정답 해설 자기개발은 자아인식, 자기관리, 경력개발의 세 과정으로 구성되어 있다. 이 중 자기관리란 목표를 성취하기 위해 자신의 행동 및 업무수행을 관리하고 조정하는 것을 말한다. 자신에 대한 이해를 바탕으로 비전과 목표를 수립하고, 피드백 과정을 통해 부족한 점을 고쳐 나가도록 한다.

① 자아인식이란 자신의 흥미, 적성, 특성 등을 이해하고 자기정체감을 확고히 하는 것을 말한다.
③ 자기비판은 자기개발의 구성요소에 해당되지 않는다.
④ 자기반성은 자기개발의 구성요소에 해당되지 않는다.

03 다음 중 자기개발의 특징으로 옳지 않은 것은?

① 개발의 주체는 타인이 아닌 자기 자신이다.
② 자기개발을 통해 지향하는 바와 선호하는 방법 등은 사람마다 다르다.
③ 일과 관련하여 이루어지는 활동이다.
④ 일시적인 과정이다.

자기개발이란 직업인으로서 자신의 능력, 적성, 특성 등을 객관적으로 이해하고 이를 바탕으로 자기 발전 목표를 세워 성취해나가는 능력이며 일시적인 과정이 아니라 평생에 걸쳐서 이루어지는 과정이다. 자아를 실현하고 원하는 바를 이루기 위해서는 평생에 걸친 자기개발이 필요하다.

Check Point --- **자기개발의 특징**

• 개발의 주체는 자기 자신이다.
• 개별적인 과정이므로 지향하는 바와 선호하는 방법 등은 사람마다 다르다.
• 평생에 걸쳐 이루어진다.
• 일과 관련하여 이루어지는 활동이다.
• 생활 가운데 이루어져야 한다.
• 모든 사람이 해야 하는 것이다.

04 다음 중 자아 구성 요소의 성격이 다른 것은?

① 나이   ② 적성
③ 성격   ④ 흥미

 정답해설 적성, 성격, 흥미 등은 내면적 자아에 속하고 나이는 외면적 자아에 속한다.

Check Point --- 자아 구성 요소 ------

내면적 자아	• 자신의 내면을 구성하는 요소 • 측정하기 어려운 특징을 가짐. • 적성, 흥미, 성격, 가치관 등
외면적 자아	• 자신의 외면을 구성하는 요소 • 외모, 나이 등

05 A씨는 자신의 경력을 개발하기 위해 자신의 흥미분야와 적성을 고려하고 직무를 수행할 환경의 장애요인을 알아보았다. 다음 경력개발의 단계 중 어느 단계에 속하는가?

① 직무정보 탐색   ② 자신과 환경 이해
③ 경력목표 설정   ④ 경력개발 전략 수립

 정답해설 경력을 개발하기 위해 자신의 흥미분야와 적성을 고려하고, 직무를 수행할 환경의 장애요인을 알아보는 것은 경력개발의 단계 중 2단계인 자신과 환경 이해에 속한다.

Check Point --- 경력개발의 단계 ------

[1단계] 직무정보 탐색	• 관심 직무에서 요구하는 능력 • 고용이나 승진 전망 • 직무만족도 등
[2단계] 자신과 환경 이해	• 자신의 능력, 흥미, 적성, 가치관 • 직무 관련 환경의 기회와 장애요인
[3단계] 경력목표 설정	• 장기목표 수립 : 5~7년 • 단기목표 수립 : 2~3년

[4단계] 경력개발 전략 수립	• 현재 직무의 성공적 수행 • 역량 강화 • 인적 네트워크 강화
[5단계] 실행 및 평가	• 실행 • 경력 목표, 전략의 수정

06 Y사원은 성실하고 부지런하지만 일처리가 늦고 미숙하여 혼이 나기 일쑤이다. 그가 업무 성과를 높이기 위해 한 행동 중에 옳지 않은 것은?

① 남아서 일을 하더라도 해야 할 일을 다음 날로 미루지 않고 그날 끝내도록 했다.

② 나눠진 업무를 관련 업무끼리 묶어 처리하는 방식으로 해결했다.

③ 업무 처리방식에 관한 회사의 업무 지침이 따로 있으나 자신만의 방법으로 일을 처리했다.

④ 회사에서 업무성과가 좋기로 소문난 B부장님을 역할 모델로 삼아 자신의 업무에 적용시켰다.

 정답해설 직장에서의 업무 성과를 높이기 위해서는 회사와 팀의 업무 지침을 따르는 것이 효과적이다.

Check Point ··· **업무수행 성과를 높이기 위한 행동전략**

• 자기자본이익률(ROE)을 높인다.
• 업무를 묶어서 처리한다.
• 회사와 팀의 업무 지침을 따른다.

• 일을 미루지 않는다.
• 다른 사람과 다른 방식으로 일한다.
• 역할 모델을 설정한다.

07 다음 중 조하리의 창(Johari's Windows)에 속하지 않는 것은?

① 공개된 자아   ② 숨겨진 자아

③ 나만 모르는 자아   ④ 아무도 모르는 자아

 정답해설 ③ 나만 모르는 자아는 조하리의 창(Johari's Windows)에 속하지 않는다.

Check Point --- 조하리의 창

구분	내가 아는 나	내가 모르는 나
타인이 아는 나	공개된 자아 (Open Self)	눈먼 자아 (Blind Self)
타인이 모르는 나	숨겨진 자아 (Hidden Self)	아무도 모르는 자아 (Unknown Self)

08 S사원은 업무를 효과적으로 처리하기 위해 몇 가지 대안을 찾아보고 실행 가능한 최상의 방법을 선택하려고 한다. 그 과정으로 옳지 않은 것은?

① 먼저 내가 처리할 업무의 유형을 파악해야겠어.
② 정확한 목표 달성을 위해 의사결정의 기준을 정해놓아야겠어.
③ 의사결정을 할 때 필요한 정보를 수집해야겠어.
④ 너무 많은 대안은 의사결정에 혼란을 줄 수 있으니 최소한의 대안을 탐색해야겠어.

 정답해설 업무를 효과적으로 처리하기 위해서는 가능한 모든 대안을 탐색해 보는 것이 좋다.

Check Point --- 합리적인 의사결정 과정

• 문제의 특성이나 유형을 파악한다.
• 의사결정에 필요한 정보를 수집한다.
• 각 대안을 분석 및 평가한다.
• 의사결정 결과를 분석 · 평가하고 피드백 한다.
• 의사결정의 기준과 가중치를 정한다.
• 가능한 모든 대안을 탐색한다.
• 가장 최적의 안을 선택하거나 결정한다.

09 P씨는 지방에서 올라와 기계공학 관련학과를 졸업하고 진로에 대하여 고민을 하던 중 근처에 숙소를 제공하는 회사에 지원하여 기술 분야의 기계관리 직무를 맡게 되었다. 다음 경력개발의 과정 중 어느 단계에 속하는가?

① 직업선택
② 조직입사
③ 경력초기
④ 경력중기

자신의 환경과 특성을 고려해 직무를 선택하는 과정은 ② 조직입사 단계에 속한다.

Check Point — **경력단계모형**

- **직업선택** : 자신에게 적합한 직업이 무엇인지를 탐색하고 이를 선택한 후, 필요한 능력을 키우는 과정이다.
- **조직입사** : 자신의 환경과 특성을 고려해 직무를 선택하는 과정이다.
- **경력초기** : 자신이 맡은 업무의 내용을 파악하고, 새로 들어간 조직의 규칙이나 규범, 분위기를 알고 적응해 나가는 것이 중요한 과제이다.
- **경력중기** : 자신이 그동안 성취한 것을 재평가하고, 생산성을 그대로 유지하는 단계이다. 직업 및 조직에서 어느 정도 입지를 굳히게 되어 더 이상 수직적인 승진 가능성이 적은 경력 정체시기에 이르게 되며, 새로운 환경의 변화에 직면하여 생산성을 유지하는 데 어려움을 겪기도 한다.
- **경력말기** : 조직의 생산적인 기여자로 남고 자신의 가치를 지속적으로 유지하기 위하여 노력하며 동시에 퇴직을 고려하게 된다.

10 K씨는 경력개발에 관한 교육을 듣고 난 후, 직장 동료에게 경력개발능력의 필요성에 대한 질문을 하게 되었다. 동료의 답변으로 적절하지 않은 것은?

① 전략적인 인적자원의 개발을 통해 경쟁력이 극대화되기 때문이지.

② 조직 내부에서 경영전략이 변화하는 문제를 겪기 때문이지.

③ 승진 적체나 직무환경 변화 등의 문제에 대응하기 위해서지.

④ 인사제도가 능력주의 문화에서 연공주의로 변화하고 있기 때문이지.

 현대사회의 지식정보는 매우 빠른 속도로 변화하고 있으며, 이는 개인이 속한 조직과 일에 영향을 미친다. 또한, 조직 내부적으로 경영전략이 변화하거나 승진 적체, 직무환경 변화 등의 문제를 겪게 된다. 개인적으로도 발달단계에 따라 일에 대한 가치관과 신념 등이 바뀌게 된다. 따라서 직업인들은 개인의 진로에 대하여 단계적 목표를 설정하고, 목표 성취에 필요한 능력을 개발해야한다. 현재는 능력주의 문화로 변화하는 실정이다.

11 다음의 괄호 안에 들어갈 말로 옳은 것은?

> 컨설팅 기업인 타워스 페린이 최근 16개 국가 직장인 86,000여 명을 대상으로 인재를 끌어들이는 주요 인에 대해 조사한 결과, 우리나라의 경우 경쟁력 있는 복리후생제도가 1위, 일과 삶의 균형이 2위로 나타났다. 이는 (   )에 대한 관심이 증가하고 있는 것을 보여준다.

① 평생학습   ② 더블라이프

③ WLB   ④ 투잡스

WLB는 Work Life Balance의 약자로 일과 생활의 균형을 의미한다. 이는 일과 생활의 균형을 이루면서 둘 다 잘해내는 것이다.

② 자신의 본업 외에 또 다른 삶의 목적을 이루기 위한 일을 가지는 것을 의미한다.
④ 지속적인 경기불황에 따라 2개 혹은 그 이상의 직업을 가지는 것을 의미한다.

12 다음의 괄호 안에 들어갈 말로 옳지 않은 것은?

> 자신을 깊이 되돌아보고 반성하며 스스로를 인식하는 일을 '성찰'이라고 한다. 자기개발을 하기 위해서는 이러한 성찰의 과정이 반드시 필요한데, 이는 (   )하기 때문이다.

① 스스로 성장할 수 있는 기회를 제공
② 창의적 사고능력 개발의 기회를 제공
③ 다른 일을 하는 데 필요한 노하우 축적의 기회를 제공
④ 본인의 약점이나 실수를 감출 수 있는 기회를 제공

자신의 약점이나 실수를 감추는 것이 꼭 좋은 것만은 아니다. 성찰을 통해 약점과 실수를 살피고 자신을 되돌아보며 무엇이 잘못되었는지를 파악하는 것이 중요하다. 이러한 과정이 있어야 같은 실수를 반복하지 않게 된다.

13 자기개발능력이란 직업인으로서 자신의 능력·적성·특성 등의 객관적 이해를 기초로 자기 발전 목표를 스스로 수립하고 자기관리를 통하여 성취해 나가는 능력을 의미한다. 자기개발능력의 구성으로 옳지 않은 것은?

① 적성개발능력   ② 자아인식능력
③ 자기관리능력   ④ 경력개발능력

자기개발능력은 직업인으로서 자신의 흥미·적성·특성 등의 이해에 기초하여 자기정체감을 형성하는 '자아인식능력', 자신의 행동 및 업무 수행을 통제하고 관리하며 합리적이고 균형적으로 조정하는 '자기관리능력', 자신의 진로에 대한 단계적 목표를 설정하고 목표성취에 필요한 역량을 개발해 나가는 '경력개발능력'으로 구성된다.

14 A씨는 기업에서 자기개발에 대한 강의를 하던 중, 자기개발을 해야 하는 이유에 대한 질문을 받았다. A씨가 할 수 있는 답변으로 옳지 않은 것은?

① 자기개발은 직장생활을 할 때 업무의 성과를 향상시키기 위해서도 필요합니다.

② 자기개발은 주변사람들과의 긍정적인 인간관계 형성을 위해서 필요합니다.

③ 자기개발은 변화하지 않는 환경에서 적응하기 위해 필요합니다.

④ 자기개발은 자신이 달성하고자하는 목표를 설정하여 성취하도록 도와줍니다.

 정답해설 직장생활에서의 자기개발은 변화하는 환경에 적응하기 위해서 이루어진다.

Check Point --- **자기개발을 하는 이유** --

• 직장생활에서의 자기개발은 업무의 성과를 향상시키기 위하여 이루어진다.

• 자기개발은 변화하는 환경에 적응하기 위해서 이루어진다.

• 자기개발은 주변 사람들과 긍정적인 인간관계를 형성하기 위해서 필요하다.

• 자기개발은 자신이 달성하고자 하는 목표를 설정하여 성취하도록 도와준다.

• 자기개발을 통해 자신감을 얻게 되고 삶의 질이 향상되어 보다 보람된 삶을 살 수 있다.

15 영업부 사원들이 자기개발에 대한 이야기를 나누고 있다. 자기개발의 특징에 대해 제대로 알고 있는 사람은 누구인가?

① A사원 : 자기개발은 일과 관련하여 이루어지는 활동이야.

② B사원 : 나는 계획을 잘 못 세워서 대리님의 자기개발설계를 똑같이 따라할 생각이야.

③ C사원 : 나는 자기개발 하는 기간을 일주일로 정했어.

④ D사원 : 자기개발은 대리 위 직급부터는 안 해도 된다고 들었어.

 정답해설 우리는 대부분 일과 관련하여 인간관계를 맺으며, 일과 관련하여 능력을 발휘하고 개발하고자 한다. 따라서 정답은 ①번이다.

Check Point --- **자기개발의 특징** --

• 자기개발에서 개발의 주체는 타인이 아니라 자기 자신이다.

• 개별적인 과정이므로 자기개발을 통해 지향하는 바와 선호하는 방법 등이 사람마다 다르다.

- 평생에 걸쳐서 이루어지는 과정이다.
- 일과 관련하여 이루어지는 활동이다.
- 생활 가운데 이루어져야 한다.
- 모든 사람이 해야 하는 것이다.

16 다음 자기개발의 설계전략에 대한 설명으로 옳지 않은 것은?

① 장기목표는 구체적으로 계획하는 것이 바람직하나 때에 따라서는 구체적으로 계획하기 어렵거나 바람직하지 않을 수 있다.

② 인간관계는 자기개발 목표를 수립하는데 고려해야 될 사항인 동시에 하나의 자기개발 목표가 될 수 있다.

③ 장기목표는 단기목표를 수립하기 위한 기본단계이다.

④ 자기개발 계획을 수립할 때에는 현재의 직무와 관련하여 계획을 수립하여야 한다.

정답해설 단기목표는 장기목표를 수립하기 위한 기본단계이다.
- **단기목표(1년~3년)** : 장기목표를 위한 직무 관련 경험, 능력, 자격증 등을 고려한다.
- **장기목표(5년~20년)** : 자신의 욕구 · 가치 · 흥미 · 적성 및 기대를 고려하여 수립한다.

17 C씨는 입사준비를 위한 계획을 세우고 있다. 다음 경력개발계획의 성격 중 다른 것은?

① 자기인식 관련 워크숍 참여　　　　② 직업관련 홈페이지 탐색

③ 표준화된 검사　　　　　　　　　　④ 일기 등을 통한 성찰 과정

정답해설 경력개발계획 수립은 직무정보 탐색, 자신과 환경이해, 경력목표 설정, 경력개발 전략수립, 실행 및 평가로 나누어진다. 보기는 '자신과 환경이해' 단계이다. 직업 관련 홈페이지 탐색은 환경 탐색에 속하며 나머지는 자기 탐색에 속한다.

Check Point 자신과 환경이해

자기탐색	환경탐색
• 자기인식 관련 워크숍 참여	• 회사의 연간보고서
• 전문기관의 전문가 면담	• 특정 직무와 직업에 대한 설명자료
• 표준화된 검사	• 전직 및 경력 상담 회사 및 기관방문
• 일기 등을 통한 성찰 과정	• 직업관련 홈페이지 탐색

18 인간의 욕구와 감정이 작용하여 자기개발에 실패하는 경우가 있다. 매슬로우(A. Maslow)에 따르면 인간의 욕구는 위계적이어서, 더 기본적인 하위욕구가 먼저 충족되어야 최상위의 자기실현의 욕구가 충족된다고 한다. 다음 중 매슬로우의 욕구를 하위욕구부터 상위욕구로 바르게 나열한 것은?

① 안정의 욕구 – 생리적 욕구 – 존경의 욕구 – 사회적 욕구 – 자아실현의 욕구
② 생리적 욕구 – 안정의 요구 – 사회적 욕구 – 자아실현의 욕구 – 존경의 욕구
③ 안정의 욕구 – 사회적 욕구 – 생리적 욕구 – 자아실현의 욕구 – 존경의 욕구
④ 생리적 욕구 – 안정의 욕구 – 사회적 욕구 – 존경의 욕구 – 자아실현의 욕구

 정답 해설 매슬로우(A. H. Maslow)가 제시한 기본적인 인간의 욕구단계는 ④와 같은 단계로 진행된다. 매슬로우는 인간의 욕구는 저차원으로부터 고차원의 욕구로 단계적 상승한다는 전제하에 인간이 공통적으로 소유하고 있는 기본적인 욕구를 5단계로 제안하였는데, 인간은 생리적 욕구부터 시작되어 안정의 욕구, 사회적 욕구(애정의 욕구)를 거쳐 존경의 욕구, 자아실현의 욕구를 추구한다고 하였다.

19 자신을 인식하는 방법을 분류할 때, 다음 중 다른 사람과의 커뮤니케이션을 통해 자아를 인식하는 방법에 대한 설명으로 적절한 것은?

① 내면이나 감정을 알 수 있다는 특징을 지닌다.
② 내가 몰랐던 내 자신을 발견하는 중요한 수단이 된다.
③ 객관적으로 자아특성을 다른 사람과 비교해 볼 수 있게 한다.
④ 인터넷을 통해 검사 도구를 손쉽게 이용할 수 있는 장점이 있다.

② 다른 사람과의 커뮤니케이션을 통해 자신을 인식하는 방법은 다른 사람과 대화를 통해 내가 간과하고 넘어갔던 부분을 알게 되고 다른 사람들이 나의 행동을 어떻게 판단하고 보고 있는지 객관적으로 알 수 있으며, 내가 몰랐던 내 자신을 발견하는 중요한 수단이 된다는 장점을 지닌다.

 ① 자아를 인식하는 방법 중 내가 아는 나를 확인하는 방법은 객관적인 한계를 지니기도 하지만, 다른 사람이 알 수 없는 내면이나 감정을 알 수 있다는 특징을 가진다.

③·④ 자아인식의 한 방법으로 표준화된 검사 도구를 활용하는 방법은 각종 검사 도구를 활용하여 자신을 발견하고 진로를 설계하는 것으로, 객관적으로 자아특성을 다른 사람과 비교해볼 수 있는 척도를 제공할 수 있으며, 인터넷 등을 통해 표준화된 검사 도구를 손쉽게 이용할 수 있다는 장점을 지닌다.

20 A는 일주일에 한 번 지역사회 복지재단을 방문해 거동이 불편한 노인들을 돌보는 봉사활동을 하고 있다. 그런데 최근 잦은 회식과 음주로 인해 봉사활동에 참여하지 못하고 있다. 다음 중 자기개발을 방해하는 요인 중 A의 방해요인과 유사한 사례는 무엇인가?

① B팀장은 최근 한 프로젝트에서 다른 팀원이 적극 제시한 의견이 자신의 견해와 다르다는 이유로 배척하였다.

② 기획부서에서 근무하는 C는 자신에게 적합한 새로운 적성을 찾아 개발하려 하지만, 어디서, 어떻게 배워야 할지 몰라 고민하고 있다.

③ 영업부서에서 근무하는 D는 최근 영업성과를 향상시키는 방식을 알게 되었지만 조직문화에 맞지 않아 도입을 포기하였다.

④ 운전을 하는 E는 자신의 분야를 넓히기 위해 새롭게 대형면허를 취득하려고 하는데, 이런저런 약속이 많아 학원에 나가지 못하고 있다.

 ④ 잦은 회식과 음주로 인해 지역사회 봉사활동에 참여하지 못하는 것은 자신의 욕구와 감정이 작용하여 자기개발이 이루어지지 않는 경우로 볼 수 있다. ④의 경우와 같이 이런저런 약속으로 대형면허를 취득하지 못하는 것도 이와 유사한 사례에 해당한다.

 ① 자기개발의 장애요인 중 제한적 사고로 인해 발생한 것이다. 인간의 사고는 자기중심적이고 자신이 한 행동에 대하여 자기 합리화하려는 경향이 있으므로, 자신의 주장과 반대되는 주장에 대해서는 무의식적으로 배척하게 된다.

② 사람들은 자기개발을 하려고 하지만 어디서, 어떻게 자기개발을 할 수 있는지 방법을 몰라 자기개발이 어려움을 겪을 수 있다.

③ 문화적인 장애로 인해 자기개발이 한계에 부딪힌 경우에 해당한다. 우리는 자신이 속한 문화와 끊임없이 상호작용하고 문화의 틀 안에서 관성의 법칙에 따라 사고하고 행동하게 되는데, 이로 인해 현재 익숙해 있는 일과 환경을 지속하려는 습성이 있어서 새로운 자기개발의 한계에 직면하게 된다.

21 자기개발의 경우 제한적인 정보와 사고 습관으로 인해 자신을 객관적으로 파악하는데 실패하며, 현재 익숙한 상황에 정착하려는 경향 때문에 어려움을 겪게 된다. 다음 중 자기개발에 어려움을 주는 장애요인에 대한 설명으로 적절하지 않은 것은?

① 인간에게 작용하는 욕구와 감정을 통제한다.

② 인간은 제한적으로 사고하는 경향이 있다.

③ 문화적인 틀 안에서 사고하고 행동한다.

④ 어디서, 어떻게 자기개발을 하는지를 잘 모른다.

자기개발을 할 때에는 인간의 욕구와 감정이 작용하여 자기개발에 대한 태도를 형성하는데, 이러한 욕구와 감정이 합리적으로 통제되지 않으면 자기개발이 이루어지기가 어렵다. 따라서 인간에게 작용하는 욕구와 감정을 통제하는 것은 자기개발의 장애요인으로 볼 수 없다.

22 다음은 자기 브랜드를 PR하는 방법에 대한 설명이다. 옳지 않은 것은?

① SNS를 통해 자신을 표현하고 알린다.

② 다른 사람과 동질적인 특징을 부각시킨다.

③ 인적네트워크를 만들어 활용하며, 경력 포트폴리오를 만든다.

④ 자신만의 명함을 통해 전형적인 틀에서 변신을 시도한다.

개인에 대한 브랜드화는 단순히 자신을 알리는 것을 넘어, 자신을 다른 사람과 차별화 하는 특징을 밝혀내고 이를 부각시키기 위해 지속적인 자기개발을 하며 알리는 것을 말한다. 따라서 다른 사람과 동질적인 특징을 부각시키는 것은 자신의 브랜드화와 거리가 먼 설명이며, 자기 브랜드를 PR하는 방법으로 적합하지 않다.

23 다음 자아인식에 관한 설명 중 옳지 않은 것은?

① 나를 안다는 것은 자신의 가치나 신념을 아는 것을 넘어 이것이 행동에 어떻게 영향을 미치는가를 아는 것이다.

② 직업인으로서 자아인식이란 다양한 방법을 통해 자신의 흥미와 능력 등을 종합적으로 분석·이해하는 것이다.

③ 올바른 자아인식은 자아정체감을 확인시켜 주며 자기개발의 토대가 된다.

④ 외면적 자아란 적성과 흥미, 성격 등 측정하기 어려운 특징을 가지는 요소이다.

자아는 크게 내면적 자아와 외면적 자아로 구분해 볼 수 있는데, 내면적 자아란 자신의 내면을 구성하는 적성이나 흥미, 성격, 가치관 등의 요소를 말하며, 이는 측정하기 어려운 특징을 지닌다. 외면적 자아는 자신의 외면을 구성하는 외모나 나이 등의 요소를 말한다.

24 다음 중 자기관리가 이루어지는 단계를 순서대로 바르게 나타낸 것은?

① 일정 수립 → 과제 발견 → 비전 및 목적 정립 → 수행 → 반성 및 피드백

② 비전 및 목적 정립 → 일정 수립 → 과제 발견 → 수행 → 반성 및 피드백

③ 일정 수립 → 비전 및 목적 정립 → 과제 발견 → 수행 → 반성 및 피드백

④ 비전 및 목적 정립 → 과제 발견 → 일정 수립 → 수행 → 반성 및 피드백

자기관리의 단계는 ④와 같은 단계로 이루어진다.

Check Point ---- **자기관리의 단계**

• **1단계 – 비전 및 목적 정립** : 자신에게 가장 중요한 것을 파악, 가치관·원칙·삶의 목적 정립, 삶의 의미 파악
• **2단계 – 과제 발견** : 현재 주어진 역할 및 능력, 역할에 따른 활동목표, 우선순위를 설정
• **3단계 – 일정 수립** : 하루나 주간, 월간 계획을 수립
• **4단계 – 수행** : 수행과 관련된 요소의 분석, 수행방법 찾기
• **5단계 – 반성 및 피드백** : 수행결과 분석, 피드백

25 직업인은 자신의 직장에서 업무수행 성과를 높이는 것이 가장 중요한 자기개발에 해당한다고 할 수 있다. 다음 중 직업인의 업무수행 성과에 영향을 미치는 요인으로 보기 어려운 것은?

① 자원

② 동료의 지지

③ 직장에서의 직급

④ 업무지침

 정답해설 직장 내의 직급은 업무수행 성과에 영향을 미치는 요인과 거리가 멀다. 일반적으로 직업인의 업무수행 성과에는 시간이나 물질과 같은 자원, 업무지침, 상사나 동료의지지, 개인의 능력(지식·기술 등) 등의 요인이 영향을 미친다.

26 다음 경력개발능력이 필요한 이유 중 조직요구 차원의 요구에 해당하는 것은?

① 가치관과 신념 변화

② 삶의 질 추구

③ 능력주의 문화

④ 전문성 축적

 정답해설 경력개발능력이 필요한 이유 중 조직요구 차원의 요구에 해당하는 것으로는 경영전략 변화, 승진적체, 직무환경 변화, 능력주의 문화 등이 있다.

 오답해설 ①·④ 가치관과 신념 변화, 전문성 축적은 모두 개인차원의 요구에 해당한다. 경력개발능력이 필요한 개인차원의 이유로는 발달단계에 따른 가치관과 신념의 변화, 전문성 축적 및 성장 요구 증가, 개인의 고용시장 가치 증대 등이 있다.

② 삶의 질 추구는 환경변화에 따른 경력개발능력이 필요한 이유이다. 이러한 차원의 요구로는 삶의 질 추구 외에도 지식정보의 급속한 변화, 인력난 심화, 중견사원의 이직 증가 등이 있다.

27 사람이 일반적으로 평생 동안 '직업선택 – 조직입사 – 경력초기 – 경력중기 – 경력말기'의 경력 단계를 거친다고 할 때, 다음 설명 중 옳지 않은 것은?

① 직업선택 단계에서는 자신의 장단점과 적성 등에 대한 탐색과 원하는 직업에 대한 탐색이 동시에 이루어진다.

② 조직입사 단계는 자신이 선택한 일자리를 얻고 직무를 선택하는 과정이다.

③ 경력초기 단계는 직무와 조직의 규범에 대해서 배우게 된다.

④ 경력말기 단계는 그동안 성취한 것을 재평가하고 생산성을 유지하는 단계이다.

자신이 그동안 성취한 것을 재평가하고 생산성을 그대로 유지하는 단계는 경력중기 단계이다. 경력말기 단계에서는 조직의 생산적인 기여자로 남고 자신의 가치를 지속적으로 유지하기 위하여 노력하며, 동시에 퇴직을 고려하게 되는 단계이다. 경력말기로 갈수록 경력중기에 경험했던 새로운 환경 변화에 대처하는데 더 어려움을 겪게 되며, 퇴직에 대한 개인적인 고민과 함께 조직의 압력을 받기도 한다.

28 다음 질문에 관련된 것으로 가장 옳은 것은?

> • 지금 일이 잘 진행되거나 그렇지 않은 이유는 무엇인가?
> • 이 상태를 변화시키거나 혹은 유지하기 위하여 해야 하는 일은 무엇인가?
> • 내가 이번 일 중 다르게 수행했다면 더 좋은 성과를 냈을 방법은 무엇인가?

① 관찰   ② 갈등
③ 성찰   ④ 업적

 성찰은 과거의 잘못했던 일을 반성하고 부족한 부분을 인식하여 개선함으로써 성장해 나가는 과정이다. 제시된 질문은 일이 어떻게 하면 잘 진행될지, 개선 또는 유지를 위해서는 어떤 일을 해야 할 것인지, 어떻게 하면 더 나은 성과를 낼 지를 질문함으로써 잘못을 반성하고 부족한 부분을 개선하는 것이므로, 성찰을 위한 질문에 해당한다. 어떠한 일이 발생하면 제시된 질문과 같은 질문을 끊임없이 하는 습관을 들이는 것이 곧 성찰의 자세라 할 수 있다.

29 다음 중 업무성과를 높이기 위한 구체적인 전략과 방안으로 옳지 않은 것은?

① 업무를 하나하나 세분하여 처리한다.
② 다른 사람과 다른 방식으로 일한다.
③ 자기자본이익률(ROE)을 높인다.
④ 역할 모델을 설정한다.

 업무성과 향상을 위해서는 비슷한 업무를 묶어서 한꺼번에 처리하는 것이 효율적이다. 이러한 방식은 같은 일을 반복하지 않게 하여 시간을 감축할 수 있고 경로를 단축시킬 수 있다.

30 다음에서 설명하는 합리적 의사결정의 단계로 가장 알맞은 것은?

> 이 단계에서는 개인의 관심, 목표 및 선호에 따라 의사결정을 할 때에 무엇이 중요한지가 결정된다. 사람에 따라 적절하다고 생각하는 기준이나 가치가 다를 수 있으며, 사람에 따라서는 일하는 방식이나 생활 방식이 맞지 않는 경우도 있다는 것을 고려해야 한다.

① 문제의 근원 파악
② 의사결정 기준과 가중치 결정
③ 의사결정 정보 수집
④ 대안 분석 및 평가

 합리적 의사결정의 과정 중 의사결정의 기준과 가중치 결정 단계는 개인의 관심이나 가치, 목표 및 선호에 따라 의사결정을 할 때에 무엇이 중요한지가 결정되게 되는 단계이다. 이는 사람에 따라 적절하다고 생각하는 기준이나 가치가 다를 수 있으며, 일하는 방식이나 생활 방식이 맞지 않는 경우도 있으므로 반드시 필요한 과정이라 할 수 있다.

 ① 문제의 근원 파악이란 의사결정에 앞서서 발생된 문제가 어떤 원인에 의한 것인지, 문제의 특성이나 유형은 무엇인지를 파악하는 단계를 말한다.
③ 의사결정 정보 수집은 의사결정을 위해 필요한 정보를 적절히 수집하는 단계를 말한다.
④ 대안 분석 및 평가 단계는 가능한 대안들을 앞서 수집한 자료에 기초하여 의사결정 기준에 따라 장단점을 분석·평가하는 단계이다.

CHAPTER 05

자원관리능력

- 자원관리능력은 모든 직장인에게 공통적으로 요구하는 직업기초 능력으로, NCS 10과목 중에서 다소 높은 비중을 차지하고 있는 영역이다.
- 자원관리능력은 직장생활에서 필요한 자원을 확인하고 확보하여 업무수행에 이를 효율적으로 활용·관리하는 능력이다.

대표유형문제

한국은 LA보다 16시간 빠르고, 런던은 한국보다 8시간 느릴 때, 다음의 비행기가 현지에 도착할 때의 시간으로 모두 맞는 것은?

구 분	출발 일자	출발 시간	비행 시간	도착 시간
LA행 비행기	3월 2일	11 : 10	14시간 50분	㉠
런던행 비행기	3월 3일	22 : 25	11시간 5분	㉡

① ㉠ – 3월 2일 10시, ㉡ – 3월 3일 1시 30분
❷ ㉠ – 3월 2일 10시, ㉡ – 3월 4일 1시 30분
③ ㉠ – 3월 3일 2시, ㉡ – 3월 3일 1시 30분
④ ㉡ – 3월 3일 2시, ㉡ – 3월 4일 1시 30분

정답 해설

㉠ LA행 비행기는 한국 시간으로 3월 2일 11시 10분에 출발하므로, 14시간 50분 동안 비행하여 현지에 도착하는 시간은 3월 3일 2시이다. 한국 시간이 LA보다 16시간 빠르므로, 현지 도착 시간은 3월 2일 10시이다.

㉡ 런던행 비행기는 한국 시간으로 3월 3일 22시 25분에 출발하며, 11시간 5분 동안 비행하여 현지에 3월 4일 9시 30분에 도착한다. 한국 시간이 런던보다 8시간이 빠르므로, 현지 도착 시간은 3월 4일 1시 30분이 된다.

따라서 현지 도착 시간으로 모두 맞는 것은 ②이다.

기초응용문제

[01~02] 다음 표는 일의 우선순위를 결정하기 위한 매트리스이다.

구분	긴급한 일	긴급하지 않은 일
중요한 일	1사분면	2사분면
중요하지 않은 일	3사분면	4사분면

01 이 중 가장 우선적으로 실시해야 하는 일로 옳은 것은?

① 1사분면　　　　　　　　　　② 2사분면

③ 3사분면　　　　　　　　　　④ 4사분면

정답해설 1사분면은 긴급하면서 중요한 일로, 위기의 영역이라고 할 수 있다. 이는 일을 계획하거나 수행하는데 있어 가장 우선시 되어야 한다. 이와 관련된 일로는 위기 상황에서의 일들이나 마감이 가까워진 프로젝트 혹은 과제, 갑작스럽게 잡힌 회의 등이 있다.

02 다음과 같은 일이 속하는 곳으로 옳은 것은?

┌───┐
│ ㉠ 예방 생산 능력 활동　　　　㉡ 인간관계 구축 │
│ ㉢ 새로운 기회 발굴　　　　　　㉣ 중장기 계획 │
└───┘

① 1사분면　　　　　　　　　　② 2사분면

③ 3사분면　　　　　　　　　　④ 4사분면

정답해설 2사분면은 긴급하지 않지만 중요한 일로, 예방의 영역이라고 할 수 있다. 이 유형의 일들은 보람 있는 삶을 영위하기 위하여 매우 중요하다. 예를 들면, 시간이 없어서 하지 못했던 일 중 현재와 미래의 삶을 윤택하게 할 수 있는 일로서 오늘 당장 실시할 수 있는 일들에 속하는 운동, 독서, 명상 등 자기개발 및 행복감의 증대를 이룩할 수 있는 일들은 대부분 이 영역에 속한다.

[03~04] 다음 자료를 바탕으로 물음에 답하시오.

지불결제 수단별 거래액 구성비				
구분	2015년 5월(%)	2016년 5월(%)	전월차(%p)	
			2015년 5월	2016년 5월
계	100.0	100.0		
온라인입금	38.5	30.0	2.0	1.0
신용카드	32.1	28.5	0.7	−1.2
모바일결제	26.5	38.0	0.2	0.1
기타	2.9	3.5	0.1	0.1

03 2016년 4월의 거래액 중 신용카드가 차지하는 비율을 구하면?

① 27.3%

② 24.6%

③ 30.4%

④ 29.7%

 %p(퍼센트포인트)는 퍼센트 사이의 차이를 말한다.
신용카드의 경우 2016년 4월을 기준으로 2016년 5월의 전월차가 −1.2%p이므로, 28.5−(−1.2)＝29.7이다. 따라서 2016년 4월의 거래액 중 신용카드가 차지하는 비율은 29.7%이다.

04 총무부 소속인 귀하가 상사에게 전년대비 비교 분석표를 보고해야 한다. 이때, 2016년 5월의 거래액 중 모바일결제가 차지하는 비율이 전년 동월의 모바일결제가 차지하는 비율보다 몇 %p 증가하였는지 구하면?

① 11.5%p

② 13.9%p

③ 16.0%p

④ 19.4%p

 2016년 5월 모바일결제가 차지하는 비율은 38.0%이고, 2015년 5월 모바일결제가 차지하는 비율은 26.5%이므로, 38.0−26.5＝11.5%p이다.

05 다음은 프로야구경기 관람료와 A회사 경영팀의 팀원 구성원을 나타낸 것이다. 경영팀의 팀원들이 함께 프로야구경기를 관람한다고 할 때의 설명으로 옳지 않은 것은?

좌석명	입장권 가격		회원권 가격	
	주중	주말/공휴일	주중	주말/공휴일
프리미엄석	70,000원		동일가격	회원권 가격
테이블석	40,000원			
블루석	12,000	15,000	9,000	12,000
레드석	10,000	12,000	7,000	9,000
옐로우석	9,000	10,000	6,000	7,000

프로야구경기 관람료

※ 회원권은 120,000원의 가입비가 있다.

[경영팀의 팀원 구성원]

최 부장, 박 부장, 김 대리, 하 대리, 이 대리, 사원 A씨, 사원 B씨, 사원 C씨

① 최 부장과 박 부장을 제외한 나머지 팀원들이 모두 회원권이 있다면 금요일에 최 부장과 박 부장은 테이블석에서, 나머지 팀원들은 레드석에서 볼 때 총 122,000원이 든다.

② 이 대리는 프로야구를 연간 12회씩 3년 동안 주중에 옐로우석에서 관람한다고 하면, 회원권 가입 후 관람하는 것이 더 저렴하다.

③ 사원 C씨는 지난 달 주중에 프리미엄석으로 4회 관람하였고, 김 대리는 회원권을 가입해 주말과 공휴일에 블루석으로 6회 관람하였을 때, 김 대리가 구매한 것이 더 저렴하다.

④ 연간 8회씩 프로야구를 주말에 레드석에서 관람하는 하 대리가 회원권 가입비 50% 할인 이벤트로 가입을 했을 때, 처음 1년 동안은 손해를 보게 된다.

정답
해설
① • 최 부장, 박 부장 : 40,000원×2=80,000원
  • 나머지 6명 : 7,000원×6=42,000원
따라서 총 122,000원 이다.
② 옐로우석에서 3년 동안 총 36회를 관람하였다.
  • 회원권이 없을 때 : 9,000원×36=324,000원
  • 회원권이 있을 때 : 120,000원(가입비)+(6,000원×36)=336,000원
따라서 회원권 가입 후 구매하는 것이 12,000원 더 비싸다.
③ • 사원 C씨 : 70,000원×4=280,000원
  • 김 대리 : 120,000원(가입비)+(12,000원×6)=192,000원
따라서 김 대리가 구매한 것이 88,000원 더 저렴하다.
④ 회원권 가입비는 50% 할인되어 60,000원이다.

- 회원권이 없을 때 : 12,000원×8＝96,000원
- 회원권이 있을 때 : 60,000원(가입비 50%)＋(9,000원×8)＝132,000원

따라서 가입 후 처음 1년 동안은 36,000원 손해를 보게 된다.

06 다음 D사원이 보고서를 작성하지 못한 이유로 옳은 것은?

D사원의 계획표						
월	화	수	목	금	토	일
	1	2	3	4	5	6
	보고서 작성	보고서 작성	보고서 작성	보고서 작성		
7	8	9	10	11	12	13
보고서 작성 완료 *기한 연장	보고서 작성	보고서 작성	보고서 작성	보고서 작성		

① 보고서 작성시간만을 염두에 두고 계획을 짰다.

② 부수적인 업무가 너무 많았다.

③ 여유시간이 없었다.

④ 다른 사람이 도와주는 팀워크가 부족했다.

정답
해설
시간 관리를 할 때 중요한 것은 본인이 반드시 수행해야 하는 업무, 예정되어 있는 업무를 수행하는 고정된 시간과 예상치 못한 일이 발생했을 때를 대비한 유동적 시간을 약 60:40으로 나누어 관리하는 것이다. D사원은 부수적인 업무를 할 시간이나 돌발적인 상황이 발생할 가능성을 고려하지 않고 본인의 주 업무인 보고서 작성만을 고려하여 일정을 계획해 일을 끝마치지 못했다고 할 수 있다.

07 귀하는 A기업의 총무팀 소속으로 최근 진행된 '2016 프로젝트' 예산보고서를 작성하였다. 프로젝트 예산 직접비용 항목을 다음과 같이 작성했을 때, 이 중 직접비용으로 옳지 않은 것은?

2016 프로젝트 직접비용
통신비
컴퓨터 설치비
출장 교통비
인건비
대형 프로젝트 대여료
음향시설 설치비

① 통신비   ② 출장 교통비
③ 인건비   ④ 대형 프로젝트 대여료

정답
해설
　예산의 구성요소로 직접비용과 간접비용이 있다. 직접비용은 제품의 생산 또는 서비스를 창출하기 위해 직접 소비된 것으로 여겨지는 비용을 말한다. 이러한 직접비용에는 재료비, 원료비, 장비, 시설, 인건비 등으로 구분된다. 간접비는 직접비용을 제외한 비용으로 보험료, 건물 관리비, 광고비, 통신비, 사무비품비, 각종 공과금 등이 있다.
따라서 예산보고서에 작성된 목록 중 직접비용이 아닌 것은 ① 통신비이다.

08 귀하는 영업부 인턴사원에게 거래처 방문 시 주의할 점을 교육하던 중, 명함의 중요성에 대해 이야기하려고 한다. 다음 중 옳지 않은 것은?

① 자신을 PR하는 도구로 사용할 수 있어.
② 명함에 언제 무슨 일로 만났는지 메모를 하는 게 좋아.
③ 후속 교류를 위해서도 명함은 잘 관리하는 게 좋아.
④ 명함에 같이 만났던 곳이나 그날의 날씨를 적으면 그 사람을 기억하는데 많은 도움이 돼.

정답
해설
　그날의 날씨 같은 중요하지 않은 정보는 명함에 기입할 필요가 없으며, 상대방과 관련된 정보를 기입하여야 한다. 또한 명함은 단지 받아서 보관하는 것이 목적이 아니라, 이를 활용하고 적극적인 의사소통을 통해 자신의 인맥을 만들기 위한 도구로 활용되어야 한다. 따라서 중요한 사항을 명함에 메모해야 한다.

09 다음은 오전 회의에서 거론된 지난주 민원들이다. 과장은 귀하에게 민원들에 대한 처리를 지시하였다. 과장의 지시 중 귀하가 받아들이기에 가장 적절하지 않은 것은?

고객	민원 내용
조현진 고객님	홈페이지에 기업연혁에 관해서 2000년대 이전 자료가 없어요.
이현숙 고객님	홈페이지에 있는 자료 중에 오타가 있어요. 수정바랍니다.
김학원 고객님	이번에 기업컨설팅을 받고 싶은데 장소와 일시에 관한 정보가 찾기 어려워서 이렇게 문의 드립니다.
신동욱 고객님	대학원 스터디 모임에서 공유하고자 이번 설명회 때 기업지원과 관련된 책자를 30권정도 받고 싶은데, 어디에 문의해야 하나요?

① 홈페이지 기업연혁에 대한 자료가 부족한 것 같군요. 2000년대 이전의 자료 업데이트 해주세요.

② 홈페이지 자료에 오타 자가 있으면 안 됩니다. 다시 한 번 전체적으로 오타 수정해주세요.

③ 기업컨설팅에 관해 장소와 일시를 홈페이지 팝업창으로 띄워 누구나 찾기 쉽게 업데이트 해주세요.

④ 이번 설명회를 준비할 때, 기업 지원과 관련된 책자를 정확하게 30권 준비해 주세요.

정답해설 계획상의 자원 소비량과 실제 상황에서 자원 소비량은 차이가 있으므로 가능한 여유 있게 준비하는 것이 좋다. 고객님이 요청하신 30권의 책자보다는 넉넉하게 준비하는 것이 좋으므로 가장 절적하지 않은 지시이다.

[10~11] 다음 자료를 바탕으로 물음에 답하시오.

[서식처별 현황파악과 관련예산]

(단위 : 억 원)

구분	현황파악 비용	장기관찰 비용	연구 및 보전 비용	복구비용	기타 비용
산림생태계	100	90	1,000	640	1,000
해양생태계	100	112	1,500	800	500
호소생태계	80	140	200	200	200
하천생태계	30	5	15	100	150
농경생태계	50	100	1,250	750	100

※ 서식처 크기는 '현황파악 비용'과 비례

10 다음 중 옳지 않은 것은?

① 장기관찰 비용이 높을수록 연구 및 보전 비용이 높다.

② 농경생태계의 서식처 크기는 호소생태계보다 작다.

③ 서식처 크기는 산림생태계와 해양생태계가 가장 크다.

④ 연구 및 보전 비용이 높을수록 복구비용도 높다.

① 장기 관찰 비용이 가장 높은 호소생태계의 경우 연구 및 보전 비용은 상대적으로 낮은 편이므로, 장기 관찰 비용이 높을수록 연구 및 보전 비용이 높다고 할 수 없다.

② 호소생태계의 현황파악 비용이 80억 원, 농경 생태계의 현황파악 비용이 50억 원이므로 서식처 크기는 호소생태계가 더 크다.

③ 서식처 크기는 현황파악 비용과 비례한다고 하였으므로 비용이 가장 큰 산림생태계와 해양생태계의 서식처가 가장 크다.

11 서식처 크기 대비 복구비용이 가장 큰 것은?

① 산림생태계   ② 해양생태계

③ 호소생태계   ④ 농경생태계

서식처 크기는 현황파악 비용과 비례하므로 현황파악 비용 대비 복구비용을 구하면 서식처 크기 대비 복구비용을 알 수 있다. 현황파악 비용 대비 복구비용은 다음과 같다.

① 산림생태계 : $\dfrac{640}{100}=6.4$(억 원)

② 해양생태계 : $\dfrac{800}{100}=8$(억 원)

③ 호소생태계 : $\dfrac{200}{80}=2.5$(억 원)

④ 농경생태계 : $\dfrac{750}{50}=15$(억 원)

따라서 서식처 크기 대비 복구비용은 농경생태계가 가장 크다.

[12~13] 다음 자료를 바탕으로 물음에 답하시오.

당직 근무 규정

1. 당직은 일직과 숙직으로 구분한다.
2. 일직은 휴일에 두며, 그 근무시간은 정상근무일 근무시간에 준한다.
3. 숙직의 근무시간은 정상근무시간 또는 일직근무시간이 종료된 시점부터 익일의 정상 근무 또는 일직근무가 시작될 때까지로 한다.
4. 일직 이후 숙직은 가능하나, 숙직 이후 일직은 불가하다.
5. 팀장은 월 1회를 초과하여 평일 숙직을 할 수 없다.
6. 숙직을 할 경우 숙직일을 기준으로 앞뒤로 2일간은 숙직을 할 수 없다.
   예) 수요일 숙직 시, 월요일과 화요일, 목요일과 금요일은 숙직할 수 없음.
7. 휴일은 토요일과 일요일을 기준으로 한다.
8. 1~7 항목은 대체 근무에도 동일하게 적용 된다.

관리팀, 기획팀 명단

팀	팀원
관리팀	손민석(팀장), 김경렬, 최보람, 김다예, 정혜영, 박의성
기획팀	김벼리(팀장), 홍유정, 이영아, 김종민, 이충현, 박새미

당직 근무 일정표

월	화	수	목	금	토	일
	1	2	3	4	5	6
	[숙직] 김경렬 사원	[숙직] 최보람 사원	[숙직] 김다예 사원	[숙직] 정혜영 사원	[일직] 박의성 사원 [숙직] 홍유정 사원	[일직] 이영아 사원 [숙직] 김벼리 팀장
7	8	9	10	11	12	13
[숙직] 김종민 사원	[숙직] 이충현 사원	(A)	[숙직] 김경렬 사원	[숙직] 최보람 사원	[일직] 김다예 사원 [숙직] 정혜영 사원	[일직] 박의성 사원 [숙직] 손민석 팀장
14	15	16	17	18	19	20
[숙직] 홍유정 사원	[숙직] 이영아 사원	[숙직] 김종민 사원	[숙직] 손민석 팀장	[숙직] 박새미 사원	[일직] 이충현 사원 [숙직] 김경렬 사원	[일직] 최보람 사원 [숙직] 김다예 사원
21	22	23	24	25	26	27

[숙직] 정혜영 사원	[숙직] 박의성 사원	[숙직] 김벼리 팀장	[숙직] 홍유정 사원	[숙직] 이영아 사원	[일직] 김종민 사원 [숙직] 이충현 사원	[일직] 박새미 사원 [숙직] 김경렬 사원
28	29	30				
[숙직] 최보람 사원	[숙직] 홍유정 사원	[숙직] 정혜영 사원				

12 이번 달 회사의 당직 근무 담당팀은 관리팀과 기획팀이 되었다. 귀하는 당직 근무표 담당자로서 위와 같이 당직 근무 일정표를 초안을 짠 뒤 팀원들로부터 휴무 예정자와 대체 근무자를 받았다. 이때, 대체 근무자를 잘못 설정한 팀원으로 옳은 것은?

	대체 예상일자	휴무 예정자	사유	대체 근무자
①	12일(토)	정혜영	친구 결혼식	김다예
②	20일(일)	김다예	환갑 잔치	홍유정
③	25일(금)	이영아	건강검진	정혜영
④	26일(토)	이충현	동생 결혼식	최보람

정답해설 최보람 사원은 28일(월)에 숙직이므로 [당직 근무 규정] 6번 항목에 따라 26일(토)에 대체 근무를 할 수 없으므로 적절하지 않다.
① 일직 근무 후 숙직은 할 수 있다고 하였으므로 김다예 사원은 12일(토)에 숙직을 할 수 있다.

13 위 당직 근무표를 보았을 때, (A)에 들어갈 수 없는 사람으로 옳은 것은?

① 정혜영
② 김벼리
③ 김다예
④ 박새미

정답해설 김벼리 팀장은 23일(수)에 숙직을 할 예정이므로 [당직 근무 규정] 5번 항목에 따라 9일(수)에 숙직을 할 수 없다.

14 귀하는 영업부 신입사원으로 월요일에 2시간가량의 부서 주간회의를 잡아야 합니다. 다음 구성원 스케줄 표를 참고하여 되도록 전 구성원이 주간회의에 참석할 수 있는 시간대를 고르면? (단, 모두가 참석하기 어려울 때는 직급이 높은 사원의 참석을 우선시 한다.)

	부장	과장	대리	팀장	사원
9:00~10:00	거래계약		외근	신입사원 교육 일정회의	부서물품 수령
10:00~11:00					시장조사
11:00~12:00				제안서 작성	
12:00~13:00	점심시간				
13:00~14:00	부장급 회의	제안서 확인	거래처 관리		민원 업무 처리
14:00~15:00					
15:00~16:00					
16:00~17:00	기타 제안서 결제		시장조사 확인		
17:00~18:00		거래처 회의		신입사원 교육 준비	

① 10:00~12:00 ② 13:00~15:00

③ 14:00~16:00 ④ 15:00~17:00

 정답해설 모든 영업부 직원의 스케줄이 비어있는 시간대인 **14:00~16:00**가 가장 적절하다.

[15-16] 다음 자료를 바탕으로 물음에 답하시오.

신과장 : 최근 월말이 되면서 팀별 회의가 잦은 것으로 알고 있습니다. 특히 대회의실은 여러 팀들이 사용하는 곳임에도 정리 정돈과 규칙을 지키지 않은 팀들로 인하여 불만사항들이 생겨 다음과 같은 매뉴얼을 새로 정리해 회의실 앞 게시판에 붙여 놓을 테니 확인바랍니다.

대회의실 매뉴얼

• 빔프로젝트는 사용한 후 전원을 꺼주시고, 스크린도 올려주십시오.
• 음향장비는 사용한 후 전원을 꺼주시고, 무선 마이크는 단상위에 꺼둔 채로 놓아주십시오.
• 추가로 랜선이 필요한 팀은 관리팀에 요구하고, 사용 후에는 반납해주십시오.

- 화이트보드의 펜과 지우개정리를 하고, 나오지 않은 펜은 교체해주십시오.
- 의자와 책상 위 물품들은 정리하고, 이면지는 사무실내 이면지 통에 넣어주십시오.
- 나오기 전 대회의실 창문과 커튼을 닫고, 불을 꺼주십시오.
- 위의 사항들을 3회 이상 어기는 팀은 한 달간 대회의실 이용이 불가합니다.

15 다음 매뉴얼을 읽고, 대회의실을 사용한 귀하가 취해야할 행동으로 옳지 않은 것은?

① 화이트보드 펜이 나오지 않아 새것으로 교체해 놓고 나왔다.

② 회의가 끝나고 나오기 전 창문과 커튼을 모두 닫았다.

③ 회의 중 생긴 이면지는 회의실내 쓰레기통에 버렸다.

④ 추가로 빌려온 랜선은 회의가 끝난 후 관리팀에 다시 반납했다.

 대회의실 매뉴얼에 따르면 회의 중 생긴 이면지는 사무실내 이면지 통에 버려야 한다.

16 다음은 여러 팀들이 대회의실을 이용 후 귀하가 작성한 상태이다. 한 달 간 대회의실을 이용할 수 없는 팀은?

		1회	2회	3회
①	경영팀	음향시설 전원 끔	커튼 닫음	이면지 사무실내 이면지통에 정리함
②	마케팅팀	책상위에 이면지 있음	의자정리미흡	마이크 켜놓음
③	영업팀	창문 열려있음	랜선 반납 안함	의자 정리함
④	총무팀	랜선 반납함	스크린 내려옴	커튼 열려있음

 매뉴얼에 따라 마케팅팀이 3회 모두 어겼으므로 한 달간 대회의실 이용이 불가하다.

 ① **경영팀** : 음향시설 전원 끔(O), 커튼 닫음(O), 이면지 사무실내 이면지통에 넣음(O)
③ **영업팀** : 창문 열려있음(X), 랜선 반납 안함(X), 의자 정리함(O)
④ **총무팀** : 랜선 반납함(O), 커튼 열려있음(X), 스크린 내려옴(X)

[17~18] 경쟁관계에 있는 M회사와 S회사가 제품별 홍보에 따라 벌어들일 수 있는 수익체계를 정리한 표이다. 다음 표를 바탕으로 물음에 답하시오.

홍보 제품별 수익체계				
		S회사		
		A제품	B제품	C제품
M회사	A제품	(−6, 4)	(4, −2)	(2, 10)
	B제품	(−7, 12)	(6, 3)	(3, 8)
	C제품	(10, −2)	(−4, 4)	(14, 7)

※ 괄호 안의 숫자는 M회사와 S회사가 홍보로 인한 월 수익(억 원)을 뜻한다.(M회사 월 수익, S회사 월 수익)
※ M회사가 A제품을 홍보하고 S회사가 B제품을 홍보 하였을 때, M회사의 월 수익은 4억 원이고, S회사의 월 손해는 2억 원이다.

시기별 소비자 선호도	
시기	선호품목
1~3월	B제품
4~6월	A제품
7~9월	C제품
10~12월	A, B제품

※ 제품을 선호하는 시기에 홍보하면 수익체계에 나타나는 월 수익의 50%가 증가, 월 손해의 50%가 감소된다.

17 다음 중 보기처럼 각 제품을 홍보 시 M회사와 S회사가 얻는 수익의 합이 가장 클 경우로 옳은 것은?

① M회사 : A제품, S회사 : C제품
② M회사 : C제품, S회사 : B제품
③ M회사 : C제품, S회사 : C제품
④ M회사 : A제품, S회사 : A제품

정답
해설

M회사가 A제품, S회사가 C제품을 생산하는 경우 아래에서 해당하는 값을 찾으면 (2, 10) 즉 M회사의 수익이 2억, S회사의 수익이 10억이 되며 수익의 합계는 12억 원이다. 마찬가지로 나머지 경우들도 구해보면

② M : C , S : B = (−4, 4) 수익의 합계는 0 원
③ M : C , S : C = (14, 7) 수익의 합계는 21억
④ M : A , S : A = (−6, 4) 수익의 합계는 −2억

따라서, M회사와 S회사의 수익의 합이 가장 큰 경우는 M회사가 C제품, S회사도 C제품을 생산하는 ③이 된다.

18 다음 중 6월에 홍보 시 M회사와 S회사가 얻는 수익의 합이 가장 클 경우로 옳은 것은?

① M회사 : A제품, S회사 : A제품
② M회사 : A제품, S회사 : C제품
③ M회사 : B제품, S회사 : A제품
④ M회사 : C제품, S회사 : A제품

PART1 직무능력검사

정답해설 위와 같은 방법으로 풀어나가되, 시기별 소비자 선호도 정보를 활용해야 하는 문제이다. 각각의 경우의 값을 구해보면 아래와 같다.

① M회사 : A제품, S회사 : A제품＝(−6, 4)
② M회사 : A제품, S회사 : C제품＝(2, 10)
③ M회사 : B제품, S회사 : A제품＝(−7, 12)
④ M회사 : C제품, S회사 : A제품＝(10, −2)

그런데 제품을 선호하는 시기에 홍보를 하면 월 수익이 50%증가, 월 손해의 50%가 감소된다는 조건이 있다. 문제의 시기는 6월 이므로 6월에 선호제품인 A를 홍보한 경우는 이를 적용해 값을 수정해야 한다.

① M회사 : A제품 , S회사 : A제품＝(−6, 4) 두 회사 모두 A제품 홍보 (−3, 6)
② M회사 : A제품 , S회사 : C제품＝(2, 10) M회사 A제품 홍보 (3, 10)
③ M회사 : B제품 , S회사 : A제품＝(−7, 12) S회사 A제품 홍보 (−7, 18)
④ M회사 : C제품 , S회사 : A제품＝(10, −2) S회사 A제품 홍보 (10, −1)

[19~20] 다음 자료를 바탕으로 물음에 답하시오.

A회사 야유회 일정 공지		
1. 일시 : 2016년 5월 20일~21일		
2. 장소 : 안면도 ○○ 펜션		
3. 세부일정		

20일	9:00~11:00	출발 및 안면도 ○○ 펜션 입실
	11:00~12:00	튤립축제 구경
	12:00~13:30	점심식사
	13:30~15:30	족구 및 주변 산책
	15:30~18:00	팀별 회의 및 토론
	18:00~20:00	저녁식사
	20:00~22:00	자유시간
	22:00~	취침
21일	9:00~11:00	기상 및 퇴실준비
	11:00~12:00	아침식사 후 출발
	12:00~14:00	사무실 도착 및 해산

19 다음은 첫 야유회를 준비하는 신입사원들의 대화이다. 이 중 가장 적절하지 않은 사람은?

① 신사원 : 퀴즈대회에서 잘 맞추기 위해 상식 책을 읽고 가야겠어.

② 홍사원 : 중간에 팀별 회의를 하니까 필기구도 챙겨가야지.

③ 김사원 : 족구대회에서 1등하기 위해 편한 복장을 준비해 갈 거야.

④ 노사원 : 튤립축제에 가니까 카메라를 들고 가야지.

 세부일정을 살펴보면 퀴즈대회를 한다는 일정은 없다. 따라서 적절하지 않은 사람은 상식 책을 읽고 오겠다는 ① 신사원이다.

20 야유회 구성 담당자였던 귀하는 다음과 같은 예산안을 만들었다가 상사에게 자원관리를 제대로 할 줄 모른다며 피드백을 받았다. 이들 중 귀하가 지적받았던 사항으로 가장 적절한 것은?

구분	품목	수량	금액(원)	비고
숙박비	숙소	4	480,000	8인실(32명)
식대	점심	32	256,000	바지락 칼국수
	저녁	32	384,000	바비큐
	아침	32	224,000	순대국밥
잡화	일회용접시	50	15,000	
	종이컵	100	5,000	
	과자	50	72,000	
	음료	20	60,000	
	주류	40	80,000	
회의 및 토론 진행	세미나실	5	1,000,000	총 수용인원 : 100명
	팀별 노트북	12	0	회사 보유품
기타	차량 운행비	3	360,000	12인승

① 야유회에 술을 포함한 것이 잘못되었다.

② 숙소를 더 넓은 인실로 예약하는 것이 좋았다.

③ 인원수에 비해 차량의 수가 맞지 않는다.

④ 인원수에 맞지 않는 세미나실을 여러 개 잡았다.

물적 자원을 관리할 때에는 참여인원을 고려하여 낭비가 적은 방향으로 물적 자원을 관리하는 것이 좋으며, 인원수 파악을 정확히 하여 낭비가 없도록 해야 한다. 따라서 32명의 인원에 비해 지나치게 큰 세미나실을 5개나 잡은 것에 대한 지적을 받았을 것이다.

[21~22] 다음 자료들을 바탕으로 물음에 답하시오.

17일(월) 대구에서 열리는 환경 보존 세미나가 있어 직원들이 기차를 타고 대구에 가게 되었다. A씨는 17일 당일 광명역에서 동대구역으로 가는 기차표를 9일 전에 예매하였고, B씨는 17일 당일에 광명역에서 동대구 행 기차표를 구매하였다. C씨는 대구에 있는 친지 방문을 위해서 16일(일)에 서울역에서 동대구역으로 가는 기차표를 전월 30일에 예매하였다. (단, 환경 보존 세미나는 공휴일에 열리지 않는다.)

[표1] 열차 운임표

출발＼도착	서울	광명	천안, 안산	대전	김천	구미	동대구
서울	–	8,000	12,000	21,000	28,000	30,000	34,000
광명	8,000	–	10,000	19,000	27,000	28,000	32,000
천안, 안산	12,000	10,000	–	8,000	16,000	18,000	23,000
대전	21,000	19,000	8,000	–	8,000	10,000	15,000
김천	28,000	27,000	16,000	8,000	–	8,000	8,000
구미	30,000	28,000	18,000	10,000	8,000	–	8,000
동대구	34,000	32,000	23,000	15,000	8,000	8,000	–

[표2] 열차 할인율

구분		열차출발일	
		월~금요일	토 · 일 · 공휴일
승차권 구입시기	열차출발 2개월 전부터 30일 전까지	20%할인	10%할인
	열차출발 29일 전부터 15일 전까지	15%할인	7%할인
	열차출발 14일 전부터 7일 전까지	10%할인	4%할인

21 A, B, C씨의 열차 운임의 합계는 얼마인가?

① 92,420원
② 92,520원
③ 92,620원
④ 92,720원

정답
해설

각각의 열차 운임을 구해보면
- A : 출발 9일전에 예매하였고 출발일이 월요일이므로 10%할인
  32,000×0.1＝3,200원, 32,000－3,200＝28,800원
- B : 출발 당일에 예매하였으므로 할인이 적용되지 않음. 32,000원
- C : 출발 17일전에 예매하였고 출발일이 일요일이므로 7%할인
  34,000×0.07＝2,380원, 34,000－2,380＝31,620원
  따라서 28,000＋32,000＋31,620＝92,420원

22 귀하가 서울에서 구미까지 출장을 간다고 할 때, 다음 중 가장 저렴하게 표를 예매할 경우는?

① 열차출발 13일전에 예매 후 주중에 출발하는 표
② 열차출발 15일전에 예매 후 주중에 출발하는 표
③ 열차출발 19일전에 예매 후 주말에 출발하는 표
④ 열차출발 35일전에 예매 후 주말에 출발하는 표

정답
해설

보기의 각 경우 열차 할인율을 알아보면
① 열차출발 13일전에 예매 후 주중에 출발하는 표 : 10%할인
② 열차출발 15일전에 예매 후 주중에 출발하는 표 : 15%할인
③ 열차출발 19일전에 예매 후 주말에 출발하는 표 : 7%할인
④ 열차출발 35일전에 예매 후 주말에 출발하는 표 : 10%할인
따라서 ② 열차출발 15일전에 예매 후 주중에 출발하는 표가 가장 저렴하다.

23 다음은 A팀 강대리와 박팀장의 메신저 내용이다. 둘의 대화를 통해 다음 주 전체 회의 때 사용해야 할 가장 적합한 회의실을 보기에서 고르면?

박팀장 : 안녕하세요. 영업팀 박팀장 입니다. 다음 주에 있을 전체 회의건 때문에 연락 드렸습니다.
강대리 : 네 안녕하세요. 자세하게 어떤 부분 때문에 그러세요?
박팀장 : 전체회의에 참석 인원은 총 몇 명인지 알 수 있을까요?
강대리 : 저희 마케팅팀 12명과 외부 팀 10명이 참석 가능합니다.
박팀장 : 그렇군요. 혹시 미리 준비해야 할 물품들이 있나요?
강대리 : 이번 회의가 9:00~16:00까지로 길어서 중간에 점심시간이 포함되어 있습니다. 그래서 차량을

준비해주셔야 합니다. 그리고 빔프로젝트가 있는지도 확인해주셔야 합니다.

박팀장 : 그럼 빔프로젝트 비용과 교통비도 생각해야겠네요.

강대리 : 네. 회사에서 이번 회의 관련해서 총 60만 원 까지 지원해 준다고 하던데, 그럼 회의실 대여료는 얼마정도 생각하고 계세요?

박팀장 : 식사비는 30만 원, 교통비는 12만 원, 빔프로젝트 대여료 3만 원 정도 잡으면 될 것 같습니다. 그리고 회의실에 놓을 음료와 쿠키도 조금 준비해야 하니까 그 비용은 8만 원 정도로 생각하면 나머지를 대여료로 사용해야겠네요.

강대리 : 어떤 곳은 다과 준비와 빔프로젝트를 무료로 대여해주는 회의실이 있는 걸로 알아요.

박팀장 : 아 정말요? 한 번 알아봐야겠네요.

강대리 : 혹시 또 궁금한 거 있으면 언제든지 물어보세요.

박팀장 : 네 감사합니다. 강대리님.

회의실 대관정보

회의실	수용인원	대관요금		특징
		종일	반일 (오전/오후/야간)	
A실	20	90,000	60,000	
B실	25	100,000	80,000	다과 제공 빔프로젝트 유료대여(50,000)
C실	25	120,000	90,000	빔프로젝트 무료대여
D실	30	170,000	140,000	다과제공 빔프로젝트 무료대여

① A실　　　　　　　　　　　　② B실

③ C실　　　　　　　　　　　　④ D실

두 사람의 대화를 통해 회의실이 갖춰야 할 조건이 무엇인지 정리해보면 회의실 수용인원은 총 22명이고, 9:00~16:00동안 회의를 진행하므로 종일 빌려야 하며, 빔프로젝트와 다과가 제공되는 곳일수록 좋다. 또한 회사 지원금이 60만원이고 식사비 30만원, 교통비 12만원, 빔프로젝트 대여비 5만원, 다과 준비 8만원이다.

① A실 : 수용인원이 맞지 않는다.

② B실 : 100,000(회의실)+300,000(식대)+120,000(교통비)+50,000(빔프로젝트)+0(다과)=570,000원

③ C실 : 120,000(회의실)+300,000(식대)+120,000(교통비)+0(빔프로젝트)+80,000(다과)=620,000원

④ D실 : 170,000(회의실)+300,000(식대)+120,000(교통비)+0(빔프로젝트)+0(다과)=590,000원

따라서 지원금 600,000원에 적합한 곳은 B실과 D실인데 둘 중 더 저렴한 곳은 B실이다.

24 다음 중 기업 활동을 위해 사용되는 자원에 포함되지 않는 것은?

① 돈
② 기업 문화
③ 물적 자원
④ 인적 자원

 정답해설 자원은 기업 활동을 위해 사용되는 기업 내의 모든 시간, 예산(돈), 물적 자원, 인적 자원을 의미한다. '성공하는 사람들의 7가지 습관'의 저자로 유명한 스티븐 코비(Stephen R. Covey)는 사람들이 가지고 있는 기본적인 자산을 물질적 자산, 재정적 자산, 인적 자산으로 나누고 있는데, 오늘날은 1분 1초를 다투는 무한경쟁시대라는 점에서 시간 역시 중요한 자원이라고 할 수 있다. 따라서 자원에 포함되지 않는 것은 '기업 문화'이다.

25 다음 중 자원 낭비요인에 대한 설명으로 옳지 않은 것은?

① 비계획적 행동
② 편리성 추구
③ 중요 자원에 대한 인식
④ 노하우 부족

 정답해설 자원에 대한 인식 부재가 자원의 낭비요인이 된다. 이는 자신이 가지고 있는 중요한 자원을 인식하지 못하는 것으로, 자원을 물적 자원에 국한하여 생각함으로써 시간이 중요한 자원이라는 것을 의식하지 못하는 것을 예로 들 수 있다. 이 경우 무의식적으로 중요한 자원에 대한 낭비가 발생하게 된다.

26 다음 중 시간 자원의 특징에 대한 설명으로 옳지 않은 것은?

① 시간은 매일 주어지며, 미리 사용할 수 없다.
② 시간은 똑같은 속도로 흐른다.
③ 시간의 흐름은 전혀 융통성이 없다.
④ 시간은 밀도와 가치가 동일하다.

 정답해설 시간은 시절에 따라 밀도도 다르고 가치도 다르다. 인생에도 황금기가 있으며 하루에도 황금시간대(golden hour)가 있는 것이다. 시간은 어떻게 사용하느냐에 따라 가치가 달라지는데, 다른 자원과 마찬가지로 시간도 잘 사용하면 무한한 이익을, 잘못 사용하면 엄청난 손해를 가져다준다.

27 다음 중 개인의 시간 관리를 통해 나타날 수 있는 현상으로 가장 옳지 않은 것은?

① 스트레스가 줄어든다.　　　　② 일중독 현상이 증가한다.

③ 생산성을 높일 수 있다.　　　　④ 목표의 성공적 달성을 가능하게 한다.

 일중독자(workaholic)는 일이 우선이어서 오로지 일에만 몰두하여 장시간 일하는 사람을 지칭하는 말이다. 장시간 일을 한다는 것은 일중독자일 가능성이 있다는 점을 의미하지만, 중요한 것은 장시간 일을 한다는 것 자체가 아니라 많은 사람들이 잘못된 시간관리 행동을 한다는 것이다. 시간 관리를 잘 한다면 직장에서 일하는 시간을 줄이고, 일과 가정 또는 자신의 여가를 동시에 즐기는 균형적인 삶을 살 수 있다. 따라서 시간관리가 일중독 현상을 증가시킨다는 말은 옳지 않다.

28 다음 중 일반적으로 예산관리에 포함되지 않는 것은?

① 예산 평가　　　　② 비용 산정

③ 예산 통제　　　　④ 예산 편성

 예산관리는 활동이나 사업에 소요되는 비용을 산정하고 예산을 편성하는 것뿐만 아니라, 집행과정에서 예산을 관리하는 예산 통제를 모두 포함한다고 할 수 있다. 따라서 일반적으로 예산관리에 포함되지 않는 것은 예산 평가이다.

29 물적자원에 대한 다음 설명 중 옳지 않은 것은?

① 세상에 존재하는 모든 물체는 물적자원에 포함된다.

② 자원을 크게 나눌 때 자연자원과 인공자원으로 나눌 수 있다.

③ 자연자원은 자연 상태 그대로의 자원과 시설, 장비 등이 모두 포함된다.

④ 물적자원을 얼마나 확보하고 활용할 수 있느냐가 국가의 큰 경쟁력이 된다.

 자원을 크게 나누어 보았을 때 자연자원과 인공자원으로 나눌 수 있는데, 시설이나 장비 등은 인공자원에 포함된다. 자연자원의 경우 자연 상태에 있는 그대로의 자원을 말하는 것으로 석유, 석탄, 나무 등을 가리키며, 인공자원의 경우 사람들이 인위적으로 가공하여 만든 물적자원을 말한다.

30 다음은 물적자원관리 과정에 대한 설명이다. 옳지 않은 것은?

① 물품의 정리·보관 시 물품이 앞으로 계속 사용할 것인지 그렇지 않은지를 구분해야 한다.

② 유사성의 원칙은 유사품을 같은 장소에 보관하는 것을 말하며, 이는 보관한 물품을 보다 쉽고 빠르게 찾을 수 있도록 하기 위해서 필요하다.

③ 물품의 특성에 맞는 보관 장소를 선정해야 하므로, 종이류와 유리 등은 그 재질의 차이로 인해서 보관 장소의 차이를 두는 것이 적당하다.

④ 물품의 정리 시 회전대응 보관의 원칙은 입·출하의 빈도가 높은 품목은 출입구 가까운 곳에 보관하는 것을 말한다.

동일성의 원칙은 같은 품종은 같은 장소에 보관한다는 것이며, 유사성의 원칙은 유사품은 인접한 장소에 보관한다는 것을 말한다. 따라서 ②는 옳지 않다. 동일 및 유사 물품의 분류는 보관의 원칙 중 동일성의 원칙과 유사성의 원칙에 따르는데, 이는 물품을 다시 활용하기 위해 보다 쉽고 빠르게 찾을 수 있도록 하기 위해서 필요한 과정으로, 특정 물품의 정확한 위치를 모르더라도 대략의 위치를 알고 있음으로써 찾는 시간을 단축할 수 있다.

31 다음 중 흑백 격자무늬 패턴으로 정보를 나타내는 매트릭스 형식의 바코드에 해당하는 것은?

① 바코드(Bar Code)
② QR 코드(Quick Response Code)
③ RFID
④ Smart Tag

흑백 격자무늬 패턴으로 정보를 나타내는 매트릭스 형식의 바코드는 QR 코드(Quick Response Code)이다. QR 코드는 기존 바코드가 용량 제한에 따라 가격과 상품명 등 한정된 정보만 담는 데 비해 넉넉한 용량을 강점으로 다양한 정보를 담을 수 있고, 오염이나 손상에 강하며, 360도 어느 방향에서도 인식이 가능하다는 장점을 지닌다. 최근 유통업계가 2차원의 바코드인 QR코드 도입에 앞장서고 있는 것은 스마트폰 보급 확산에 따라 훌륭한 마케팅 도구로 활용할 수 있기 때문이다.

32 다음 인적자원관리에 관한 설명 중 옳지 않은 것은?

① 인적자원관리는 기업 목적 달성을 위해 필요한 인적자원을 유지·개발하여 능력을 최고로 발휘하게 하는 것이다.

② 효율적이고 합리적인 인사관리를 위해서는 적재적소 배치, 공정 보상 및 인사, 종업원의 안정, 창의력 계발 등이 모두 이루어지도록 해야 한다.

③ 개인차원에서 인적자원관리는 인맥관리를 의미하는데, 여기서의 인맥은 자신이 알고 있거나 관계를 형성하고 있는 다양한 사람들을 포함한다.

④ 핵심 인맥과 파생 인맥에 대한 관리가 개인 차원의 인적자원관리에 해당하며, 파생 인맥은 자신과 직접적인 관계에 있는 사람들을 말한다.

 정답해설 자신과 직접적인 관계에 있는 사람들을 핵심 인맥이라고 하며, 파생 인맥은 핵심 인맥의 사람들로부터 알게 된 사람이나 우연한 자리에서 서로 알게 된 사람 등을 말한다. 파생 인맥은 매우 다양하게 존재하며, 계속해서 파생이 되어서 한 사람의 인맥은 수 없이 넓어지게 된다.

33 다음 중 인맥관리카드에 관한 설명으로 옳지 않은 것은?

① 인맥관리카드에 기입되는 정보에는 이름, 관계, 직장 및 부서, 학력, 연락처, 친한 정도 등이 있다.

② 인맥관리카드는 핵심인맥과 파생인맥의 구분 없이 작성·관리한다.

③ 파생인맥카드에는 어떤 관계에 의해 파생되었는지를 기록하여야 한다.

④ 문서나 컴퓨터를 통해 인맥관리카드를 작성·관리하는 경우 주변에 어떠한 사람들이 있는지 효율적으로 파악할 수 있다.

 정답해설 인맥관리카드는 핵심인맥과 파생인맥을 구분하여 작성하는 것이 필요하다. 여기서 핵심인력은 자신과 직접적인 관계를 가지는 사람을 말하며, 파생인맥은 핵심인맥으로부터 파생된 사람들을 의미한다.

34 효과적인 인력배치를 위해서는 3가지 원칙을 지켜야 한다. 다음 중 이 원칙에 포함되지 않는 것은?

① 연공주의   ② 적재적소주의

③ 능력주의   ④ 균형주의

 정답해설 효과적 인력배치를 위한 3가지 원칙은 적재적소주의, 능력주의, 균형주의를 말하며, 연공주의는 여기에 해당되지 않는다. 연공주의는 조직구성원의 승진에 있어서 근무경력에 따라서 승진에 우선권이 주어진다는 것으로, 근무연수에 비례해서 개개인의 업무능력과 숙련도가 향상된다는 사고에 근거하고 있다.

35 다음은 같은 회사 동료들의 대화이다. 이들 중 시간낭비 요인의 구분해 볼 때 나머지와 다른 한 사람은?

① 동료들로부터 인기가 좋은 경영지원팀의 A는 이번 주까지 계획된 일이 아직 마무리되지 못한 상태인데, 다른 팀에서 의뢰한 일 등 급박하지 않을 몇 가지 업무를 먼저 처리하기 위해 일정을 다소 연기하였다.

② 팀원에게 친절하기로 소문난 기획팀장 B는 진행해야 될 프로젝트가 결정되면 적절한 계획을 세우지 못해 마감 일정을 지키지 못하는 경우가 많다.

③ 항상 밝은 미소를 잃지 않는 영업팀의 C는 거래처 방문 시 도로 교통이 혼잡하여 방문 시간을 제대로 지키지 못하는 경우가 종종 있다.

④ 사람 좋기로 소문난 자재관리팀의 D는 다른 팀이나 동료의 부탁을 거절하지 못해 여러 업무를 떠맡게 되고, 이로 인해 같은 팀 동료로부터 핀잔을 듣기도 한다.

시간낭비 요인은 외부인이나 외부에서 일어나는 시간에 의한 외적인 시간낭비 요인과 자신의 내부에 있는 습관 등이 초래하는 내적 낭비요인이 있다. ③과 같은 교통의 혼잡이나 동료 · 가족, 고객, 세일즈맨, 문서 등으로 인해 발생하는 시간낭비는 모두 외적인 낭비요인에 해당한다. 이에 비해 내적 시간낭비 요인에는 일정의 연기, 사회활동, 계획의 부족, 거절하지 못하는 우유부단함, 혼란된 생각 등이 있다.

36 다음 제시문에서 설명하는 효과적인 물적 자원관리의 과정으로 옳은 것은?

> 물품이 앞으로 계속 사용할 것인지, 그렇지 않은지를 구분하여야 한다. 그렇지 않을 경우 가까운 시일 내에 활용하게 될 물품을 창고나 박스 등에 넣어두었다가 다시 꺼내야 하는 경우가 발생하게 될 것이다. 이러한 과정이 반복되다보면 물품 보관 상태는 다시 나빠지게 될 것이다.

① 사용품과 보관품의 구분   ② 동일 및 유사 물품의 분류
③ 물품의 특성에 맞는 보관 장소의 선정   ④ 회전대응 보관의 원칙 준수

물품을 정리하고 보관하고자 할 때, 해당 물품을 앞으로 계속 사용할 것인지의 여부를 구분하여야 하는 것은 사용품과 보관품의 구분에 해당한다. 처음부터 철저하게 물품의 활용 여부나 활용계획 등을 확인하는 것은 시행착오를 예방하고 물적 자원관리를 효과적으로 수행하는 첫걸음이 된다.

37 다음 제시문에서 설명하는 인적자원의 특성으로 가장 옳은 것은?

> 인적자원으로부터의 성과는 인적자원의 욕구와 동기, 만족감 여하에 따라 결정되고, 행동동기와 만족감은 경영관리에 의해 조건화된다. 따라서 인적자원은 능동적인 성격을 지니고 있으며, 이를 잘 관리하는 것이 기업의 성과를 높이는 일이 될 것이다.

① 능동성
② 개발가능성
③ 전략적 중요성
④ 효율성

 정답 해설 인적자원의 특성 중 능동성에 해당하는 설명이다. 예산과 물적자원은 성과에 기여하는 정도에 있어서 이들 자원 자체의 양과 질에 의해 지배됨으로써 수동적인 성격을 지니고 있는데 비해, 인적자원으로부터의 성과는 인적자원의 욕구와 동기, 태도와 행동, 만족감 여하에 따라 결정되며, 인적자원의 행동동기와 만족감은 경영관리에 의해 조건화된다. 따라서 인적자원은 능동적이고 반응적인 성격을 지니고 있으며, 이를 잘 관리하는 것이 기업의 성과를 높이는 일이 된다.

38 다음에 제시된 설명에 해당하는 인력배치의 유형을 모두 맞게 짝 지은 것은?

> ⊙ 효율성 제고를 위해 팀원의 능력이나 성격 등과 가장 적합한 위치에 배치하여 능력을 최대로 발휘해 줄 것을 기대하는 것
> ⓒ 작업량과 여유 또는 부족 인원을 감안하여 소요인원을 결정하여 배치하는 것
> ⓒ 팀원의 적성 및 흥미에 따라 배치하는 것

① ⊙ – 양적 배치, ⓒ – 질적 배치, ⓒ – 적성 배치
② ⊙ – 질적 배치, ⓒ – 양적 배치, ⓒ – 적성 배치
③ ⊙ – 적성 배치, ⓒ – 양적 배치, ⓒ – 질적 배치
④ ⊙ – 적성 배치, ⓒ – 질적 배치, ⓒ – 양적 배치

 정답 해설 양적 배치와 질적 배치, 적성 배치의 모든 원칙들은 적절히 조화하여 운영하여야 한다.
　⊙ 질적 배치는 적재적소의 배치를 말하는데, 이는 팀의 효율성 제고를 위해 팀원의 능력이나 성격 등과 가장 적합한 위치에 배치하여 개개인의 능력을 최대로 발휘해 줄 것을 기대하는 것을 말한다.
　ⓒ 양적 배치는 부문의 작업량과 조업도, 여유 또는 부족 인원을 감안하여 소요인원을 결정하여 배치하는 것을 말한다.
　ⓒ 적성 배치는 팀원의 적성 및 흥미에 따라 배치하는 것을 의미한다. 이는 적성에 맞고 흥미를 가질 때 성과가 높아진다는 것을 가정한 유형이다.

CHAPTER 06

대인관계능력

- 대인관계능력은 모든 직장인에게 공통적으로 요구하는 직업기초 능력으로, 직장생활에서 협조적인 관계를 유지하고 조직의 갈등을 원만히 해결하고, 고객의 요구를 충족시켜줄 수 있는 능력을 기를 수 있다.
- 직장생활 중 조직구성원들의 업무향상에 도움을 주며, 동기화 시킬 수 있고, 조직의 목표 및 비전을 제시할 수 있는 능력을 기를 수 있다.

대표유형문제

프랜차이즈 커피숍에서 근무하는 A는 종종 '가격을 깎아 달라'고 조르는 고객 때문에 고민이 크다. 이를 본 선배가 A에게 도움이 될 만한 몇 가지 조언을 하였다. 다음 중 선배가 A에게 한 조언으로 가장 적절한 것은 무엇인가?

① 그때는 고객의 말을 못 들은체하고 다른 일을 하는 게 좋아.

② 가격 인하는 절대 안 된다고 단호하게 거절해.

③ 이번 한 번뿐이라고 분명히 말하고 깎아줘.

❹ 내 맘대로 깎아 줄 수는 없다고 자세히 설명해줘.

 정답해설 판매 가격이 규정되어 있는 프랜차이즈 커피숍의 특성상 자기 마음대로 깎아 줄 수는 없다 말하고, 그 이유를 최대한 상세히 설명해 주는 것이 가장 좋은 방법이다.

① 고객의 말을 못 들은체하는 것은 서비스업의 고객 응대 방법으로 적절하지 않고, 또 다른 문제를 야기할 수 있다.

② 가격 인하가 안 되는 사항이라 할지라도 그에 대한 이유를 설명하지 않고 단호하게 거절하는 것은 바람직한 태도로 볼 수 없다.

③ 자기 마음대로 가격을 깎아 주는 것은 바람직하지 않다. 고객의 억지 요구를 들어주다보면 더욱 곤란한 상황에 처할 수 있으므로 주의해야 한다.

기초응용문제

01 다음 중 대인관계를 향상시키기 위한 방법으로 옳지 않은 것은?

① 상대방에 대한 이해와 양보
② 사소한 일에 대한 관심
③ 약속의 불이행
④ 칭찬하고 감사하는 마음

 정답해설 책임을 지고 약속을 지키는 것은 중요한 감정 예입 행위이며 약속을 어기는 것은 중대한 인출 행위이다. 그러한 인출 행위가 발생하고 나면 다음에 약속을 해도 상대가 믿지 않기 마련이다. 따라서 대인관계를 향상시키기 위한 방법은 약속의 이행이다.

Check Point --- **대인관계 향상을 위한 방법**
- 상대방에 대한 이해와 양보
- 약속의 이행
- 언행일치
- 사소한 일에 대한 관심
- 칭찬하고 감사하는 마음
- 진지한 사과

02 다음 중 인간관계에 있어서 가장 중요한 것은 무엇인가?

① 어떻게 행동하느냐 하는 것
② 피상적인 인간관계 기법
③ 무엇을 말하는가 하는 것
④ 자신의 사람됨, 내적 성품

 정답해설 인간관계를 형성할 때 가장 중요한 요소는 무엇을 말하느냐, 어떻게 행동하느냐 보다 우리의 사람됨이다. 말이나 행동이 깊은 내면에서 나오는 진정성이 없이 피상적인 인간관계 기법에서 나온다면 상대방도 이중성을 감지할 것이다.

03 다음 중 팀워크에 대한 설명으로 옳지 않은 것은?

① 팀이 단순히 모이는 것을 중요시 한다.
② 목표달성의 의지를 가지고 성과를 내는 것이다.
③ 구성원이 공동의 목적을 달성하기 위해 상호관계성을 가지고 서로 협력하여 업무를 수행한다.
④ 유형은 협력, 통제, 자율 세 가지 기제를 통해 구분된다.

팀워크는 단순히 모이는 것을 중요시하는 것이 아니라 목표달성 의지를 가지고 성과를 내는 것이다. 팀워크의 유형은 협력·통제·자율의 3가지 기제를 통해 구분되는데, 조직이나 팀의 목적, 추구하는 사업 분야에 따라 서로 다른 유형의 팀워크를 필요로 한다.

04 다음 중 멤버십의 유형에 대한 설명으로 옳지 않은 것은?

① 소외형 : 의존적인 사람으로, 반대의견을 제시하지 않음

② 순응형 : 팀 플레이를 하며, 리더나 조직을 믿고 헌신함

③ 실무형 : 조직의 운영방침에 민감하고, 사건을 균형 잡힌 시각으로 봄

④ 수동형 : 판단 및 사고를 리더에게만 의존하며, 지시가 있어야 행동함

 멤버십의 유형 중 소외형은 자립적인 사람으로, 일부러 반대의견을 제시한다.

Check Point ---- **멤버십 유형**

- **소외형** : 자립적인 사람으로, 일부러 반대의견 제시
- **순응형** : 팀 플레이를 하며, 리더나 조직을 믿고 헌신함
- **실무형** : 조직의 운영방침에 민감하고, 사건을 균형 잡힌 시각으로 봄
- **수동형** : 판단 및 사고를 리더에게만 의존하며, 지시가 있어야 행동함
- **주도형** : 적극적 참여와 실천 측면에서 솔선수범하고 주인의식을 가지고 있음

---

05 다음 중 리더와 관리자의 역할을 비교한 내용으로 옳지 않은 것은?

① 리더는 새로운 상황을 창조하며, 관리자는 상황에 수동적이다.

② 리더는 혁신 지향적이고, 관리자는 유지 지향적이다.

③ 리더는 사람을 중시하고, 관리자는 체제나 기구를 중시한다.

④ 리더는 '어떻게 할까?'를 생각하고, 관리자는 '무엇을 할까?'를 생각한다.

 리더는 새로운 상황의 창조자로서 '무엇을 할까?'를 생각하고, 관리자는 창조된 상황을 만들어 가는 사람으로서 '어떻게 할까?'를 생각하는 것이 옳다.

Check Point ---- 리더와 관리자의 비교 ------------------------------------

리더(Leader)	관리자(Manager)
• 새로운 상황 창조자	• 상황에 수동적
• 혁신지향적	• 유지지향적
• 내일에 초점	• 오늘에 초점
• 사람의 마음에 불을 지핌	• 사람을 관리함
• 사람을 중시	• 체제나 기구를 중시
• 정신적	• 기계적
• 계산된 리스크를 취함	• 리스크를 회피함
• '무엇을 할까?'를 생각함	• '어떻게 할까?'를 생각함

06 다음은 협상과정 중 어느 단계에 해당하는가?

> • 갈등문제의 진행상황과 현재의 상황을 점검함
> • 적극적으로 경청하고 자기주장을 제시함
> • 협상을 위한 협상대상 안건을 결정함

① 협상시작　　　　　　　　　　　② 상호이해

③ 실질이해　　　　　　　　　　　④ 해결대안

 정답 해설 ┃ 협상의 과정은 크게 5단계로 나뉘는데, 해당 내용은 '상호이해'과정에 해당한다.

Check Point ---- 협상과정의 5단계 ------------------------------------

협상 시작	• 협상 당사자들 간 상호 친근감을 쌓는다. • 간접적인 방법으로 협상의사를 전달한다.
상호이해	• 갈등문제의 진행상황과 현재의 상황을 점검한다. • 적극적으로 경청하고 자기주장을 제시한다. • 협상을 위한 협상대상 안건을 결정한다.
실질 이해	• 상대가 실제로 원하는 것을 찾아낸다. • 분할과 통합 기법을 활용하여 이해관계를 분석한다.

해결 대안	• 협상 안건마다 대안들을 평가한다. • 최선의 대안을 선택하고 실행계획을 수립한다. • 개발한 대안들을 평가한다.
합의 문서	• 합의문을 작성한다. • 합의 내용, 용어 등을 재점검한다.

07 마케팅팀 팀장 A씨는 요즘 들어 업무 성과도 저조하고, 매사에 의욕이 없는 B사원에게 동기 부여를 하고자 한다. 다음 중 A팀장이 B사원에게 할 행동으로 옳지 않은 것은?

① 기존과는 다른 새로운 일에 도전할 기회를 준다.

② 긍정적 강화법을 활용하여, 결과에 대해 즉시 보상해준다.

③ 지속적으로 교육을 시킨다.

④ 금전적인 보상을 해준다.

 금전적인 보상과 같은 외적 동기 유발제는 직원들의 사기를 높이고 단기간에 좋은 결과를 가져올 수 있지만, 그 효과가 오래가지는 못한다.

Check Point ... 리더의 동기부여 방법

• 긍정적 강화법 활용
• 창의적인 문제 해결법 찾기
• 코칭하기
• 지속적인 교육

• 새로운 도전의 기회 부여
• 책임감으로 무장
• 변화에 대해 두려워하지 않기

08 다음 중 코칭의 특징으로 옳지 않은 것은?

① 코칭은 관리와 다른 개념이며, 조직의 지속적인 성장과 성공을 만들어내는 리더의 능력이다.

② 코칭 과정에서 리더는 직원을 기업에 기여하는 파트너로 인식하고, 직원은 문제를 스스로 해결하려고 노력하는 적극성이 향상된다.

③ 직원들을 이끌어주고 영향을 미치는 것보다 지도하는 측면에 중점을 둔다.

④ 코칭은 직원들의 능력을 신뢰하며 확신하고 있다는 사실에 기초한다.

 정답 해설 코칭은 직원들의 능력을 신뢰하며 확신하고 있다는 사실에 기초한다. 관리와는 다른 개념이며, 직원들을 지도하는 측면보다는 이끌어주고 영향을 미치는데 중점을 둔다.

Check Point ···· **코칭의 기본원칙**

- 관리는 만병통치약이 아니다.
- 훌륭한 코치는 뛰어는 경청자이다.
- 권한을 위임한다.
- 목표를 정하는 것이 가장 중요하다.

09 리더십의 핵심 개념 중 하나인 권한 위임으로, 조직 구성원들을 신뢰하고 그들의 잠재력을 믿으며, 그 잠재력의 개발을 통해 높은 성과의 조직이 되도록 하는 일련의 행위를 가리키는 말로 옳은 것은?

① 임파워먼트

② 코칭

③ 동기부여

④ 팔로우어십

 정답 해설 임파워먼트는 리더십의 핵심 개념 중 하나인 권한 위임으로, 조직 구성원들을 신뢰하고 그들의 잠재력을 믿으며, 그 잠재력의 개발을 통해 높은 성과의 조직이 되도록 하는 일련의 행위이다.

10 다음 중 갈등을 증폭시키는 원인으로 옳지 않은 것은?

① 적대적 행동

② 원활한 의사소통

③ 입장 고수

④ 감정적 관여

갈등을 증폭시키는 원인에는 적대적 행동, 입장 고수, 감정적 관여 등이 있다. 팀원들이 각자의 입장만 고수하고, 의사소통의 폭을 줄이며, 서로 접촉하는 것을 피할 때 갈등이 증폭된다.

11 갈등의 두 가지 쟁점 중 핵심문제에 해당하지 않는 것은?

① 역할 모호성

② 방법에 대한 불일치

③ 목표에 대한 불일치

④ 통제나 권력 확보를 위한 싸움

 갈등의 두 가지 쟁점 중 통제나 권력 확보를 위한 싸움은 감정적 문제에 해당한다.

Check Point ···· **갈등의 두 가지 쟁점**

• **핵심문제** : 역할모호성, 방법 · 목표 · 절차 · 책임 · 가치 · 사실에 대한 불일치
• **감정적 문제** : 공존할 수 없는 개인적 스타일, 통제나 권력 확보를 위한 싸움, 자존심에 대한 위협, 질투와 분노 등

---

12 다음 중 갈등의 진행 과정으로 옳은 것은?

① 의견 불일치 → 대결 국면 → 격화 국면 → 진정 국면 → 갈등의 해소

② 의견 불일치 → 격화 국면 → 대결 국면 → 진정 국면 → 갈등의 해소

③ 의견 불일치 → 진정 국면 → 대결 국면 → 격화 국면 → 갈등의 해소

④ 대결 국면 → 의견 불일치 → 격화 국면 → 진정 국면 → 갈등의 해소

 갈등의 진행 과정은 의견 불일치 → 대결 국면 → 격화 국면 → 진정 국면 → 갈등의 해소 이므로 정답은 ①번이다.

13 다음에서 설명하는 갈등 해결 방법으로 옳은 것은?

- 자신에 대한 관심은 낮고, 상대방에 대한 관심은 높음
- I Lose-You Win의 방법

① 수용형 ② 회피형
③ 타협형 ④ 통합형

정답해설 제시된 유형은 '수용형'이다. 수용형은 나는 지고 너는 이기는 방법(I Lose-You Win)으로, 자신에 대한 관심은 낮고, 상대방에 대한 관심은 높다.

Check Point --- 갈등의 해결방법
- **회피형(Avoiding)** : 나도 지고 너도 지는 방식으로, 자신과 상대방에 대한 관심이 모두 낮음
- **경쟁형(Competing)** : 나는 이기고 너는 지는 방식으로, 자신에 대한 관심은 높고, 상대방에 대한 관심은 낮음(=지배형)
- **수용형(Accomodating)** : 나는 지고 너는 이기는 방식으로, 자신에 대한 관심은 낮고, 상대방에 대한 관심은 높음
- **타협형(Compromising)** : 서로가 타협적으로 주고받는 방식으로, 자신에 대한 관심과 상대방에 대한 관심이 중간 정도
- **통합형(Integrating)** : 나도 이기고 너도 이기는 방식으로, 자신은 물론 상대방에 대한 관심이 모두 높음(=협력형)

14 다음에서 설명하는 협상전략의 종류로 옳은 것은?

- 양보전략, 순응전략, 화해전략, 굴복전략이다.
- 상대방이 제시하는 것을 일방적으로 수용하여 협상의 가능성을 높이려는 전략이다.
- 전술 : 양보, 순응, 수용, 굴복, 요구사항의 철회 등

① 협력전략 ② 유화전략
③ 회피전략 ④ 강압전략

정답해설 보기는 유화전략(Lose-Win 전략)의 설명이다.

Check Point --- 협상전략의 종류

협력전략	• 문제를 해결하는 합의에 이르기 위해 당사자들 간 서로 협력하는 전략
	• 신뢰와 우호적 인간관계 유지가 매우 중요함
	• Win-Win 전략

유화전략	• 상대방이 제시하는 것을 일방적으로 수용하여 협상의 가능성을 높이려는 전략 • 양보, 순응, 수용, 굴복 전략 • Lose–Win 전략
회피전략	• 협상을 피하거나 잠정적으로 중단 · 철수하는 전략 • 나도 손해보고 상대방도 피해를 입게 되어 모두가 손해를 보게 됨 • 협상의 가치가 매우 낮은 경우, 협상 이외의 방법으로 쟁점 해결이 가능한 경우 등 • Lose–Lose 전략
강압전략	• 상대방보다 우위에 있을 때, 자신의 이익을 극대화하기 위한 공격적 전략 • 인간관계를 중요하게 여기지 않고, 어떻게든 자신의 입장을 관철하고자 함 • Win–Lose 전략

15 다음 중 고객 불만 표현 유형과 그 대응 방안을 잘못 연결한 것은?

① 거만형 – 정중하게 응대한다.

② 의심형 – 분명한 증거나 근거를 제시한다.

③ 트집형 – 이야기를 경청한다.

④ 빨리빨리형 – 맞장구치고 추켜세운다.

 맞장구치고 추켜세우는 것은 트집형의 대응 방안이 된다. 빨리빨리형의 경우 애매한 화법을 사용하지 않도록 하고, 만사를 시원스럽게 처리하는 모습을 보이면 응대하기 쉽다.

16 고객 불만 처리 프로세스는 다음과 같이 8단계로 나눌 수 있다. 다음 중 빈칸에 적합한 단계를 순서대로 바르게 나열한 것은?

① 사과 → 정보파악 → 해결약속 → 신속처리

② 해결약속 → 신속처리 → 정보파악 → 사과

③ 사과 → 해결약속 → 정보파악 → 신속처리

④ 해결약속 → 정보파악 → 신속처리 → 사과

 정답해설 빈 칸에 들어갈 단계가 순서대로 나열된 것은 ③번이다.

Check Point ---- **고객 불만 처리 프로세스 8단계** ----

17 다음의 사례 중 감정은행계좌를 적립하기 위한 주요 예입 수단에 대한 설명으로 가장 적절하지 않은 것은?

① A씨는 프로젝트를 진행함에 있어 상충되는 의견이 발생하는 경우 항상 나보다 상대방의 입장을 먼저 생각하려고 노력한다.

② B씨는 직장생활을 하면서 비록 사소한 것이라도 상대와 약속한 것이 있는 경우, 업무가 바쁜 때라도 꼭 지키려고 노력한다.

③ C씨는 업무의 성과가 미흡한 경우에도 직원들에게 불만과 불평을 말하기보다는 잘한 부분에 대한 칭찬의 말과 감사의 표시를 한다.

④ D씨는 업무상 자신이 실수한 부분이 있는 경우 상대에게 이를 깨끗이 인정하며, 반복하여 사과를 함으로써 마음을 완전히 풀어주려고 노력한다.

 정답해설 감정은행계좌란 인간관계에서 구축하는 신뢰의 정도를 은유적으로 표현한 것이다. 만약 우리가 다른 사람의 입장을 먼저 이해하고 배려하며, 친절하고 정직하게 약속을 지킨다면 우리는 감정을 저축하는 셈이 된다. 진지한 사과의 경우는 감정은행계좌에 신뢰를 예입하는 것이 되나, 반복되는 사과는 불성실한 사과와 마찬가지로 받아들여지므로 신용에 대한 인출이 되어 오히려 대인관계 향상에 부정적인 영향을 미칠 수 있다.

18 한부장은 평소 사원들에게 명령위주의 대화법을 사용하며, 실수를 절대 용납하지 않는 칼 같은 사람이라는 평이 자자하다. 의사결정과 대부분의 중요한 정보를 자신만의 것이라고 생각하는 이러한 유형은 무엇인가?

① 독재자 유형
② 민주주의에 근접한 유형
③ 파트너십 유형
④ 변혁적 유형

정답해설 실수를 용납하지 않으며, 정책의사결정과 대부분의 핵심정보를 그들 스스로에게만 국한하여 소유하고 고수하려는 경향이 있는 이러한 유형은 독재자 유형이다.

Check Point ---- 리더십 유형

- **독재자 유형** : 실수를 용납하지 않으며, 통제 없이 방만한 상태 혹은 가시적인 성과물이 보이지 않을 때 효과가 있다.
- **민주주의에 근접한 유형** : 토론을 장려하고 구성원 모두를 참여하게 하며 혁신적이고 탁월한 부하직원들을 거느리고 있을 때 효과적이다.
- **파트너십 유형** : 집단 구성원이 평등하며 소규모 조직에서 경험과 재능을 소유한 조직원이 있을 때 효과적이다.
- **변혁적 유형** : 자기 확신이 있으며 조직에 획기적인 변화가 요구될 때 효과적이다.

19 홍보팀 박부장은 지난달 판매 실적을 살펴보던 중 홍보 전략 변화의 필요성을 느꼈다. 변화를 위해서는 팀원들의 적극적인 도움이 필요했다. 그래서 변화관리 3단계를 통해 변화관리 계획을 수립하기로 했다. 각 단계별로 박부장이 고려해야 할 사항으로 옳지 않은 것은?

이해하기 ➡ 인식하기 ➡ 수용하기

① 이해하기 : 변화가 왜 필요하며 무엇이 변화를 일으키는가에 대해 이해한다.
② 인식하기 : 개방적인 분위기를 조성한다.

③ 인식하기 : 직원들 스스로가 변화를 직접 주도하고 있다는 마음이 들도록 한다.

④ 수용하기 : 부정적인 행동을 보이거나 반감을 가지는 직원들이 있다면 변화를 중단한다.

 정답해설 수용하기 단계에서 부정적인 행동을 보이거나 반감을 가지는 직원들이 있다면 개별적으로 면담을 하거나 수시로 소통을 하여 긍정적으로 변화를 이끌어 나가는 것이 바람직하다.

Check Point ··· **변화관리 3단계**

• **이해하기** : 변화와 관련한 몇 가지 공통 기반을 마련하고 변화과정에는 어떤 것들이 있는지를 파악한다.
• **인식하기** : 개방적인 분위기를 조성하고 변화의 긍정적인 면을 강조하여 직원들 스스로가 변화를 직접 주도하고 있다는 마음이 들도록 이끈다.
• **수용하기** : 변화가 왜 일어나야 하는지를 직원들에게 상세하게 설명하고, 변화를 위한 직원들의 노력에 아낌없이 지원한다. 무엇보다 수시로 소통하여 직원들의 마음을 세심하게 살피고 긍정적인 방향으로 이끈다.

20 협상의 과정 중 해결대안 단계에서 고려해야 할 사항으로 옳지 않은 것은?

① 협상 안건마다 대안들을 평가한다.

② 상대가 실제로 원하는 것을 찾아낸다.

③ 최선의 대안에 대해서 합의하고 선택한다.

④ 대안 이행을 위한 실행계획을 수립한다.

 정답해설 상대가 실제로 원하는 것을 찾아내는 것은 협상의 과정 중 실질 이해 단계에서 고려해야 할 사항이다.

Check Point ··· **협상과정의 5단계**

협상 시작	• 협상 당사자들 간 상호 친근감을 쌓는다. • 간접적인 방법으로 협상의사를 전달한다.
상호이해	• 갈등문제의 진행상황과 현재의 상황을 점검한다. • 적극적으로 경청하고 자기주장을 제시한다. • 협상을 위한 협상대상 안건을 결정한다.
실질 이해	• 상대가 실제로 원하는 것을 찾아낸다. • 분할과 통합 기법을 활용하여 이해관계를 분석한다.

해결 대안	• 협상 안건마다 대안들을 평가한다. • 최선의 대안을 선택하고 실행계획을 수립한다. • 개발한 대안들을 평가한다.
합의 문서	• 합의문을 작성한다. • 합의 내용, 용어 등을 재점검한다.

21 나도 지고 너도 지는 방법(I Lose-You Lose)으로 자신과 상대방에 대한 관심이 모두 낮은 갈등 해결방법은 무엇인가?

① 회피형(Avoiding)
② 경쟁형(Competing)
③ 수용형(Accomodating)
④ 타협형(Compromising)

 정답해설 나도 손해보고 상대방도 피해를 입게 되어 모두가 손해를 보게 되는 전략인 'I Lose-You Lose' 전략은 회피형(Avoiding)전략이다.

Check Point ── 갈등의 해결방법

• 회피형(Avoiding) : 나도 지고 너도 지는 방식으로, 자신과 상대방에 대한 관심이 모두 낮음
• 경쟁형(Competing) : 나는 이기고 너는 지는 방식으로, 자신에 대한 관심은 높고, 상대방에 대한 관심은 낮음(=지배형)
• 수용형(Accomodating) : 나는 지고 너는 이기는 방식으로, 자신에 대한 관심은 낮고, 상대방에 대한 관심은 높음
• 타협형(Compromising) : 서로가 타협적으로 주고받는 방식으로, 자신에 대한 관심과 상대방에 대한 관심이 중간 정도
• 통합형(Integrating) : 나도 이기고 너도 이기는 방식으로, 자신은 물론 상대방에 대한 관심이 모두 높음(=협력형)

22 팀워크는 팀 구성원들이 공동의 목적을 달성하기 위해 각자가 맡은 역할에 따라 서로 협력적으로 행동하는 것을 말한다. 다음 중 이러한 팀워크를 저해하는 요소로 적절하지 않은 것은?

① 조직에 대한 이해 부족
② '내가'라는 자아의식의 과잉
③ 질투나 시기로 인한 파벌주의
④ 사고방식 차이에 대한 이해

사고방식의 차이를 무시하는 것이 팀워크를 저해하는 요소가 된다. 따라서 ④는 적절한 요소가 아니다. 일반적으로 팀워크를 저해하는 요소에는 ①~③ 외에 자기중심적인 이기주의, 그릇된 우정과 인정 등이 있다.

23 팀의 발전과정을 4단계로 분류할 때, 여기에 해당되는 단계로 적절하지 않은 것은?

① 형성기   ② 안정기

③ 규범기   ④ 성취기

 팀의 발전과정은 형성기, 격동기, 규범기, 성취기의 4단계로 이루어진다(B. Tuckman). 따라서 ②는 적절하지 않다. 격동기(storming)는 단계의 특징은 경쟁과 마찰이다. 팀원들이 과제를 수행하기 위해 체계를 갖추게 되면서 필연적으로 마찰이 일어나며, 리더십과 구조, 권한, 권위에 대한 문제 전반에 걸쳐서 경쟁심과 적대감이 나타나는 단계이다.

24 다음 중 리더십과 멤버십에 대한 설명으로 적절하지 않은 것은?

① 리더십과 멤버십은 서로 같은 역할을 수행한다.

② 리더십과 멤버십의 두 개념은 상호 보완적이며 필수적인 관계이다.

③ 훌륭한 멤버십은 팔로우어십의 역할을 충실하게 잘 수행하는 것을 말한다.

④ 팔로우어십이란 리더를 따르는 것으로, 리더의 결점을 덮어주는 아량이 있어야 한다.

 리더십과 멤버십은 서로 다른 개념이며, 각기 별도의 역할을 수행한다. 그러나 두 개념은 독립적인 관계가 아니라, 상호 보완적이며 필수적인 존재이다. 조직이 성공을 거두려면 양자가 최고의 기량을 발휘해야만 하는데, 리더십을 잘 발휘하는 탁월한 리더와 멤버십을 잘 발휘하는 탁월한 멤버가 둘 다 있어야 한다.

25 우리가 추구하는 멤버십 유형의 일종으로 주도형(모범형)이 있다. 다음 중 주도형에 대한 설명으로 옳지 않은 것은?

① 적극적 역할을 실천하는 사람이다.   ② 스스로 생각하고 비판을 삼간다.

③ 개성이 있고 창조적인 특성을 지닌다.   ④ 솔선수범하며 주인의식을 가지고 참여한다.

주도형(모범형)은 우리가 추구하는 유형으로, 독립적·혁신적 사고 측면에서 스스로 생각하고 건설적 비판을 하는 사람을 말한다. 따라서 비판을 삼가는 유형으로 볼 수는 없다.

 ① 주도형은 조직과 팀의 목적달성을 위해 독립적·혁신적으로 사고하고, 역할을 적극적으로 실천하는 사람이다.

③ 주도형은 자기 나름의 개성이 있고 혁신적이며 창조적인 특성을 가진다.

④ 적극적 참여와 실천 측면에서 솔선수범하고, 주인의식을 가지고 적극적으로 참여하며, 기대이상의 성과를 내려고 노력하는 특성을 가진다.

26 팀을 보다 생산적으로 만들기 위해서는 많은 노력이 필요하며, 특히 팀워크를 촉진시키는 것은 매우 중요하다. 다음 중 이와 관련된 설명으로 가장 옳지 않은 것은?

① 동료의 부정적 피드백은 팀원들이 개선 노력이나 탁월한 성과를 내고자 하는 노력을 게을리 하게 만든다.

② 팀원 간의 갈등을 발견하는 경우 제삼자로서 신속히 개입하여 중재하는 것이 필요하다.

③ 아이디어에 대해 아무런 제약을 가하지 않는 환경을 조성할 때 협력적인 풍토를 조성할 수 있다.

④ 훌륭한 의사결정을 위해서는 결정의 질을 고려해야 하며, 구성원의 동참이 필요하다.

 팀 목표를 달성하도록 팀원을 고무시키는 환경 조성을 위해서는 동료의 피드백이 필요한데, 긍정적 피드백이든 부정적 피드백이든, 피드백이 없다면 팀원들은 개선을 이루거나 탁월한 성과를 내고자 하는 노력을 게을리 하게 된다. 따라서 ①은 부정적 피드백이 아닌 피드백이 존재하지 않는 경우에 대한 설명이다.

27 일반적인 리더십 유형에 대한 설명 중 옳지 않은 것은?

① 민주주의에 근접한 유형의 리더는 구성원 모두를 목표방향 설정에 참여하게 한다.

② 파트너십 유형은 집단이 방만한 상태에 있거나 가시적인 성과물이 보이지 않을 때 효과적이다.

③ 독재자 유형은 정책의사결정과 핵심정보를 그들 스스로가 소유하려는 경향이 강하다.

④ 변혁적 유형의 리더는 조직이나 팀원들에게 변화를 가져오는 원동력이 된다.

 집단이 통제가 없이 방만한 상태에 있거나 가시적인 성과물이 보이지 않을 때 사용하는 것이 효과적인 유형은 독재자 유형이다. 이러한 경우 독재자 유형의 리더는 팀원에게 업무를 공정히 나누어주고, 그들 스스로가 결과에 대한 책임을 져야 한다는 것을 일깨울 수 있다.

28 코칭에 대한 다음 설명 중 적절하지 않은 것은?

① 코칭 모임을 준비할 경우 다룰 내용과 소요 시간을 구체적으로 밝혀야 한다.

② 코칭은 적극적으로 경청하고 직원 스스로 해결책을 찾도록 유도하는 과정이 필요하다.

③ 오늘날의 코칭은 리더나 관리자가 직원들을 코치하는 관점이 강조되고 있다.

④ 코칭은 직장 내 직원들의 사기를 진작하고 신뢰감을 형성하는데 필요한 수단이다.

 정답해설 전통적으로 코칭은 리더나 관리자가 직원들을 코치하는 관점에서 활용되었으나, 오늘날에는 상황이 바뀌어 판매자와 고객 등의 사람들에게 성공적인 커뮤니케이션 수단으로 활용되고 있다. 판매자에게는 새롭고 효과적인 해결책을 설계·진행·실현하는데 활용되고 있으며, 고객은 고객만족 문제를 해결하고 장기적 수익을 실현하는데 활용된다. 그밖에 직장 외의 사람들과 상황에서도 활용되고 있다.

29 임파워먼트에 관한 다음 설명 중 옳지 않은 것은?

① 임파워먼트 여건들은 사람들을 성장하게 하고 잠재력과 창의성을 최대한 발휘하게 한다.

② 높은 성과를 내는 임파워먼트 환경은 학습과 성장의 기회가 보장되어야 한다.

③ 고성과 임파워먼트 환경은 높은 성과와 지속적인 개선을 가져오는 요인들에 대한 통제가 이루어지는 환경이다.

④ 임파워먼트 환경은 사람들이 현상을 유지하고 순응하게 만드는 경향이 있다.

 정답해설 임파워먼트 환경에서는 사람들의 에너지와 창의성, 동기 및 잠재능력이 최대한 발휘되는 경향이 있으나, 반 임파워먼트 환경은 사람들이 현상을 유지하고 순응하게 만드는 경향이 있다.

30 변화에 대처하기 위한 관리전략에 대한 설명 중 옳지 않은 것은?

① 끊임없이 변하는 비즈니스의 특징에 따라 변화관리는 리더의 중요한 자질이 된다.

② 변화기술의 연마를 위해 리더는 열린 커뮤니케이션, 역지사지의 자세, 긍정적 자세 등에 관심을 기울여야 한다.

③ 변화에 뒤처지지 않기 위한 끊임없는 업무 재편은 바람직한 전략에 해당되지 않는다.

④ 효과적 변화관리 단계는 변화 이해, 변화 인식, 변화 수용의 3단계로 설명할 수 있다.

변화에 뒤처지지 않기 위해 변화에 따라 끊임없이 조직을 혁신하고 업무를 재편하는 것이 효과적인 대처 전략이 된다.

 ① 끊임없이 변하고 유동적인 비즈니스의 특징에 따라 변화관리는 리더에게 있어서 매우 중요한 자질로 부각되었다.
② 변화를 관리하는 기술을 연마하는 데는 여러 가지 방법이 있는데, 리더는 열린 커뮤니케이션, 역지사지의 자세, 신뢰감 형성, 긍정적인 자세, 직원의 의견을 받아들이고 그들에게 창조적으로 권한을 위임하는 방법 등에 특히 관심을 기울여야 한다.
④ 효과적인 변화관리 3단계는 변화 이해하기, 변화 인식하기, 변화 수용하기의 3단계로 설명할 수 있다.

31 다음 중 조직원들과 갈등해결방법을 함께 모색함에 있어 명심하여야 할 내용으로 옳지 않은 것은?

① 사람들이 당황하는 모습을 자세하게 살핀다.

② 사람들과 눈을 자주 마주치지 않는다.

③ 어려운 문제는 피하지 않고 맞선다.

④ 논쟁하지 않도록 노력한다.

 사람들과 눈을 자주 마주치는 것이 갈등해결방법을 모색함에 있어 명심할 내용이다.

 ① 다른 사람들의 입장을 이해하고 사람들이 당황하는 모습을 자세하게 살펴야 한다.
③ 갈등해결방법을 모색하는데 있어서 어려운 문제에 직면한 경우 회피하지 말고 적극적으로 맞서는 것이 필요하다.
④ 갈등을 성공적으로 해결하기 위해서는 논쟁하고 싶은 유혹을 이겨내야 한다.

32 다음 중 갈등의 '윈-윈(Win-Win) 관리법'에 대한 설명으로 적절하지 않은 것은?

① 발생한 갈등을 피하거나 타협으로 예방하는 방법이다.

② 문제의 본질적인 해결책을 얻는 방법이다.

③ 성공적인 업무관계를 유지하는데 매우 효과적이다.

④ 자신의 관심사를 직시하고 상대의 관심사를 경청할 용의가 있어야 한다.

 사람들은 대부분 일상에서 벌어지는 갈등을 피하거나 타협으로 예방하려고 하는데, 이러한 접근법은 상당히 효과적이긴 하나 문제를 근본적으로 해결하는 것이 가장 좋은 방법이라 할 수 있다. 이렇게 문제의 근본적인 해결책을 얻기 위해 도출된 방법이 바로 윈-윈 관리법이다.

33 협상과정을 협상시작, 상호이해, 실질이해, 해결대안, 합의문서의 5단계로 구분한다고 할 때, 다음 중 각 단계에서 해야 할 일을 잘못 연결한 것은?

① 협상시작 – 협상당사자들 간의 친근감 형성, 협상의사 전달
② 상호이해 – 현재 상황의 점검, 자기주장의 제시, 협상대상 안건 결정
③ 실질이해 – 안건마다 대안을 평가, 대안 이행을 위한 실행계획 수립
④ 합의문서 – 합의내용 재점검, 합의문 서명

 대안들을 평가하고 최선의 대안에 대해서 합의·선택하며, 대안 이행을 위한 실행계획을 수립하는 단계는 해결대안 의 단계이다.

34 다음 중 고객중심 기업의 특성에 해당하는 것은?

① 내부고객이 아닌 외부고객만을 중시한다.
② 고객이 정보나 제품 등에 쉽게 접근할 수 없도록 한다.
③ 전반적 관리시스템이 고객서비스 업무를 지원한다.
④ 기업이 실행한 서비스에 대해서는 1회만 평가한다.

 고객중심 기업은 기업의 전반적 관리시스템이 고객서비스 업무를 지원한다. 여기서의 고객서비스란 다양한 고객의 요구를 파악하고 대응법을 마련하여 고객에게 양질의 서비스를 제공하는 것을 말한다.

 ① 고객중심 기업은 내부고객과 외부고객 모두를 중요시한다.
② 고객중심 기업은 고객만족에 중점을 두며, 고객이 정보·제품·서비스 등에 쉽게 접근할 수 있도록 한다.
④ 고객중심 기업은 기업이 실행한 서비스에 대해 계속적인 재평가를 실시함으로써 고객에게 양질의 서비스를 제공 할 수 있도록 서비스 자체를 끊임없이 변화시키고 업그레이드 한다.

35 고객만족 조사 계획과 관련된 설명으로 옳은 것은?

① 조사 분야와 범위는 광범위하게 설정해야 한다.
② 조사가 전체적 경향 파악의 목적으로 이루어지는 경우 불만해소, 니즈 파악 등이 중요하다.
③ 조사방법으로 설문조사가 시행되는 경우 조사결과의 통계적 처리가 곤란하다.
④ 조사 횟수는 연속조사가 바람직하다.

정답해설 보통 1회 조사로 고객만족 조사를 하는 경우가 많지만, 1회 조사는 조사방법이나 질문내용이 부적절하기 정확한 조사결과를 얻기 어렵기 때문에 실패하기 쉽다. 따라서 보통 조사는 연속조사가 바람직하다.

36 다음 제시문에서 설명하는 팀워크를 개발하기 위한 3요소 중 옳은 것은?

> 이것은 팀워크를 개발하기 위해서 가장 중요한 요소이다. 이것을 통해 조직의 업무 속도는 올라가고 비용은 내려가며, 반대의 경우 조직의 업무 속도는 느려지고 비용은 올라간다.
>
> 이것은 인간관계 속에서 이해되며, 말로만 이루어지는 것이 아니라 진정성을 가진 행동에서 나온다. 이것을 통해 상대방은 여러분을 본인의 문제해결자로 볼 것이다. 여러분이 팀원으로부터 문제해결자로 인정받았다면, 여러분은 매사를 긍정적으로 변화시켜 나갈 수 있다. 즉, 팀원들은 여러분이 주장하는 의견을 기꺼이 동의하게 될 것이다.

① 신뢰 쌓기   ② 참여하기

③ 협상하기   ④ 성과내기

 정답해설 팀워크를 개발하기 위해서 가장 중요한 것은 팀원 간의 신뢰를 쌓아가는 것이다. 신뢰가 쌓이면 조직의 업무 속도는 올라가고 비용은 내려간다. 반대로 신뢰가 쌓이지 않으면, 조직의 업무 속도는 느려지고 비용은 올라간다.

37 리더십의 4가지 유형 중 다음에 제시된 사례에 해당하는 유형이 지닌 특징으로 적합한 것은?

> 팀장은 회의 때 회의 자료를 준비하여 부하직원들에게 나누어주고, 그들의 의견을 구하고 경우에 따라 새로운 제안을 받기도 한다. 팀장은 부하직원들의 의견을 수렴하여 팀원들의 참여 속에서 의사결정을 한다.

① 질문 금지, 실수를 용납하지 않음   ② 참여, 토론의 장려, 거부권

③ 평등, 집단의 비전, 책임 공유   ④ 자기 확신, 풍부한 칭찬, 감화

 정답해설 민주주의에 근접한 유형의 리더십에서의 리더는 그룹에 정보를 잘 전달하려고 노력하고, 전체 그룹의 구성원 모두를 목표방향 설정에 참여하게 함으로써 구성원들에게 확신을 심어주려고 노력한다. 이러한 유형이 지닌 리더십의 특징은 참여, 토론의 장려, 거부권 등이 있다.

① 질문 금지, 실수를 용납하지 않음, 핵심 정보의 독점 등은 모두 독재자 유형의 리더십의 특징이다. 독재자 유형은 정책의사결정과 대부분의 핵심정보를 그들 스스로에게만 국한하여 소유하고 고수하려는 경향이 있다.

③ 평등, 집단의 비전, 책임 공유는 파트너십 유형의 특징에 해당한다. 파트너십 유형에서는 리더는 조직구성원들 중 한 명일뿐이며, 집단의 모든 구성원들은 의사결정 및 팀의 방향을 설정하는데 참여하고 집단의 행동에 따른 결과 및 성과에 대해 책임을 공유한다.

④ 카리스마와 자기 확신, 존경심과 충성심, 풍부한 칭찬, 감화 등은 모두 변혁적 유형의 리더십에서 나타나는 특징이다.

38 다음에서 설명하는 갈등의 과정(단계)으로 가장 적절한 것은?

> 이 국면에서는 이제 단순한 해결방안은 없고 제기된 문제들에 대하여 새로운 다른 해결점을 찾아야 한다. 감정이 개입되어 상대방의 주장에 대한 문제점을 찾기 시작하고, 자신의 입장에 대해서는 그럴듯한 변명으로 옹호하면서 양보를 완강히 거부하는 상태에까지 이르게 된다.

① 대결 국면   ② 격화 국면
③ 진정 국면   ④ 갈등 해소

제시된 설명은 갈등의 과정(단계) 중 '대결 국면'에 해당한다. 의견 불일치가 해소되지 않으면 대결 국면으로 빠져들게 되는데, 이 국면은 상대방의 입장은 부정하고 자기주장만 하려고 하며, 서로의 입장을 고수하려는 강도가 높아지면서 서로간의 긴장은 더욱 높아지고 감정적인 대응이 더욱 격화되어 가는 단계이다.

CHAPTER 07

정보능력

- 정보능력은 모든 직장인에게 공통적으로 요구하는 직업기초 능력으로, NCS 10과목 중에서 많이 채택되는 영역이다.
- 정보능력은 기본적인 컴퓨터를 이용하여 필요한 정보를 수집, 분석, 활용하는 중요한 영역이다.

대표유형문제

A는 컴퓨터 관련 기술능력이 뛰어나다고 평가를 받고 있다. 최근 A는 다른 팀으로부터 신입사원이 들어올 예정이라 컴퓨터를 새로 설치했는데, 프린터 연결은 어떻게 해야 할지를 몰라 설정을 제대로 하지 못했다며 도와달라는 부탁을 받았다. A가 윈도우 운영체제에서 프린터를 연결할 때, 다음 중 옳지 않은 것은?

① 프린터를 네트워크로 공유하는 경우, 여러 사람의 PC에서 그 프린터를 사용할 수 있다.

② 네트워크 프린터를 설치하는 경우, 다른 PC에 연결된 프린터를 내 것처럼 사용할 수 있다.

③ [프린터 설치]에서 로컬 프린터와 네트워크 프린터로 구분하여 설치할 수 있다.

❹ 두 대 이상의 프린터를 기본 프린터로 지정할 수 있으며, 기본 프린터는 삭제할 수 없다.

정답해설 기본 프린터는 한 대만 지정할 수 있으며, 기본 프린터로 설정된 프린터도 삭제 가능하다. 따라서 ④는 옳지 않다. 나머지는 모두 옳은 내용이다.

기초응용문제

01 다음 중 Windows 7의 기능에 대한 설명으로 옳지 않은 것은?

① 하나의 컴퓨터를 사용하는 여러 사용자가 사용자마다 사용 환경을 다르게 설정할 수 있다.

② Windows Media Player를 이용하여 간단하게 동영상을 편집할 수 있다.

③ 소규모 네트워크를 구축할 수 있다.

④ 파일 시스템으로 FAT32와 NTFS 등을 지원한다.

 간단하게 동영상을 편집할 수 있는 프로그램은 Windows Movie Maker이다. Windows Media Player 는 재생 기능만 가지고 있다.

02 다음 중 Windows 7에서 휴지통에 관한 설명으로 옳지 않은 것은?

① 작업 도중 삭제된 자료들이 임시로 보관되는 장소로 필요한 경우 복원이 가능하다.

② 각 드라이브마다 휴지통의 크기를 다르게 설정하는 것이 가능하다.

③ 원하는 경우 휴지통에 보관된 폴더나 파일을 직접 실행할 수도 있고 복원할 수도 있다.

④ 지정된 휴지통의 용량을 초과하면 가장 오래 전에 삭제되어 보관된 파일부터 지워진다.

 휴지통에 보관된 파일은 직접 실행할 수 없다. 실행을 원할 경우 파일을 복원한 뒤 실행해야 한다.

03 다음 중 멀티미디어의 특징에 대한 설명으로 옳지 않은 것은?

① 멀티미디어(Multimedia)는 다중 매체의 의미를 가지며 다양한 매체를 통해 정보를 전달한다는 의미이다.

② 멀티미디어 데이터는 정보량이 크기 때문에 일반적으로 압축하여 저장한다.

③ 대용량의 멀티미디어 데이터를 저장하기 위해 CD-ROM, DVD, 블루레이 디스크 등의 저장 장치가 발전하였다.

④ 멀티미디어 동영상 정보는 용량이 크고 통합 처리하기 어려워 사운드와 영상이 분리되어 전송된다.

정답 **01.** ② **02.** ③ **03.** ④

멀티미디어는 사운드 영상이 분리되지 않고 통합해 전송된다.

Check Point ···· **멀티미디어의 특징**

- 멀티미디어는 통합성을 가지기 때문에 사운드 영상이 분리되지 않고 통합해 전송된다.
- 디지털화(Digitalization), 쌍방향성(Interactive), 비선형성(Non-Linear), 정보의 통합성(Integration), 정보의 대용량성
- 데이터의 저장용량과 전송 속도를 높이기 위해 데이터를 압축하고 복원하는 다양한 기술이 개발되고 있다.

---

04 사이버공간에서 지켜야 할 예절(네티켓)로 옳지 않은 것은?

① 전자우편을 사용할 때는 가능한 한 짧게 요점만 작성한다.

② 온라인 대화를 할 때, 상대는 전혀 모르는 사람이므로 개인정보의 누설을 피하고 홍보나 광고의 목적으로만 이용한다.

③ 게시판을 사용할 때는 게시판의 주제와 관련이 있는 내용인지 확인하고 올린다.

④ 공개 자료실을 사용할 때는 프로그램을 올리기 전에 바이러스 감염 여부를 점검한다.

 온라인 대화(채팅)를 할 때에는 상대방을 홍보나 광고의 목적으로 이용하지 않아야 한다.

Check Point ···· **인터넷 예절**

- **전자우편(E-mail)네티켓** : 메시지는 가능한 짧게 요점만 작성하기, 메일을 보내기 전에 주소가 올바른지 다시 한 번 확인하기, 제목은 메시지 내용을 함축해 간략하게 쓰기.
- **온라인 대화(채팅)네티켓** : 마주 보고 이야기하는 마음가짐으로 임하기, 광고나 홍보를 목적으로 악용하지 않기, 유언비어와 욕설은 삼가기.
- **게시판 네티켓** : 글의 내용은 간결하게 작성하기, 제목에는 글의 내용을 파악할 수 있는 함축된 단어를 쓰기, 게시판에 이미 같은 내용의 글은 없는지 확인하기.
- **공개자료실 네티켓** : 음란물 올리지 않기, 상업용 소프트웨어 올리지 않기, 프로그램을 올리기 전에 바이러스 감염 여부 점검하기.
- **인터넷 게임 네티켓** : 상대방에게 경어 사용하기, 인터넷 게임에 너무 집착하지 않기, 게임 도중 일방적으로 퇴장하지 않기.

05 다음 중 웹 사이트 접속 시 매번 아이디와 비밀번호를 입력하지 않고도 자동 로그인 할 수 있도록 지원하는 것은?

① 쿠키(Cookie)　　　　　　　　　　② 캐싱(Caching)

③ 플러그 인(Plug-In)　　　　　　　④ 와이브로(Wibro)

 정답 해설 웹 사이트 접속 시 매번 아이디와 비밀번호를 입력하지 않고도 자동 로그인 할 수 있도록 지원하는 것은 쿠키(Cookie)이다.

Check Point ┄┄ **쿠키**

• 특정 홈페이지를 접속할 때 생성되는 정보를 담은 임시 파일로 크기는 4KB 이하로 작다.

• 특정 사이트를 처음 방문하면 아이디와 비밀번호를 기록한 쿠키가 만들어지고 다음에 접속했을 때 별도의 절차 없이 사이트에 빠르게 연결할 수 있다.

06 다음 중 아래에서 응용 소프트웨어만 선택하여 나열한 것은?

㉠ 윈도우	㉡ 포토샵
㉢ 리눅스	㉣ 한컴오피스
㉤ 유닉스	

① ㉠, ㉡　　　　　　　　　　　② ㉡, ㉣

③ ㉠, ㉢, ㉤　　　　　　　　　④ ㉡, ㉣, ㉤

 정답 해설 보기에서 윈도우, 리눅스, 유닉스는 시스템 소프트웨어에 해당하고, 포토샵과 한컴오피스는 응용 소프트웨어에 해당한다.

Check Point

• 시스템 소프트웨어

　- 컴퓨터 시스템을 효율적으로 운영해주는 기능을 갖춘 프로그램의 집단으로 흔히 운영체제(OS)라고 불린다.

　- 윈도우, 리눅스, 유닉스, 안드로이드, IOS 등

• 응용 소프트웨어

　- 컴퓨터 시스템을 어느 응용 분야에 사용하기 위하여 특별히 제작된 소프트웨어이다.

　- 포토샵, 한컴오피스, 엑셀, 파워포인트, 알집 등

07 소프트웨어에 대한 설명으로 옳지 않은 것은?

① 워드프로세서 : 여러 가지 형태의 문서를 작성, 편집, 저장, 인쇄할 수 있는 프로그램

② 유틸리티 프로그램 : 새로운 그림을 그리거나 그림 또는 사진 파일을 불러와 편집하는 프로그램

③ 프레젠테이션 : 보고, 회의, 상담, 교육 등에서 정보를 전달하는데 주로 활용되는 프로그램

④ 데이터베이스 : 대량의 자료를 관리하고 구조화하여 검색이나 자료 관리 작업을 효과적으로 실행하는 프로그램

 소프트웨어란 컴퓨터를 이용하여 문제를 처리하는 프로그램 집단을 말한다.
- **유틸리티 프로그램** : 사용자가 컴퓨터를 사용하면서 처리하게 되는 작업을 편리하게 할 수 있도록 도와주는 소프트웨어
- **그래픽 소프트웨어** : 새로운 그림을 그리거나 그림 또는 사진 파일을 불러와 편집하는 프로그램

08 스프레드시트에 대한 설명으로 옳은 것은?

① 스프레드시트의 대표 프로그램으로는 Microsoft Office Access 등이 있다.

② 스프레드시트의 구성단위로는 셀, 열, 행, 영역이 있다.

③ 스프레드시트의 주요기능으로는 입력기능, 표시기능, 저장기능, 편집기능, 인쇄기능 등이 있다.

④ 스프레드시트란 대량의 자료를 관리하고 구조화하여 검색이나 자료 관리 작업을 효과적으로 실행하는 프로그램을 말한다.

 스프레드시트란 문서 작성 및 편집 기능 외에 수치나 공식을 입력해 그 값을 계산하고 계산 결과를 차트로 표시할 수 있는 전자계산표 또는 표계산 프로그램으로 구성단위로는 셀, 열, 행, 영역이 있다.

 ① 스프레드시트의 대표 프로그램으로는 Microsoft Office Excel 등이 있다. Microsoft Office Access 는 데이터베이스의 대표 프로그램이다.
③ 워드프로세서의 주요기능이다. 스프레드시트는 계산프로그램이다.
④ 데이터베이스에 대한 설명이다.

09 데이터베이스의 필요성으로 옳지 않은 것은?

① 데이터의 중복을 막을 수 있다.

② 데이터의 무결성을 높일 수 있다.

③ 데이터의 개발 기간을 늘려 정확성을 높일 수 있다.

④ 검색을 쉽게 할 수 있다.

 정답 해설 데이터베이스는 대량의 자료를 구조화하여 검색이나 자료 관리 작업을 효과적으로 실행하는 프로그램을 말한다.

Check Point --- **데이터베이스의 필요성**

- 데이터의 중복을 줄인다.
- 데이터의 무결성을 높인다.
- 검색을 쉽게 해준다.
- 데이터의 안정성을 높인다.
- 개발기간을 단축한다.

10 다음 중 Windows 7의 제어판에서 사용자 컴퓨터에 설치된 하드웨어 장치를 확인할 수 있는 항목은?

① 장치 관리자

② 사용자 프로필

③ 하드웨어 프로필

④ 컴퓨터 작업그룹

 정답 해설 Windows7의 제어판에서 사용자 컴퓨터에 설치된 하드웨어 장치를 확인할 수 있는 항목은 장치관리자이다.

Check Point --- **장치관리자**

- 현 시스템에 설치된 하드웨어의 종류 및 작동여부를 확인할 수 있다.
- 각 하드웨어의 드라이브 업데이트 및 드라이버 설치를 할 수 있다.
- 노란색 물음표가 표시된 장치는 드라이버가 아직 설치되지 않은 장치이다.

11 다음 중 아래 워크시트에서 [A1:C5] 영역에 [A8:C10] 영역을 조건 범위로 설정하여 고급필터를 실행할 경우 필드명을 제외한 결과 행의 개수는?

	A	B	C
1	**성명**	**거주지**	**마일리지**
2	전재형	서울	2100
3	정종섭	경기	2300
4	천재원	경기	1600
5	이충현	충북	3000
6			
7			
8	**성명**	**거주지**	**마일리지**
9	이*		
10		경기	>2000

① 1개　　　　　　　　　　　② 2개

③ 3개　　　　　　　　　　　④ 4개

정답해설 성명이 이 씨 이거나 거주지가 경기이면서 마일리지가 2000초과인 조건에 맞는 행은 5행, 3행이다. 따라서 정답은 ②번이다.

Check Point ···· **고급필터** ··

- 고급필터 조건표에서 조건을 같은 행에 작성하면 그리고 조건, 다른 행에 작성하면 또는 조건이 된다.

12 다음 중 메모에 대한 설명으로 옳지 않은 것은?

① 통합 문서에 포함된 메모를 시트에 표시된 대로 인쇄하거나 시트 끝에 인쇄할 수 있다.

② 메모에는 어떠한 문자나 숫자, 특수 문자도 입력 가능하며, 텍스트 서식도 지정할 수 있다.

③ 시트에 삽입된 모든 메모를 표시하려면 [검토] 탭의 [메모] 그룹에서 '메모 모두 표시'를 선택한다.

④ 셀에 입력된 데이터를 〈Delete〉키로 삭제한 경우 메모도 함께 삭제된다.

셀에 입력된 데이터를 삭제하더라도 메모는 삭제되지 않는다.

Check Point ···· 메모

• 셀에 입력된 데이터를 삭제해도 메모는 삭제되지 않는다.
• 메모를 기록할 때의 단축키는 Shift + F2 이다.
• 메모가 삽입된 셀에는 오른쪽 상단에 빨간색 삼각형 점이 표시된다.
• 피벗 테이블 보고서에 메모를 삽입할 경우 메모 삽입위치의 레이아웃(행, 열, 보고서 필터, 값)이 변경되어도 메모의 위치는 변하지 않는다. 즉 메모는 셀 주소를 기준으로 위치한다.

PART1 직무능력검사

13 다음 중 엑셀의 화면 제어에 관한 설명으로 옳지 않은 것은?

① 두 개 이상의 파일을 함께 보려면 [창] – [정렬] 메뉴를 이용한다.

② 확대/축소 배율은 지정한 시트에만 적용된다.

③ [도구]–[옵션]의 [일반] 탭에서 'IntelliMouse로 화면 확대/축소' 옵션을 체크하면 〈Ctrl〉을 누르지 않은 상태에서 마우스의 스크롤 버튼만으로 화면의 축소 및 확대가 가능하다.

④ 틀 고정에 의해 분할된 왼쪽 또는 위쪽 부분은 인쇄 시 반복할 행과 반복할 열로 자동 설정된다.

 틀 고정에 의해 분할된 부분은 인쇄에 적용 되지 않는다.
• [페이지 레이아웃] – [페이지 설정] – [인쇄 제목]에서 반복 인쇄 행/열을 설정 할 수 있다.

14 다음 중 엑셀의 데이터 가져오기에 대한 설명으로 옳지 않은 것은?

① Query를 사용하여 관계형 데이터베이스, 텍스트 파일의 데이터를 엑셀에서 읽어 들이려면 ODBC 드라이버가 필요하다.

② 여러 테이블을 조인하는 경우 데이터 연결 마법사를 이용한다.

③ 외부 데이터를 엑셀로 가져오려면 해당 데이터를 액세스할 수 있어야 한다.

④ OLAP 데이터 원본을 읽어 들이려면 데이터 원본 드라이버가 필요하다.

 데이터 연결 마법사를 이용하여 외부 데이터를 가져올 때 조인된 테이블을 가져올 수 없다.

정답 **11.** ② | **12.** ④ **13.** ④ | **14.** ②

15 다음 중 한글 Windows XP의 [시작 메뉴]에 관한 설명으로 옳지 않은 것은?

① 시작 메뉴를 표시하기 위한 바로가기 키는 〈Alt〉+〈Esc〉이다.

② 시작 메뉴에 있는 자주 사용하는 프로그램의 바로가기 목록을 삭제하여도 실제 프로그램은 삭제되지 않는다.

③ 응용 프로그램의 아이콘을 [시작] 단추 위로 드래그 앤 드롭하면 시작 메뉴의 고정된 항목 목록에 해당 프로그램을 추가할 수 있다.

④ [작업 표시줄 및 시작 메뉴 속성] 창에서 이전 버전의 Windows 시작 메뉴로 변경할 수 있다.

· 〈Alt〉+〈Esc〉 : 실행중인 프로그램을 순서대로 전환
· 〈Ctrl〉+〈Esc〉 : [시작]메뉴 표시

16 다음과 같은 워크시트에서 〈프로시저1〉을 실행시켰을 때 나타나는 결과로 옳은 것은?

	A	B	C
1	1		
2		3	
3	2		
4			

```
〈프로시저1〉
Private Sub Worksheet_Activate( )
    Range("B2").CurrentRegion.Select
End Sub
```

① [B2]셀이 선택된다. ② [A1:B3]셀이 선택된다.

③ [A1:B2]셀이 선택된다. ④ [A1:C3]셀이 선택된다.

B2셀의 인접 셀 중에서 값이 입력된 셀을 선택한다. [A1:B3]
· CurrentRegion : 현재 셀의 인접한 값이 입력된 셀
· Select : 선택

17 다음 시트의 데이터를 이용하여 =HLOOKUP("1분기실적",A2:C7, 3) 수식의 결과 값으로 옳은 것은?

	A	B	C
1			(단위:천만원)
2	지점	1분기실적	2분기실적
3	서울	241	985
4	부산	1,177	845
5	인천	241	325
6	대구	278	710
7	광주	405	458

① 241
② 1,177
③ 985
④ 845

 정답 해설 HLOOKUP(찾는값,찾을범위,행번호)
[A2:C7] 범위에서 "1분기실적"을 찾아 해당 열의 3번째 행을 검색한다.

18 다음 중 [외부 데이터 가져오기] 기능으로 가져올 수 없는 파일 형식은?

① 데이터베이스 파일(*.accdb)
② 한글파일(*.hwp)
③ 텍스트 파일(*.txt)
④ 쿼리 파일(*.dqy)

 정답 해설 엑셀에서 한글파일(*.hwp)은 [외부 데이터 가져오기] 기능으로 가져올 수 없다.

Check Point ─ **외부 데이터 가져오기**

• 외부 데이터 가져오기를 사용하여 가져온 데이터는 원본 데이터가 변경될 경우 가져온 데이터에도 반영되도록 설정할 수 있다.
• 엑셀에서 가져올 수 있는 외부데이터에는 데이터베이스 파일(Access, dBASE, Foxpro, Oracle, Paradox, SQL), 쿼리(*.dqy), OLAP 큐브파일(*.oqy)이 있다.

19 다음 중 셀 참조에 관한 설명으로 옳은 것은?

① 수식 작성 중 마우스로 셀을 클릭하면 기본적으로 해당 셀이 절대참조로 처리된다.

② 수식에 셀 참조를 입력한 후 셀 참조의 이름을 정의한 경우에는 참조 에러가 발생하므로 기존 셀 참조를 정의된 이름으로 수정한다.

③ 셀 참조 앞에 워크시트 이름과 마침표(.)를 차례로 넣어서 다른 워크시트에 있는 셀을 참조할 수 있다.

④ 셀을 복사하여 붙여 넣은 다음 [붙여넣기 옵션]의 [셀 연결] 명령을 사용하여 셀 참조를 만들 수 도 있다.

 셀 참조에 관한 설명으로 옳은 것은 ④번이다.

 ①수식 작성 중 마우스로 셀을 클릭하면 기본적으로 해당 셀이 상대 참조로 처리된다.
②수식에 셀 참조를 입력한 후 셀 참조의 이름을 정의하더라도 오류가 발생하지 않는다. 셀 이름을 지정한 경우 셀 주소와 지정한 이름 모두 사용가능하다.
③셀 참조 앞에 워크시트 이름과 마침(!)를 차례대로 넣어서 다른 워크시트에 있는 셀을 참조할 수 있다.

20 다음 중 아래의 워크시트에서 [A1:B2] 영역을 선택한 후 채우기 핸들을 이용하여 [B4]셀까지 드래 그 했을 때 [A4:B4] 영역의 값으로 옳은 것은?

	A	B
1	일	1
2	월	2
3		
4		

① 월, 4   ② 수, 4

③ 월, 2   ④ 수, 2

 두 열에 입력된 값을 행 방향으로 자동 채우기 하면 아래와 같이 자동 채우기 된다.

	A	B
1	일	1
2	월	2
3	화	3
4	수	4
5		

21 다음 중 매크로 이름으로 지정할 수 없는 것은?

① 매크로_1

② Macro_2

③ 3_Macro

④ 평균구하기

정답해설 매크로 이름 지정 시 첫 글자는 반드시 문자로 지정해야 하는데 '3_Macro'는 첫 글자가 숫자로 시작하기 때문에 매크로 이름으로 지정할 수 없다.

Check Point --- **매크로 이름 지정 시 주의사항**

• Macro1, Macro2 등과 같이 자동으로 부여되는 이름을 지우고 사용자가 임의로 지정할 수 있다.

• 서로 다른 매크로에 동일한 이름을 부여할 수 없다.

• 이름 지정 시 첫 글자는 반드시 문자로 지정해야 하고 두 번째부터 문자, 숫자, 밑줄 문자 등의 사용이 가능하다.

• / ? ' . ※ 등과 같은 문자와 공백은 매크로 이름으로 사용할 수 없다.

22 다음 중 아래의 수식을 [A7] 셀에 입력한 경우 표시되는 결과 값으로 옳은 것은?

=IFERROR(VLOOKUP(A6,$A$1:$B$4,2),"입력오류")

	A	B
1	0	미흡
2	10	분발
3	20	적정
4	30	우수
5		
6	−5	
7		

① 미흡

② 분발

③ 입력오류

④ #N/A

23 다음 중 아래의 〈데이터〉와 〈고급필터 조건〉을 이용하여 고급 필터를 실행한 결과로 옳은 것은?

데이터

	A	B	C
1	성명	부서명	성적
2	손민석	총무	70
3	김경손	영업	78
4	최호손	마케팅	90
5	김종민	영업	78

고급필터 조건

성명	부서명	성적
??손		
	영업	>80

①

성명	부서명	성적
김경손	영업	78

②

성명	부서명	성적
김경손	영업	78
최호손	마케팅	90

③

성명	부서명	성적
손민석	총무	70
김경손	영업	78
최호손	마케팅	90

④

성명	부서명	성적
손민석	총무	70
김경손	영업	78
최호손	마케팅	90
김종민	영업	78

- 조건을 다른 행에 입력하면 or 조건
- "??손"은 세 글자이면서 "손"으로 끝나는 조건을 검색한다.

24 다음 중 [찾기 및 바꾸기] 대화상자의 각 항목에 대한 설명으로 옳지 않은 것은?

① 찾을 내용 : 검색할 내용을 입력할 곳으로 와일드카드 문자를 검색 문자열에 사용할 수 있다.

② 서식 : 숫자 셀을 제외한 특정 서식이 있는 텍스트 셀을 찾을 수 있다.

③ 범위 : 현재 워크시트에서만 검색하는 '시트'와 현재 통합문서의 모든 시트를 검색하는 '통합문서' 중 선택할 수 있다.

④ 모두 찾기 : 검색 조건에 맞는 모든 항목이 나열된다.

 정답해설
- 서식 : 특정 서식이 있는 텍스트나 숫자를 찾을 수 있다.

25 다음 중 수식의 실행 결과가 옳지 않은 것은?

① =ROUND(6541.602, 1) → 6541.6

② =ROUND(6541.602, −1) → 6540

③ =ROUNDUP(6541.602, 1) → 6541.7

④ =ROUNDUP(6541.602, −1) → 6542

 정답해설
- ROUNDUP(값, 자릿수) : 자릿수 인수만큼 올림 한다.
- ROUNDUP(6541.602, −1) : 6541.602에서 인수 −1은 정수 "일의 자리"에서 올림 한다.

  결과 : 6550

26 다음 중 정보화 사회에 대한 설명으로 옳지 않은 것은?

① 정보화 사회는 앨빈 토플러가 「제3의 물결」이라는 저서에서 처음 언급하였다.

② 정보화 사회는 컴퓨터와 정보통신 기술을 활용해 사회 각 분야에서 필요로 하는 가치 있는 정보를 창출하고 윤택한 생활을 영위하는 사회이다.

③ 정보화 사회는 세계를 하나의 공간으로 여기는 수직적 네트워크 커뮤니케이션이 가능한 사회로 만든다.

④ 정보화 사회에서는 정보의 가치 생산을 중심으로 사회 전체가 움직인다.

 정답해설 정보화 사회는 컴퓨터와 정보통신 기술의 발전과 이와 관련된 다양한 소프트웨어의 개발에 의해 네트워크화가 이루어져, 전 세계를 하나의 공간으로 여기는 수평적 네트워크 커뮤니케이션이 가능한 사회로 만들어 간다.

27 다음 중 공장 자동화(FA)에 대한 설명으로 옳은 것은?

① 백화점 등에서 매출액 계산과 원가 관리 등에 컴퓨터를 활용하는 시스템

② 컴퓨터 시스템을 통해 제품의 설계에서 출하에 이르는 공정을 자동화하는 기술

③ 학습자가 프로그램을 이용해 학습 속도와 시간을 조절하는 방식

④ 학습 지도 자료의 정리, 성적 관리, 진로 지도 등에 활용되는 기술

 정답해설 공장 자동화(FA : Factory Automation)는 각종 정보 기기와 컴퓨터 시스템이 유기적으로 연결함으로써 제품의 설계에서 제조, 출하에 이르는 공장 내의 공정을 자동화하는 기술을 말한다. 이를 통해 생산성 향상과 원가 절감, 불량품 감소 등으로 제품의 경쟁력을 높이게 된다. 공장 자동화의 대표적인 예로는 컴퓨터 이용 설계(CAD : Computer Aided Design)와 컴퓨터 이용 생산(CAM : Computer Aided Manufacturing)이 있다.

28 다음 중 정보관리의 3원칙에 해당되지 않는 것은?

① 보안성   ② 목적성

③ 용이성   ④ 유용성

정보관리란 수집된 다양한 형태의 정보를 어떤 문제해결이나 결론도출에 사용하기 쉬운 형태로 바꾸는 일로서, 목적성과 용이성, 유용성의 세 가지 원칙을 고려해야 한다. 따라서 보안성은 정보관리의 원칙에 해당되지 않는다. 한편, 정보보호의 3원칙은 보통 관리적 보안과 물리적 보안, 기술적 보안으로 나누기도 한다.

29 컴퓨터 통신에서 문자와 기호, 숫자 등을 적절히 조합해 감정이나 특정한 상황을 상징적이며 재미있게 표현하는 사이버 공간 특유의 언어를 뜻하는 말로 옳은 것은?

① 네티켓 　　　　　　　　② 이모티콘
③ 스팸 　　　　　　　　　④ 트래픽

이모티콘(Emoticon)은 컴퓨터 통신에서 자신의 감정이나 의사를 나타내기 위해 사용하는 기호나 문자의 조합을 말하는 것으로, 감정(emotion)과 아이콘(icon)을 합성한 말이다. 이모티콘은 1980년대에 미국의 한 대학생이 최초로 사용했으며, PC통신과 인터넷 상용화 초창기에 웃는 모습이 주류를 이루었기 때문에 스마일리(Smiley)로 불리기도 하였다.

① 네티켓(Netiquette) : 통신망을 뜻하는 네트워크(network)와 예절을 뜻하는 에티켓(etiquette)의 합성어로, 네티즌이 사이버 공간에서 지켜야 하는 예절 또는 지켜야 할 비공식적인 규약을 의미한다.
③ 스팸(Spam) : 광고성 우편물이나 선전물, 대량 발송 메시지 등을 의미하는 용어로, 주로 인터넷상의 다수 수신인에게 무더기로 송신된 전자 우편(e-mail) 메시지나 뉴스그룹에 일제히 게재된 뉴스 기사, 우편물을 통해 불특정 다수인에게 무더기로 발송된 광고나 선전 우편물(Junk mail)과 같은 의미이다.
④ 트래픽(Traffic) : 전신 · 전화 등의 통신 시설에서 통신의 흐름을 지칭하는 말로서, 전송량이라고 한다. 통상 어떤 통신장치나 시스템에 걸리는 부하를 의미하는 용어로, 트래픽 양이 지나치게 많으면 서버에 과부하가 걸려 전체적인 시스템 기능에 장애를 일으킨다.

30 다음이 설명하는 용어로 옳은 것은?

- 온라인 공간에서 이용자의 인적 네트워크를 구축할 수 있도록 하는 서비스로, 인맥관리서비스 혹은 사회연결망서비스, 커뮤니티형 웹사이트라는 용어로 설명하기도 한다.
- 트위터, 페이스북, 인스타그램 등이 대표적인 웹사이트이다.

① 웹 하드 　　　　　　　　② SNS
③ 메신저 　　　　　　　　④ 클라우드 컴퓨팅

SNS(Social Networking Service)는 온라인상의 인적 네트워크 구축을 목적으로 개설된 커뮤니티형 웹사이트로서, 미국의 트위터, 마이스페이스, 페이스북, 한국의 싸이월드, 카카오, 미투데이 등이 대표적이다. 현재 많은 사람이 다른 사람과 의사소통을 하거나 정보를 공유·검색하는 데 SNS를 일상적으로 이용하고 있는데, 이는 참가자 개인이 정보발신자 구실을 하는 1인 미디어라는 것과 네트워크 안에서 정보를 순식간에 광범위하게 전파할 수 있다는 점, 키워드 기반의 검색정보보다 정보의 신뢰성이 높다는 점 등이 그 주요 요인이라 할 수 있다.

31 다음 중 일반적인 정보검색 단계를 바르게 나열한 것은?

① 검색주제 선정 → 검색식 작성 → 정보원 선택 → 결과 출력

② 정보원 선택 → 검색식 작성 → 검색주제 선정 → 결과 출력

③ 정보원 선택 → 검색주제 선정 → 검색식 작성 → 결과 출력

④ 검색주제 선정 → 정보원 선택 → 검색식 작성 → 결과 출력

 일반적인 정보검색 단계는 '검색주제 선정 → 정보원 선택 → 검색식 작성 → 결과 출력'의 단계로 이루어진다. 여기서 정보검색이란 여러 곳에 분산되어 있는 수많은 정보 중에서 특정 목적에 적합한 정보만을 신속하고 정확하게 찾아내어 수집·분류·축적하는 과정을 의미한다.

32 다음 정보원(sources)에 대한 설명 중 옳지 않은 것은?

① 정보원은 필요한 정보를 수집할 수 있는 원천을 말한다.

② 정보원은 1차 자료와 2차 자료로 구분할 때, 1차 자료는 연구 성과가 기록된 자료를 의미한다.

③ 정보원의 2차 자료에는 단행본과 신문, 잡지, 특허정보 등이 있다.

④ 정보원은 가급적 전문가나 이해당사자를 대상으로 하는 것이 좋다.

 단행본과 신문, 잡지, 특허정보 등은 모두 1차 자료에 해당한다. 1차 자료에는 그밖에도 학술지와 학술지 논문, 학술회의자료, 연구보고서, 학위논문, 표준 및 규격자료, 웹 정보자원 등이 있다. 2차 자료에 해당하는 것으로는 사전, 편람, 연감, 서지데이터베이스 등이 있다.

33 검색엔진의 유형 중 다음에서 설명하는 검색 방식에 해당하는 것은?

검색엔진에서 문장 형태의 질의어를 형태소 분석을 거쳐 언제(when), 어디서(where), 누가(who), 무엇을(what), 왜(why), 어떻게(How), 얼마나(How much)에 해당하는 5W 2H를 읽어내고 분석하여 각 질문에 답이 들어있는 사이트를 연결해 주는 검색엔진이다.

① 자연어 검색 방식　　　　　　　② 키워드 검색 방식
③ 주제별 검색 방식　　　　　　　④ 통합형 검색 방식

 제시된 내용은 자연어 검색 방식에 대한 설명이다. 일반적인 키워드 검색과 달리 자연어 검색은 사용자가 질문하는 문장을 분석하여 질문의 의미 파악을 통해 정보를 찾기 때문에 훨씬 더 간편하고 정확도 높은 답을 찾을 수 있다. 단순한 키워드 검색의 경우 중복 검색이 되거나 필요 없는 정보가 더 많아서 여러 차례 해당하는 정보를 찾기 위해 불편을 감수해야 하지만, 자연어 검색은 질문의 의미에 적합한 답만을 찾아주기 때문에 더 효율적이라 할 수 있다.

34 다음 중 윈도우 단축키의 기능이 잘못 연결된 것은?

① Ctrl+A : 전체 선택　　　　　　② Ctrl+C : 복사하기
③ Ctrl+Esc : 프로그램 종료　　　　④ Shift+Delete : 영구 삭제

 프로그램 종료 기능을 가지는 단축키는 'Alt + F4'이다. 'Ctrl + Esc'는 '시작메뉴 불러오기'기능을 수행하는 단축키이다.

 ① 'Ctrl＋A'는 '전체 선택' 기능의 단축키이다.
② 'Ctrl＋C'는 '복사하기', 'Ctrl＋V'는 '붙여넣기' 기능을 수행하는 단축키이다.
④ 'Shift＋Delete'는 휴지통으로 보내지 않고 영구적으로 삭제하는 단축키이다.

35 전자상거래(EC : Electronic Commerce)에 대한 설명으로 옳지 않은 것은?

① 현실 세계의 소매상을 가상공간에 구현한 것이다.
② 인터넷 서점, 홈 쇼핑, 홈뱅킹 등이 해당된다.
③ 서비스 제공 대상은 모든 기업과 모든 소비자가 대상이 된다.
④ 기업의 물류비용은 늘지만 소비자는 값싼 물건을 구매할 수 있다.

정답 해설 전자상거래가 활성화되면 기업은 물류비용이 감소하고, 소비자는 값싸고 질 좋은 제품을 집에서 구매할 수 있게 된다.

 오답 해설 ① 전자상거래란 현실 세계의 소매상을 가상공간에 구현한 것으로, 컴퓨터나 정보통신망 등 전자화된 기술을 이용하여 기업과 소비자가 상품과 서비스를 사고 파는 것을 의미한다.
② 인터넷 쇼핑과 인터넷 서점, 홈 쇼핑, 홈뱅킹 등이 전자 상거래의 대표적인 형태이다.
③ 전자 상거래는 경제주체에 따라 기업과 소비자간(B2C), 기업간(B2B), 기업과 정부간(B2G), 소비자간 (C2C) 전자상거래 등이 있으며, 기업의 상품과 서비스 제공 대상은 모든 기업과 모든 소비자가 대상이 된다.

36 다음 중 인터넷이 초래하는 문제점으로 옳지 않은 것은?

① 정보의 유통 　　　　　　　　　　② 개인 정보 유출
③ 언어 훼손 　　　　　　　　　　　④ 저작권 침해

 정답 해설 정보의 유통 자체를 문제점이라 할 수는 없다. 인터넷이 초래하는 문제점은 음란 사이트나 도박 사이트, 폭력 사이트 등 반사회적 사이트를 통해 유해하고 불건전한 정보가 유통되는 것이다.

37 다음 중 Windows 7의 [개인 설정] 창에 대한 설명으로 옳지 않은 것은?

① [창 색]에서 화면에 나타나는 메뉴 및 제목 표시줄의 글꼴을 크게 나타나도록 설정할 수 있다.
② [바탕 화면 배경]에서 바탕 화면 구성의 테마를 설정할 수 있다.
③ [화면 보호기]의 [전원 관리] 항목에서 에너지를 절약하기 위한 [기본 전원 관리 옵션]을 지정할 수 있다.
④ [바탕 화면 배경]에서 배경 화면으로 사용할 그림을 지정할 수 있다.

 정답 해설 바탕 화면 구성의 테마는 배경화면과 창 색, 소리 등을 한 번에 바꾸는 기능을 말하며, 이는 [바탕 화면 배경]이 아니라 [개인 설정] 창의 윗부분에 있는 [내 테마]에서 설정할 수 있다. 따라서 ②는 옳지 않다.

CHAPTER **08** 기술능력

- 기술능력은 이공계 계열과 관련 직군에 필요한 지식을 활용하는 내용으로 되어있다.
- 기술능력은 기술의 의미와 기술의 혁신, 개발, 활용 등에 대한 방법으로 되어있으며 도형과 그래프의 규칙을 묻거나 매뉴얼에 대한 이해를 묻는 문제가 출제된다.

대표유형문제

A는 한 전자회사의 기술연구팀에서 연구원으로 근무하고 있는데, 어느 날 인사팀으로부터 기술능력이 뛰어난 신입사원 한 명을 추천해 달라는 요청을 받았다. A는 신입사원의 추천에 앞서 먼저 추천서에 필요한 평가 항목을 결정하려 한다. 다음 중 A의 추천서 평가 항목에 들어갈 내용으로 적절하지 않은 것은?

① 실제 문제를 해결하기 위해 지식이나 자원을 최적화시킬 수 있는 사람인가?

② 주어진 문제에 대한 다양한 해결책을 개발하고 평가할 수 있는가?

❸ 한계나 제약이 없는 경우 자원을 충분히 활용할 수 있는가?

④ 다양한 상황에서 기술 체계와 도구를 사용하고 배울 수 있는가?

정답 해설

기술능력이 뛰어난 사람은 주어진 한계 속에서 제한된 자원을 가지고 일할 수 있는 사람을 말한다. 따라서 한계나 제약이 없는 경우 충분한 자원 활용이 가능한가는 적절한 평가 항목으로 보기 어렵다.

① 기술능력이 뛰어난 사람은 실제적 문제를 해결하기 위해 지식이나 기타 자원을 선택하고 최적화시키며, 적용할 수 있는 사람이다.

② 기술능력이 뛰어난 사람은 실질적 해결을 필요로 하는 문제를 인식하고, 인식된 문제를 위해 다양한 해결책을 개발하고 평가할 수 있다.

④ 여러 상황 속에서 기술의 체계와 도구를 사용하고 배울 수 있다는 것도 기술능력의 조건에 해당한다.

[01~03] 다음 오디오 사용설명서를 보고 물음에 답하시오.

사용하기 전에 안전을 위한 주의사항

⚠경고

- 화기 및 난로와 같이 뜨거운 물건 가까이 놓지 마세요.
- 장시간 사용하지 않을 경우에는 전원케이블을 빼세요.
- 습기, 먼지나 그을음 등이 많은 장소에 설치하지 마세요.
- 제품 청소 시에는 전용 세척제를 사용하세요.
- 책장이나 벽장 등 통풍이 되지 않는 장소 및 카펫트나 방석 위에 설치하지 마세요.

홈 네트워크에 스피커 연결하기

유선 네트워크를 사용하면 기기가 무선 주파수 방해 없이 네트워크에 직접 연결되어 최적의 성능을 제공합니다. 무선 연결 시 무선 전파 간섭으로 네트워크 연결이 끊기거나 재생이 중지될 수 있으니 유선 연결사용을 권장합니다. 자세한 방법은 네트워크 기기의 설명서를 참조하세요.

준비 사항

- 가정에 공유기를 통한 네트워크 환경이 설치되어 있는지 확인하세요.
- 스피커와 스마트 기기가 동일한 공유기에 연결되어 있는지 확인하세요.

필수 기기

- 유/무선 공유기
- 스마트 기기 (안드로이드 또는 iOS)
- 무선 공유기에 DHCP 서버가 활성화되어 있는지 확인하세요.
- 공유기와 스피커가 연결되지 않을 경우, 공유기의 설정에서 무선 격리 옵션이 "사용 안함"으로 설정되어 있는지 확인하세요.

홈 메뉴 살펴보기

스마트 기기에서 스마트 오디오 앱을 실행하세요.
[홈] 메뉴가 나타납니다.

1. 오늘은 이런 음악 어떠세요?

   추천 내용을 보려면 해당 부분을 선택하세요.

2. 스트리밍 서비스

   스트리밍 서비스 목록을 보여 줍니다. 온라인 라디오와 음악을 즐길 수 있습니다. 지역에 따라 다르며 "편집"을 터치 하여 변경 할 수 있습니다.

3. 즐겨찾기

   즐겨 찾는 곡이 표시됩니다.

4. 자주 들은 음악

이 스피커에서 가장 많이 재생된 곡이 표시됩니다.

5. 내 재생 목록
재생 목록이 표시됩니다.

6. 타임라인
이 스피커에서 재생되었던 곡 리스트가 표시됩니다.

기초응용문제

01 사용설명서를 읽고 오디오를 설치하였다. 설명서의 내용을 따르지 않은 것은?

① 아이가 볼펜으로 낙서를 해서 오디오 앞부분을 알코올로 닦아냈다.

② 거실 오른쪽에 난로가 설치되어 있어 최대한 떨어진 왼쪽 편에 오디오를 설치하였다.

③ 한 달간 가족여행을 갈 예정이라 전원케이블을 빼두었다.

④ 오디오에 먼지가 앉아 먼지떨이개로 먼지를 제거하였다.

 오디오 사용 설명서를 참고하면 제품 청소 시에는 전용 세척제를 사용하고 알코올이나 락스 등을 사용하지 않는다.

02 홈 네트워크에 스피커를 연결하는데 연결이 끊기고 재생이 잘되지 않는다. 확인해야 할 사항으로 옳지 않은 것은?

① 무선 공유기에 DHCP 서버가 활성화되어 있는지 확인한다.

② 스피커와 스마트 기기가 동일한 공유기에 연결되어 있는지 확인한다.

③ 유선 네트워크를 사용하면 전파 간섭으로 네트워크 연결이 끊기거나 재생이 중지될 수 있어 무선 네트워크 사용을 권장한다.

④ 가정에 공유기를 통한 네트워크 환경이 설치되어 있는지 확인한다.

 유선 네트워크를 사용하면 기기가 무선 주파수 방해 없이 네트워크에 직접 연결되어 최적의 성능을 제공한다. 무선 연결 시 무선 전파 간섭으로 네트워크 연결이 끊기거나 재생이 중지될 수 있어 유선 연결사용을 권장한다.

03 홈 메뉴에 대한 설명으로 옳지 않은 것은?

① 스마트 기기에서 오디오 앱을 실행하면 [홈] 메뉴가 나타난다.

② [즐겨찾기]에는 스피커에서 가장 많이 재생된 곡이 표시된다.

③ [스트리밍 서비스]에서는 온라인 라디오와 음악을 즐길 수 있다.

④ 스피커에서 재생되었던 곡 리스트를 보려면 [타임라인]을 확인한다.

정답
해설 [즐겨찾기]에는 즐겨 찾는 곡이 표시되고, 스피커에서 가장 많이 재생 된 곡은 [자주 들은 음악]에 표시된다.

04 다음은 기술 혁신의 한 사례이다. 기술혁신의 특징에 대한 설명으로 옳지 않은 것은?

> 일본과 미국에 비해 반도체 분야에 후발 주자로 뛰어든 삼성은 끊임없는 추격과 기술 개발을 통해 1992년 이후에는 메모리 분야에서 시장 점유율 세계 제1의 기업으로 성장했다. 삼성은 초기에 64K D램의 개발에서 선진국과 6년 격차를, 양산에는 4년 격차를 보였다. 그러나 삼성은 16M, 64M D램의 개발과 양산에서는 선진국의 선도 기업과 동일한 시기에 이루어 졌으며, 256M, 1G D램부터는 선진국을 추월하여 64M, 256M, 1G D램을 세계 최초로 개발했다. 1993년 8인치 웨이퍼 양상 라인을 세계 최초로 완공했다. 삼성은 일본 오키 사에 싱크로너스 설계기술을 수출하는 등 기술 역수출의 예를 보여주었으며, 지금은 삼성의 기술이 사실상의 세계 표준으로 결정되는 경우도 종종 발생하고 있다. 또한 2004년 삼성전자의 순이익은 매월 평균 1조가 넘어서, 1년 순이익이 12조를 넘는 기염을 토했다. '삼성'이란 브랜드 네임은 이제 국제시장에서 소니를 앞지르고 있다.

① 과정이 매우 불확실하고 장기간의 시간이 필요하다.

② 지식 집약적인 활동이다.

③ 과정에서 많은 논쟁과 갈등을 유발할 수 있다.

④ 조직 내에서 이루어지는 특성이 있다.

정답
해설 기술혁신은 조직의 경계를 넘나드는 특성을 가지고 있다.
• 기술혁신은 연구개발 부서 단독으로 수행될 수 없고, 생산부서나 품질관리 담당자 혹은 회부 전문가 등의 도움이 필요한 상호의존성을 가지고 있다.

05 다음에서 K씨가 사용한 방법에 대한 설명으로 적절하지 않은 것은?

> 네덜란드 PTC+ 교육이 시작된 이래 현재까지 딸기 재배의 가장 성공적인 케이스로 꼽히는 K씨. 그는 자신의 지역에서 하이베드 딸기 재배의 선구자로 꼽히고 있다. 하이베드 딸기는 높은 침대에서 자란 딸기라는 뜻으로 작물을 관리하기 쉽게 작업자의 높이에 맞추어 베드를 설치하여 재배하는 방법이다. 따라서 일반 딸기들이 지상에서 토경 재배되는 것과는 달리 지상 80㎝ 위에서 양액재배를 하기 때문에 노동력이 적게 들고, 연작장애가 없고 위생적인 관리가 가능한 농법이다.
>
> 그러나 K씨는 네덜란드 PTC+에서 배워온 딸기 재배 기법을 단순 적용한 것이 아니라 우리나라 실정에 맞게 재배 기법을 변형하여 실시함으로써 고수익을 올린 것으로 유명하다. 그는 수개월간 노력 끝에 네덜란드의 기후, 토양의 질 등과는 다른 우리나라 환경에 적합한 딸기를 재배하기 위해 배양액의 농도, 토질, 조도시간, 생육기관과 당도까지 최적의 기술을 연구함으로써 국내 최고의 질을 자랑하는 딸기를 출하할 수 있게 되었다.

① 수행방식에 따른 분류에서 간접적 벤치마킹을 하였다.

② 비교대상에 따른 분류에서 글로벌 벤치마킹이다.

③ 기술 습득이 상대적으로 용이하다.

④ 비경쟁적 방법이다.

정답해설 K씨는 벤치마킹 대상을 방문하여 수행하는 직접적 벤치마킹을 하였다.
- **벤치마킹** : 특정 분야에서 뛰어난 업체나 상품, 기술, 경영 방식 등을 배워 합법적으로 응용하는 방법
- **간접적 벤치마킹** : 인터넷 및 문서형태의 자료를 통해서 수행하는 방법

[06~08] 사무실에서 사용하던 청소기가 고장 나 △△사의 로봇청소기를 구입하였다. 다음 사용설명서를 보고 물음에 답하시오.

> **주의사항**
> 1. 물 또는 빗물이 튀는 곳이나 습기가 많은 곳에 설치하지 마십시오.
>   - 제품 충전 시 화재의 원인이 됩니다.
>   - 환기가 잘 되는 곳에 설치하십시오.
> 2. 본 제품은 220V 전용입니다. 사용 전 반드시 공급되는 전압을 확인하십시오.
>   - 제품 고장 또는 누전 시 감전의 원인이 됩니다.
> 3. 전원 선을 무리하게 구부리거나 무거운 물건에 눌려 손상되지 않도록 주의하십시오.
>   - 전원선이 손상되어 감전 또는 상해의 원인이 됩니다.
> 4. 전원 플러그를 하나의 콘센트에 여러 개 동시에 사용하지 말고 반드시 15A 용량 이상의 콘센트를 사용하십시오.
>   - 콘센트의 이상 발열로 화재의 원인이 됩니다.
>   - 차단기가 작동하여 전원이 꺼질 수 있습니다.

리모컨

- 리모컨으로 로봇청소기의 전원을 켜거나 끌 수 없습니다.
- 삼파장 형광등과 같은 특정 형광등 주변에서는 리모컨이 정상적으로 작동하지 않을 수도 있습니다.
- 로봇청소기와 리모컨 사이의 거리가 멀어질 경우 리모컨이 정상적으로 작동하지 않을 수 있습니다. 로봇청소기와의 거리를 3m 이내로 유지하십시오.
- 여러 개의 리모컨 버튼을 동시에 누르면 리모컨이 정상적으로 작동하지 않을 수 있습니다.
- 리모컨을 사용하지 않을 때에는 충전대에 있는 리모컨 거치대에 보관할 수 있습니다.
- 모드변경, 지정영역, 시간설정 버튼을 사용하려면 로봇청소기를 정지해야 합니다.

충전하기

- 충전 단자에 이물질이 묻어 있으면 제품이 정상적으로 충전되지 않을 수 있습니다. 부드러운 천을 사용하여 청소하십시오.
- 배터리가 완전히 방전된 상태에서 충전이 완료될 때까지 약 3시간 정도 걸립니다.
- 충전 시간은 배터리의 상태에 따라 달라질 수 있습니다.
- 로봇청소기의 주 전원 스위치가 꺼진 상태에서는 충전이 되지 않습니다.
- 충전대에서 청소를 시작하지 않거나 로봇청소기를 직접 들어서 옮긴 경우에는 로봇 충전기가 충전대를 찾는 시간이 길어질 수 있습니다.

고장 신고 전 확인사항

증상	원인	해결책
전원이 켜지지 않습니다.	• 로봇청소기의 전원 스위치가 꺼져있습니까? • 배터리가 완전히 방전되었습니까?	• 로봇청소기의 뒷면에 있는 전원 스위치를 켜십시오. • 로봇청소기를 수동으로 충전하십시오.
자동으로 전원이 꺼집니다.	• 로봇청소기가 충전중이지 않은 상태로 10분 이상 멈춰 있었습니까? • 로봇청소기가 장애물에 갇혀있는 상태로 10분 이상 멈춰 있었습니까?	• 로봇청소기가 충전 중이지 않은 상태로 10분 이상 대기하면 전원이 자동으로 꺼집니다. 로봇 청소기를 충전상태로 보관하십시오. • 로봇청소기 주변의 장애물을 정리한 후 사용하십시오.
충전되지 않습니다.	• 로봇청소기의 주 전원 스위치가 꺼져있습니까? • 충전대 주변에 장애물이 있습니까? • 충전대의 전원 램프가 꺼져 있습니까?	• 로봇청소기의 뒷면에 있는 주 전원 스위치를 켜십시오. • 충전대 주변에 있는 장애물을 치우십시오. • 충전대에 전원 플러그가 꽂혀있는지 확인하십시오.
흡입력이 약해졌습니다.	• 흡입구에 이물질이 끼어 있습니까? • 먼지통이 가득 차 있습니까? • 먼지통 필터가 막히지 않았습니까?	• 흡입구에 이물질이 있는지 확인하십시오. • 먼지통을 비우십시오. • 먼지통 필터를 청소하십시오.
소음이 심해졌습니다.	• 먼지통이 로봇청소기에 제대로 장착되어 있습니까? • 먼지통 필터가 먼지통에 제대로 장착되어 있습니까?	• 먼지통을 제대로 장착하십시오. • 먼지통 필터를 제대로 장착하십시오.

동작하지 않습니다.	• 로봇청소기의 주 전원 스위치가 꺼져 있습니까? • 배터리가 완전히 방전되었습니까?	• 로봇청소기의 뒷면에 있는 주 전원 스위치를 켜 십시오. • 로봇청소기를 수동으로 충전하십시오.

06 홍대리는 먼지통 필터를 제대로 장착함으로써 청소기의 작동불량을 해결하였다. 어떤 작동불량이 발생하였는가?

① 로봇청소기의 전원이 자동으로 꺼진다.

② 로봇청소기의 흡입력이 약해졌다.

③ 로봇청소기가 동작을 하지 않는다.

④ 로봇청소기의 소음이 심해졌다.

 정답해설 먼지통의 필터를 제대로 장착하거나 먼지 통을 제대로 장착함으로써 청소기의 불량을 해결할 수 있는 증상은 로봇청소기의 소음이 심해졌을 경우이다.

07 로봇청소기를 충전하는 방법에 대한 설명으로 옳지 않은 것은?

① 로봇청소기의 주 전원 스위치가 꺼진 상태에서는 충전이 되지 않는다.

② 배터리가 30% 정도 남아있는 상태에서 충전이 완료될 때 까지는 약 3시간 정도 걸린다.

③ 청소기를 직접 들어서 옮긴 경우에는 충전기가 충전대를 찾는 시간이 길어질 수 있다.

④ 충전 단자에 이물질이 묻어 있으면 정상적으로 충전되지 않을 수 있다.

 정답해설 사용설명서를 참고하면 배터리가 완전히 방전된 상태에서 충전이 완료될 때까지 약 3시간 정도 걸린다.

---

08 리모컨이 작동하지 않는 이유로 옳지 않은 것은?

① 특정 형광등 주변에서는 리모컨이 정상적으로 작동하지 않을 수도 있다.

② 로봇청소기와 리모컨 사이의 거리가 멀어질 경우 리모컨이 정상적으로 작동하지 않을 수 있다.

③ 리모컨을 거치대에 보관하지 않고 사용할 시 정상적으로 작동하지 않을 수 있다.

④ 여러 개의 리모컨 버튼을 동시에 누르면 리모컨이 정상적으로 작동하지 않을 수 있다.

 정답해설 리모컨을 사용하지 않을 때에는 충전대에 있는 리모컨 거치대에 보관할 수 있다. 그러나 리모컨의 작동과 관련이 있는 것은 아니다.

[09~10] 다음은 항공기가 출발 지연된 여러 원인을 나타낸 표이다. 표를 보고 이어지는 질문에 답하세요.

장비	• 항공기의 탑승구 도착지연 　– 도착 지연 　– 활주로의 출발선까지 항공기를 후진시키는 작업 지연
자재	• 항공기 수화물 적재 지연 • 연료 주입 지연 • 기내식 반입 지연
직원	• 탑승구 직원의 승객탑승 임무 수행 미숙 　– 업무수행 직원 부족 　– 기내 청소부 지각 　– 탑승업무 수행직원의 동기 부여 부족
고객	• 초과부피 수화물을 소유한 승객이 체크인 카운터를 거치지 않고 통과
절차	• 늦게 도착한 승객탑승 허용 　– 지각한 승객 보호 욕구 　– 항공사 수익증대 욕구 　– 혼란스런 기내 좌석 선택
정보	• 항공기 출발에 관한 방송 미비 • 수화물 및 승객명세자료 도착 지연
기타	• 기상조건 • 항공기 체증

09 위 표를 봤을 때, 항공기의 매뉴얼에 들어갈 수 있는 내용으로 적절하지 않은 것은?

① 출발 시간이 지나고 온 승객은 탑승하지 못한다.

② 항공기 출발 20분전에 출발에 관한 방송을 해야 한다.

③ 기상조건이 나쁘면 이륙할 수 없다.

④ 수화물이 늦게 와도 정해진 시간에 이륙해야 한다.

 정답해설 정보 부분에 수화물 및 승객명세자료 도착 지연이 있기 때문에 수화물이 늦게 오면 제시간에 출발하지 못하고 항공기가 지연된다. 그렇기 때문에 수화물이 늦게 와도 정해진 시간에 이륙해야 한다는 매뉴얼의 내용으로 적절하지 못하다.

10 위 표를 봤을 때, 항공기가 지연되었을 때 매뉴얼을 만들면서 할 수 있는 말로 적절하지 않은 것은?

① 체크인 하고 카운터를 통과하는 것이 상식 아닙니까? 자신만 생각하지 말고 다른 사람도 생각하세요.

② 아직도 연료가 주입되지 않았다고요? 도대체 지금까지 뭐하고 있었던 겁니까?

③ 제시간에 출발하면 수행직원 모두 성과금이 나오니 인원이 부족하다고 하지 말고 모두 조금만 더 힘냅시다.

④ 항공기를 아직 후진도 못시키고 있다니 지금까지 정비를 하지 않은 이유가 무엇입니까?

 정답해설 직원 부분에서 탑승업무 수행직원의 동기 부여 부족이라고 하였기 때문에 매뉴얼에 성과금에 대한 내용은 작성되지 않았다.

 오답해설 ① 고객 부분을 봤을 때 매뉴얼에 작성됐을 말로 적절하다.
② 자재 부분을 봤을 때 매뉴얼에 작성됐을 말로 적절하다.
④ 장비 부분을 봤을 때 매뉴얼에 작성됐을 말로 적절하다.

11 다음 산업재해의 원인 중 그 성격이 다른 것은?

① 작업 준비 불충분   ② 구조물의 불안정

③ 생산 공정의 부적당   ④ 점검 · 정비 · 보존의 불량

②, ③, ④는 기술적 원인에 해당하며 ①은 작업관리상 원인에 해당한다.

기본적 원인	직접적 원인
〈교육적 원인〉 • 안전지식의 불충분 • 안전수칙의 오해 • 경험이나 훈련의 불충분 • 작업관리자의 작업 방법 교육 불충분 • 유해 위험 작업 교육 불충분	〈불안전한 행동〉 • 위험장소 접근 • 안정장치 기능제거 • 보호장비의 미착용 및 잘못된 사용 • 운전 중인 기계의 속도 조작 • 기계 · 기구의 잘못된 사용 • 위험물 취급 부주의 • 불안전한 상태 방치 • 불안전한 자세 • 감독 및 연락 잘못
〈기술적 원인〉 • 건물기계 장치의 설계불량 • 구조물의 불안정 • 재료의 부적합 • 생산 공정의 부적당 • 점검 · 정비 · 보존의 불량	
〈작업관리상 원인〉 • 안전 관리 조직의 결함 • 안전 수칙 미제정 • 작업 준비 불충분 • 인원 배치 및 작업지시 부적당	〈불안전한 상태〉 • 시설물 자체 결함 • 전기 기설물의 누전 • 구조물의 불안정 • 소방기구의 미확보 • 안전 보호장치 결함 • 복장 · 보호구의 결함 • 시설물의 배치 및 장소 불량 • 작업환경 결함 • 생산공정의 결함 • 경계표시 설비의 결함

[12~14] 다음 표를 참고하여 질문에 답하시오.

스위치	기 능
◆	오른쪽으로 90° 회전함
●	왼쪽으로 90° 회전함
◔	상하 대칭
⊡	좌우 대칭

12 처음 상태에서 스위치를 한 번 눌렀더니 화살표 모양과 같은 상태로 바뀌었다. 어떤 스위치를 눌렀는가?

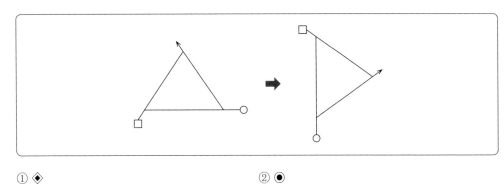

① ◈

② ●

③ ◔

④ ⊔

보기의 스위치를 눌렀을 때 바뀐 모양을 살펴보면 다음과 같다.

① ◈

② ●

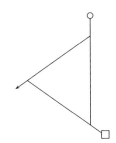

③ ◔

④ ⊔

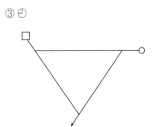

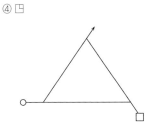

13 처음 상태에서 스위치를 두 번 눌렀더니 화살표 모양과 같은 상태로 바뀌었다. 어떤 스위치를 눌렀는가?

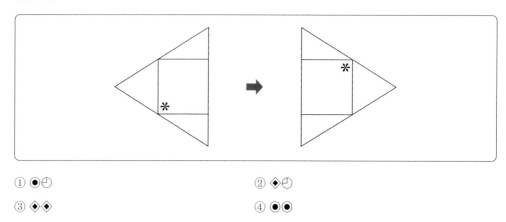

① ◉◔

② ◈◔

③ ◈◈

④ ◉◉

 보기의 스위치를 눌렀을 때 바뀐 모양을 살펴보면 다음과 같다.

① ◉◔

② ◈◔

③ ◈◈

④ ◉◉

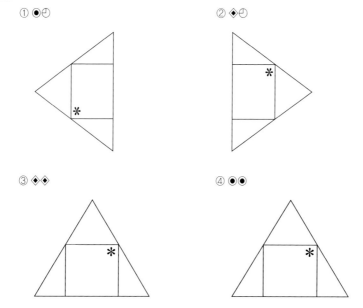

따라서 '◈◔'을 누르면 주어진 결과와 같은 형태가 된다.

14 처음 상태에서 스위치를 두 번 눌렀더니 화살표 모양과 같은 상태로 바뀌었다. 어떤 스위치를 눌 렀는가?

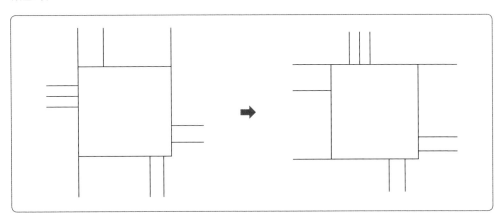

① ●●   ② 🕐●

③ ◆◆   ④ 🕐◆

정답해설 보기의 스위치를 눌렀을 때 바뀐 모양을 살펴보면 다음과 같다.

① ●●   ② 🕐●

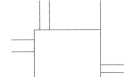 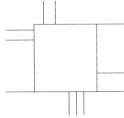

③ ◆◆   ④ 🕐◆

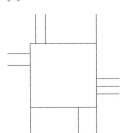 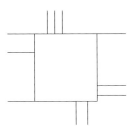

따라서 '🕐◆'을 누르면 주어진 결과와 같은 형태가 된다.

15 기술 혁신의 특성으로 옳지 않은 것은?

① 기술 혁신은 과정이 매우 확실하여 단기간에 이룰 수 있다.

② 지식 집약적인 활동이다.

③ 혁신 과정의 모호함은 기업 내에서 많은 논쟁과 갈등을 유발할 수 있다.

④ 조직의 경계를 넘나든다.

 정답해설 기술 개발에 대한 기업의 투자가 가시적인 성과로 나타나기까지는 비교적 장기간의 시간을 필요로 한다.

Check Point — 기술 혁신의 특성

• 기술 혁신은 그 과정 자체가 매우 불확실하고 장기간의 시간을 필요로 한다.

• 기술 혁신은 지식 집약적인 활동이다.

• 혁신 과정의 불확실성과 모호함은 기업 내에서 많은 논쟁과 갈등을 유발할 수 있다.

• 조직의 경계를 넘나든다.

16 다음의 김규환 씨 같이 기술능력이 뛰어난 사람의 특징으로 적절하지 않은 것은?

대우중공업 김규환 명장은 고졸의 학력에도 불구하고 끊임없는 노력과 열정으로 국내 최다 국가기술자격증 보유, 5개 국어 구사, 업계 최초의 기술명장으로 인정을 받고 있다. 김규환 명장은 고졸이라는 학력 때문에 정식사원으로 입사를 하지 못하고 사환으로 입사를 시작하였다. 그러나 새벽 5시에 출근하여 기계작업을 준비하는 등 남다른 성실함으로 정직 기능공, 반장 등으로 승진을 하여 현재의 위치에 오르게 되었다. 하루는 무서운 선배 한명이 세제로 기계를 모두 닦아 놓으라는 말에 2,612개나 되는 모든 기계 부품을 분리하여 밤새 닦아서 놓았다. 그 후에도 남다른 실력으로 서로 문제가 있는 다른 기계를 봐 달라고 하는 사람들이 점점 늘어났다. 또한, 정밀기계 가공 시 1℃ 변할 때 쇠가 얼마나 변하는지 알기 위해 국내의 많은 자료를 찾아보았지만 구할 수 없어 공장 바닥에 모포를 깔고 2년 6개월간 연구를 한 끝에 재질, 모형, 종류, 기종별로 X-bar(평균)값을 구해 1℃ 변할 때 얼마나 변하는지 온도 치수가공조견표를 만들었다. 이를 산업인력공단의 〈기술시대〉에 기고하였으며, 이 자료는 기계 가공 분야의 대혁명을 가져올 수 있는 자료로 인정을 받았다.

① 인식된 문제를 위해 다양한 해결책을 개발하고 평가한다.

② 주어진 한계 속에서 그리고 제한된 자원을 가지고 일한다.

③ 기술적 해결에 효용성을 평가한다.

④ 전문 연수원을 통한 기술과정 연수한다.

정답 해설 전문 연수원을 통한 기술과정 연수는 기술능력이 뛰어난 사람의 특징과 관련이 없다.

Check Point — **기술능력 향상** ┄┄┄┄┄┄┄┄┄┄┄┄┄┄┄┄┄┄┄┄┄┄┄┄┄┄┄┄┄┄┄┄┄┄┄┄┄┄

- 전문 연수원을 통한 기술과정 연수
- e-learning을 활용한 기술교육
- 상급학교 진학을 통한 기술교육
- OJT를 활용한 기술교육

PART1 직무능력검사

[17~18] 다음 카메라 사용매뉴얼을 보고 이어지는 질문에 답하시오.

안전상의 주의

⚠️경고

- 태양을 프레임 안에 넣지 마십시오.

  태양이 프레임 안이나 가까이에 있으면 카메라 안으로 초점이 모여 불이 붙을 수 있습니다.

- 뷰파인더를 통해 태양을 보지 마십시오.

  뷰파인더를 통해 태양이나 다른 강한 광원을 볼 경우 영구 시력 손실을 초래 할 수 있습니다.

- 분해하지 마십시오.

  카메라의 내부 부품을 만지면 부상을 입을 수 있습니다. 오작동 시 공인 전문가만이 제품을 수리할 수 있습니다. 사고로 제품이 파손되어 내부가 노출되었을 경우 배터리와 AC 어댑터를 제거한 다음 서비스 지점에 수리를 의뢰하여 주십시오.

- 적합한 케이블을 사용하십시오.

  케이블을 입력 및 출력 잭에 연결 할 때에는 제품 규정 준수를 위해 당사에서 제공하거나 판매라는 전용 케이블만 사용하여 주십시오.

- 플래시를 사용할 때 주의하십시오.

  플래시는 적어도 피사체에서 1 미터 정도 떨어져야 합니다. 유아를 촬영할 때는 특별한 주의를 기울여야 합니다.

- 액정 모니터를 만지지 마십시오.

  모니터가 파손된 경우 모니터 액정이 피부에 닿거나 눈이나 입에 들어가지 않도록 주의하십시오.

터치스크린 사용

- 터치스크린

  터치스크린은 정전기에 반응합니다. 그러나 스크린에 타사 보호 필름이 부착되어 있거나 손톱이나 장갑을 낀 손으로 만지면 반응하지 않을 수 있습니다. 무리하게 힘을 가하거나 날카로운 물체를 스크린에 대지 마십시오.

- 터치스크린 사용

  손바닥이나 다른 손가락을 스크린의 다른 위치에 둔 상태에서 작동 시키는 경우 예상과 같이 스크린이 동작하지 않을 수 있습니다. 살짝 터치하거나, 손가락을 빠르게 움직이거나, 손가락이 스크린에 닿지 않았을 경우 동작을 인식 못 할 수도 있습니다.

- 터치 컨트롤 켜기 또는 끄기
  설정 메뉴의 터치 컨트롤 옵션을 사용하여 터치 컨트롤을 켜거나 끌 수 있습니다.
- 참조
  설정 메뉴의 터치 컨트롤 옵션을 사용하여 전체화면 재생에서 다른 화상을 볼 수 있도록 손가락이 튕기는 방향을 선택할 수 있습니다.

---

17 카메라의 주의사항을 숙지하지 못한 경우로 옳은 것은?

① 모니터가 파손되어 액정이 손에 닿지 않도록 주의하고 수리를 의뢰하였다.

② 카메라가 갑자기 오작동하여 서비스 지점에 방문해 전문가에게 내부 부품을 수리하였다.

③ 사진을 더 가까이에서 찍기 위해 50cm 앞에서 플래시를 터트려 촬영 하였다.

④ 화재의 위험을 우려하여 프레임 안에 태양을 넣지 않도록 주의하였다.

 사람의 눈 가까이에서 플래시를 터트리면 일시적으로 눈이 안보일 수 있다. 플래시는 적어도 피사체에서 1 미터 정도 떨어져야 하고 유아를 촬영할 때는 특별한 주의를 기울여야 한다.

---

18 터치스크린이 작동하지 않을 때 확인해야 할 사항으로 옳지 않은 것은?

① 스크린에 타사 보호 필름이 부착되어 있는지 확인해본다.

② 최대한 힘을 주어 스크린을 다시 터치해본다.

③ 손가락을 천천히 움직여 본다.

④ 터치 컨트롤 옵션에서 터치 컨트롤이 꺼져있는지 확인해본다.

 스크린에 무리하게 힘을 가하거나 날카로운 물체를 대지 않는다. 타사 보호 필름이 부착되어 있거나, 손톱이나 장갑을 낀 손으로 터치하거나, 살짝 터치하거나, 너무 빠르게 움직여 손가락이 스크린에 닿지 않았을 경우 동작을 인식하지 못 할 수 있다.

19 기술능력이 뛰어난 사람의 특징에 대한 설명 중 옳지 않은 것은?

① 해결이 필요한 문제를 인식한다.

② 한계와 자원이 무한한 환경에서 일한다.

③ 실제적 문제 해결을 위해 지식이나 자원을 선택, 최적화한다.

④ 기술적 해결에 대한 효용성을 평가한다.

 정답해설 기술능력이 뛰어난 사람은 문제의 다양한 해결책을 개발하고 평가하며, 기술적 해결에 대한 효용성을 평가한다. 따라서 ②는 적절하지 않다.

Check Point ---- **기술능력이 뛰어난 사람의 능력 및 특징** ----------------------

• 실질적 해결을 필요로 하는 문제를 인식한다.

• 인식된 문제를 위해 다양한 해결책을 개발하고 평가한다.

• 실제적 문제 해결을 위한 지식이나 자원을 선택·최적화시키며, 이를 적용한다.

• 주어진 한계 속에서 제한된 자원을 가지고 일한다.

• 기술적 해결에 대한 효용성을 평가한다.

• 여러 상황 속에서 기술의 체계와 도구를 사용하고 배울 수 있다.

20 다음 중 OJT(On the Job Training)에 대한 설명으로 옳지 않은 것은?

① OJT란 조직 안에서 종업원이 직무에 종사하면서 받게 되는 교육 훈련방법으로, 직장훈련, 직장지도, 직무상 지도라고도 한다.

② 집합교육에 대한 반성에서 나온 것으로, 업무수행이 중단됨이 없이 필요한 지식·기술·태도를 교육훈련 받는 것을 말한다.

③ 모든 관리자·감독자는 업무수행상의 지휘감독자이자 직원의 능력향상을 위한 교육자이어야 한다는 생각을 기반으로 한다.

④ 지도자의 높은 자질이 요구되지 않으며 훈련 내용의 체계화가 용이하다는 장점을 지닌다.

 정답해설 OJT는 지도자의 높은 자질이 요구되며 교육훈련 내용의 체계화가 어렵다는 것이 단점이다. 이에 따라 OJT의 대상은 비교적 기술직을 대상으로 하지만, 관리직이나 전문직에도 점점 적용시켜나가고 있다.

21 기술의 개념에 관한 다음 설명 중 옳지 않은 것은?

① 기술을 물리적인 것뿐만 아니라 사회적인 것으로서의 지식체계로 정의하는 학자도 있다.

② 구체적인 기술 개념으로 '제품이나 용역을 생산하는 원료나 공정, 자본재 등에 관한 지식의 집합체'라 정의하기도 한다.

③ 기술은 노하우(know-how)와 노와이(know-why)로 구분하며, 여기서 'know-how'란 어떻게 기술이 성립 · 작용하는가에 관한 원리적 측면에 중심을 둔 개념이다.

④ 'know-how'는 경험적 · 반복적 행위에 의해 얻어지는 것이며, 'know-why'는 이론적인 지식으로서 과학적 탐구에 의해 얻어진다.

정답 해설 'know-why'에 대한 설명이다. 즉, 'know-how'란 흔히 특허권을 수반하지 않는 과학자와 엔지니어 등이 가지고 있는 체화된 기술이며, 'know-why'는 어떻게 기술이 성립하고 작용하는가에 관한 원리적 측면에 중심을 둔 개념이다. 기술은 일반적으로 '노하우(know-how)'와 '노와이(know-why)'로 나눌 수 있으며, 원래 'know-how'의 개념이 강하였으나 시대가 지남에 따라 'know-how'와 'know-why'가 결합하게 되었고, 현대적 기술은 주로 과학을 기반으로 하는 기술이 되었다.

22 다음 중 기술에 대한 설명으로 적절하지 않은 것은?

① 기술은 직업 세계에서 필요한 기술적 요소로 구성되는 광의의 개념과 구체적 직무 수행 능력을 의미하는 협의의 개념으로 구분된다.

② 기술은 사회적 변화의 요인이며, 사회적 요인은 기술 개발에 영향을 미친다.

③ 기술은 소프트웨어를 생산하는 과정이 아니라 하드웨어를 생산하는 과정이며, 또한 그것의 활용을 의미한다.

④ 기술은 인간에 의해 만들어진 비자연적인 대상을 의미하지는 않는다.

정답 해설 기술은 인간에 의해 만들어진 비자연적인 대상, 또는 그 이상을 의미한다는 특징을 지닌다.

> **Check Point** ─ **기술의 특징**
> • 하드웨어나 인간에 의해 만들어진 비자연적인 대상, 혹은 그 이상을 의미한다.
> • 기술은 '노하우(know-how)'를 포함한다. 즉, 기술을 설계 · 생산하고 사용하기 위해 필요한 정보 · 기술 · 절차를 갖는데 노하우가 필요하다.
> • 기술은 하드웨어를 생산하는 과정이다.

23 다음 중 과학기술 중심의 미래 산업사회에서 각 산업분야별로 유망하다고 판단되는 기술을 잘못 연결한 것은?

① 전기전자정보공학분야 – 지능형 로봇 분야

② 기계공학분야 – 하이브리드 자동차 기술

③ 화학생명공학분야 – 화석에너지 산업

④ 건설환경공학분야 – 지속 가능한 건축 시스템

정답해설 화학생명공학분야의 미래 첨단산업사회에서 유망한 기술로 떠오르고 있는 것은 재생에너지 산업이다. 화석에너지는 석탄 · 석유 · 천연가스 같은 지하 매장 자원을 에너지원으로 이용하는 것으로, 재생이 불가능하고 매장량이 한정되어 있으며, 대기오염 등 환경오염의 원인물질이라는 단점을 지닌다.

24 다음 중 지속가능한 기술(sustainable technology)의 특징으로 옳지 않은 것은?

① 이용 가능한 자원과 에너지를 고려한다.

② 자원이 사용되고 재생산되는 비율의 조화를 추구한다.

③ 석탄 · 석유와 같이 효용성이 높은 에너지를 활용하는 기술이다.

④ 자원이 생산적인 방식으로 사용되는가에 주의를 기울이는 기술이다.

정답해설 지속가능한 기술이란 태양 에너지와 같이 고갈되지 않는 자연 에너지를 활용하는 기술이므로, 석탄 · 석유와 같은 고갈되는 화석 연료를 활용하는 기술이라 할 수 없다. 지속가능한 기술은 이용 가능한 자원과 에너지를 고려하고, 자원이 사용되고 그것이 재생산되는 비율의 조화를 추구하며, 이러한 자원의 질을 생각하고, 자원이 생산적인 방식으로 사용되는가에 주의를 기울이는 기술이다.

25 다음 중 산업 재해에 해당되지 않는 경우는?

① 휴가 중인 근로자가 무거운 물건을 들다 떨어뜨려 부상당한 경우

② 건축 현장에서 먼지나 분진 등으로 인해 질병이 발생한 경우

③ 새벽에 출근하던 중 뇌경색이 발생한 경우

④ 프레스 작업 중 근로자의 손가락이 절단된 경우

산업재해란 근로자가 업무에 관계되는 건설물 · 설비 · 원재료 · 가스 · 증기 · 분진 등에 의하거나 작업 또는 그 밖의 업무로 인하여 사망 또는 부상하거나 질병에 걸리는 것을 말한다.(산업안전보건법 제2조 제1호) 따라서 휴가 중인 근로자가 부상당한 경우는 업무와 관계되는 일이 아니므로 산업재해로 볼 수 없다. 나머지는 모두 산업재해의 사례에 해당한다.

26 다음 기술 시스템(technological system)에 관한 설명 중 가장 옳지 않은 것은?

① 개별 기술이 네트워크를 통해 기술 시스템을 만드는 것은 과학에서는 볼 수 없는 독특한 특성이다.

② 기술이 발전하면서 이전에 연관되어 있던 기술들은 개별 기술로 분리되는 현상이 뚜렷해지고 있다.

③ 기술이 연결되어 시스템을 만든다는 점을 파악해 기술 시스템이라는 개념을 주장한 사람이 토마스 휴즈(T. Hughes)이다.

④ 기술 시스템에는 기술적인 것과 사회적인 것이 결합해서 공존하고 있다는 점에서 사회기술시스템이라 불리기도 한다.

 기술이 발전하면서 이전에는 없던 연관이 개별 기술들 사이에서 만들어지고 있다. 산업혁명 당시 발전한 광산 기술과 증기기관, 운송기술이 이후 서로 밀접히 연결되는 현상이 나타났으며, 철도와 전신이 서로 독립적으로 발전한 기술이었지만 곧 통합되기 시작해 서로의 기술을 발전시키는 데 중요한 역할을 담당했다는 점 등에서 알 수 있다.

27 다음 중 기술 시스템의 발전 단계를 순서대로 바르게 나타낸 것은?

① 기술 경쟁 단계 → 기술 이전 단계 → 발명 · 개발 · 혁신 단계 → 기술 공고화 단계

② 기술 경쟁 단계 → 기술 공고화 단계 → 기술 이전 단계 → 발명 · 개발 · 혁신 단계

③ 발명 · 개발 · 혁신 단계 → 기술 이전 단계 → 기술 경쟁 단계 → 기술 공고화 단계

④ 발명 · 개발 · 혁신 단계 → 기술 경쟁 단계 → 기술 공고화 단계 → 기술 이전 단계

 기술 시스템은 기술 시스템이 탄생하고 성장하는 발명 · 개발 · 혁신의 단계, 성공적인 기술이 다른 지역으로 이동하는 기술 이전의 단계, 기술 시스템이 경쟁하는 기술 경쟁의 단계, 경쟁에서 승리한 기술 시스템의 관성화 단계인 기술 공고화 단계를 거치며 발전한다. 따라서 올바른 순서는 ③이다.

28 기술선택을 위한 의사결정에 관한 다음 설명 중 옳지 않은 것은?

① 기술선택은 기업이 어떤 기술을 외부로부터 도입할 것인가를 결정하는 것으로, 자체 개발을 통한 활용은 여기에 포함되지 않는다.

② 상향식 기술선택은 기업 전체 차원에서 필요한 기술에 대한 체계적 분석이나 검토 없이 자율적으로 선택하는 것이다.

③ 상향식 기술선택은 시장의 고객들이 요구하는 제품이나 서비스를 개발하는데 부적합한 기술이 선택될 수 있다는 단점이 있다.

④ 하향식 기술선택은 기술경영진과 기획담당자들에 의한 체계적인 분석을 통해 대상기술과 목표 기술수준을 결정하는 것이다.

 기술선택이란 기업이 어떤 기술을 외부로부터 도입하거나 자체 개발하여 활용할 것인가를 결정하는 것을 말한다. 기술을 선택하는데 따른 의사결정은 크게 상향식 기술선택과 하향식 기술선택의 두 가지로 구분된다.

29 다음 중 벤치마킹에 대한 설명으로 적절하지 않은 것은?

① 벤치마킹은 단순한 모방과는 달리 우수한 기업이나 성공한 상품 등의 장점을 충분히 배워 자사의 환경에서 재창조하는 것을 말한다.

② 벤치마킹은 쉽게 아이디어를 얻어 신상품 개발이나 조직 개선을 위한 기법으로 많이 이용된다.

③ 벤치마킹은 비교대상에 따라 직접적 벤치마킹과 간접적 벤치마킹, 경쟁적 벤치마킹과 비경쟁적 벤치마킹으로 구분된다.

④ 벤치마킹 대상을 직접 방문하여 수행하는 방법을 직접적 벤치마킹이라 한다.

 벤치마킹의 종류는 비교대상에 따라 내부 벤치마킹과 글로벌 벤치마킹, 경쟁적 벤치마킹, 비경쟁적 벤치마킹으로 구분되며, 수행 방식에 따라 직접적 벤치마킹과 간접적 벤치마킹으로 구분된다.

30 다음 중 지식재산권(지적 소유권)의 특징으로 옳지 않은 것은?

① 국가 산업발전 및 경쟁력을 결정짓는 '산업자본'이다.

② 눈에 보이지 않는 무형의 재산이다.

③ 다국적 기업화를 억제하는 역할을 한다.

④ 연쇄적 기술개발을 촉진하는 계기를 마련한다.

지식재산권을 활용한 다국적 기업화가 이루어지고 있다. 다국적 기업화는 각국 경제의 상호관계를 긴밀하게 하여 기술 제휴 등 협력을 기반으로 국가 간 장벽을 허물어 세계화를 촉진시키고 있다.

31 다음 중 기술 적용 시 고려해야 할 사항과 가장 거리가 먼 것은?

① 기술 매뉴얼은 갖추어져 있는가?   ② 기술 적용에 많은 비용이 드는가?

③ 기술의 수명 주기는 어떻게 되는가?   ④ 잠재적으로 응용 가능성이 있는가?

 기술 적용 시 매뉴얼이 갖추어져 있는가는 고려해야 할 사항이 아니다. 기술 적용 비용과 수명 주기, 전략적 중요도, 응용 가능성 등이 일반적인 고려 사항에 해당한다.

> **Check Point** --- 기술 적용 시 고려 사항
>
> • 기술 적용에 따른 비용이 많이 드는가?
> • 기술의 수명 주기는 어떻게 되는가?
> • 기술의 전략적 중요도는 어떻게 되는가?
> • 잠재적으로 응용 가능성이 있는가?

32 다음 중 네트워크 혁명의 역기능에 해당하는 내용으로 가장 옳지 않은 것은?

① 디지털 격차 문제   ② 인터넷 게임 중독

③ TV 중독 문제   ④ 정보기술을 이용한 감시

 TV 중독 문제는 네트워크 혁명 이전부터 존재하던 문제로, 네트워크 혁명이 초래한 역기능으로 보기 어렵다. 네트워크 혁명이 초래하는 대표적인 역기능에는 디지털 정보격차, 정보화에 따른 실업 문제, 인터넷 게임과 채팅 중독, 범죄 및 반사회적인 사이트의 활성화, 범죄자들 간의 네트워크 악용, 정보기술을 이용한 감시 등이 있다.

33 다음 제시문의 빈칸에 들어갈 말로 가장 옳은 것은?

> (   )은/는 컴퓨터 온라인을 통하여 학생들의 성적과 진도는 물론, 출석과 결석 등 학사 전반에 걸친 사항 들을 관리해 주는 학습 활동 지원 시스템이다. 따라서 (   )은/는 대학의 수강 · 출석 · 학점관리뿐 아니라 기업의 임직원 교육 및 평가에 이르기까지 다양한 분야에서 폭넓게 이용되고 있어, 최근 다수의 회사에서 도입을 검토하고 있다.

① LMS

② OJT

③ JIT

④ e-learning

정답 해설 LMS(Learning Management System)는 가르치는 사람이나 학습을 관리하는 사람이 학생들의 공부 이력과 장 · 단점, 출 · 결 사항 등 학사에 관한 전반적 사항을 평가해 관리하는 학습 관리 시스템을 말한다. 따라서 온라인 학습이 원활하게 이루어지기 위해서는 이 학습 관리 시스템의 역할이 중요하다고 할 수 있다.

34 산업 재해를 예방하기 위해서는 사고의 원인이 되는 불안전한 행동과 불안전한 상태의 유형을 이해하고, 이들을 잘 분석하여 적절한 대책을 수립해야 한다. 다음에 제시된 산업 재해의 예방 대책을 순서대로 바르게 나열한 것은?

> ㉠ 사고 조사, 안전 점검, 현장 분석, 작업자의 제안 및 여론조사, 관찰 및 보고서 연구 등을 통하여 사실을 발견한다.
> ㉡ 경영자는 안전 목표를 설정하고 안전 관리 책임자를 선정하며, 안전 계획을 수립하고, 이를 시행 · 감독해야 한다.
> ㉢ 안전에 대한 교육 및 훈련 실시, 안전시설과 장비의 결함 개선, 안전 감독 실시 등의 선정된 시정책을 적용한다.
> ㉣ 재해의 발생 장소, 재해 형태, 재해 정도, 관련 인원, 직원 감독의 적절성, 공구 및 장비의 상태 등을 통해 원인을 정확히 분석한다.
> ㉤ 원인 분석을 토대로 적절한 시정책, 즉 기술적 개선, 인사 조정 및 교체, 교육, 설득, 공학적 조치 등을 선정한다.

① ㉠ – ㉡ – ㉤ – ㉢ – ㉣

② ㉡ – ㉠ – ㉢ – ㉣ – ㉤

③ ㉡ – ㉠ – ㉣ – ㉤ – ㉢

④ ㉠ – ㉢ – ㉡ – ㉣ – ㉤

정답 해설 산업 재해의 예방 대책은 '안전 목표의 설정 및 관리 조직(㉡) – 사실의 발견(㉠) – 원인 분석(㉣) – 기술 공고화(㉤) – 시정책 적용 및 뒤처리(㉢)' 순서의 5단계로 이루어진다.

정답 31. ① | 32. ③ | 33. ① | 34. ③

35 기술혁신의 전 과정이 성공적으로 수행되기 위해서는 아이디어 창안, 챔피언, 프로젝트 관리, 정보 수문장, 후원 등의 다섯 가지 핵심적인 역할이 혁신에 참여하는 핵심 인력들에 의해 수행되어야 한다. 다음의 역할 중 리더십을 발휘하는 혁신 활동과 의사결정 능력, 업무 수행 방법에 대한 지식이 자질로서 필요한 것은 무엇인가?

① 아이디어 창안(idea generation)   ② 프로젝트 관리(project leading)
③ 정보 수문장(gate keeping)   ④ 후원(sponsoring or coaching)

 리더십을 발휘하는 혁신 활동과 의사결정 능력과 업무 수행방법에 관한 지식이 필요한 역할은 프로젝트 관리(project leading)이다.

36 다음의 사례에 나타난 실패 원인에 해당하는 것을 아래 〈보기〉에서 모두 고르면?

> A자동차 회사는 자사 브랜드의 인지도와 시장점유율만 믿고 최근 출시된 차량의 작은 불량을 간과하였다. 담당 부서는 이와 관련된 사항을 상급자에게 보고하지 않았고, 언론 공개 시 회사 이미지에 부정적인 영향을 미칠까 우려하여 소비자의 반응도 적극적으로 확인·대응하지 않았다. 하지만 이후 동일한 불량으로 인한 소비자 불만이 급증하기 시작했고, 급기야 이로 인한 심각한 대형 사고가 발생하면서 국내외 언론을 통해 이러한 내막이 공개되기에 이르렀다. 이로 인해 A회사는 막대한 이미지 타격을 입었음은 물론, 손해 배상책임을 지게 되어 큰 손실을 입게 되었다.

┤ 보 기 ├
㉠ 차례 미준수   ㉡ 오만
㉢ 조사 및 검토 부족   ㉣ 조직운영 불량

① ㉠   ② ㉡, ㉣
③ ㉠, ㉡, ㉣   ④ ㉡, ㉢, ㉣

 일본에서 '실패학'을 처음으로 제창했던 하타무라 요타로는 실패의 원인으로, 무지와 부주의, 차례 미준수, 오만, 조사·검토 부족, 조건의 변화, 기획 불량, 가치관 불량, 조직운영 불량, 미지 등 10가지를 제시하였다. 〈보기〉에 제시된 실패의 원인 중, A자동차 회사의 실패 원인으로 적절한 것은 ㉡·㉢·㉣이다.
㉡ A자동차 회사가 자사의 브랜드 인지도와 시장점유율만 믿고 작은 불량을 간과한 것은 오만에 해당한다.
㉢ 불량을 간과하고 소비자의 반응도 적극적으로 확인·대응하지 않은 것은 조사 및 검토가 부족했음을 의미한다.
㉣ 관련 사항을 상급자에게 보고하지 않았고 부정적 이미지를 우려하여 반응하지 않은 것은 조직운영의 불량이라 볼 수 있다.

37 다음은 '기술적 실패'에 대한 각자의 의견을 제시한 것이다. 가장 적절하지 않은 발언은 무엇인가?

① A : 혁신적 기술능력을 가진 사람들은 실패의 영역에서 성공의 영역으로 자신의 기술을 이동시킬 줄 알지.

② B : 실패 중에는 '에디슨식의 실패'도 있고 아무런 보탬이 되지 않는 실패도 있다고 해.

③ C : 개인의 연구 개발처럼 지식을 획득하는 과정에서 겪는 실패는 바람직하지 못한 실패의 예라고 할 수 있어.

④ D : 기업의 실패가 회사를 위태롭게 할 수도 있지만, 실패를 은폐하거나 또는 반복하는 것은 바람직하지 않아.

 개인의 연구 개발과 같이 지식을 획득하는 과정에서 항상 발생하는 실패는 용서받을 수 있으며, 오히려 바람직한 실패에 해당한다.

 ① 혁신적인 기술능력을 가진 사람들은 성공과 실패의 경계를 유동적인 것으로 만들어, 실패의 영역에서 성공의 영역으로 자신의 기술을 이동시킬 줄 안다.

② 실패에는 기술자들이 반드시 겪어야 하는 '에디슨식의 실패'도 있고, 아무런 보탬이 되지 않는 실패도 존재한다. 우리의 기술 문화는 지금까지 성공만을 목표로 달려온 경향이 있어 모든 실패를 다 나쁜 것으로 보는데, 이것은 올바른 태도가 아니다.

④ 실패를 은폐하거나 과거의 실패를 반복하는 것은 바람직하지 않다. 실패를 은폐하다보면 실패가 계속 반복될 수 있고, 결국 실패가 커다란 재앙을 초래하기도 한다.

38 벤치마킹은 비교 대상에 따라 4가지 종류로 분류할 수 있다. 다음 설명이 제시하는 벤치마킹 종류로 가장 알맞은 것은 무엇인가?

- 경영 성과와 관련된 정보 입수가 가능하다.
- 업무 · 기술에 대한 비교가 가능하다.
- 윤리적 문제가 발생할 소지가 있다.
- 대상의 적대적 태도로 인해 자료 수집이 어렵다.

① 내부 벤치마킹   ② 경쟁적 벤치마킹

③ 비경쟁적 벤치마킹   ④ 글로벌 벤치마킹

 제시된 설명은 동일 업종에서 고객을 직접적으로 공유하는 경쟁기업을 대상으로 하는 경쟁적 벤치마킹의 장 · 단점에 대한 것이다. 앞의 두 개는 경쟁적 벤치마킹의 장점이며, 뒤의 두 개는 단점에 해당한다.

39 산업재산권이란 산업활동과 관련된 사람의 정신적 창작물이나 창작된 방법에 대해 인정하는 독점적 권리이다. 다음 설명에 해당하는 산업재산권으로 옳은 것은?

> - 이 권리는 벨이 전기 · 전자를 응용하여 처음으로 전화기를 생각해 낸 것과 같은 대발명의 권리를 확보하는 것을 말한다.
> - 이 권리의 요건으로는 발명이 산업상 이용 가능해야 하고, 새로운 진보적인 발명이라야 하며, 법적인 제약 사유에 해당되지 않아야 한다는 것이다.
> - 이 권리는 설정등록일 후 출원일로부터 20년간 권리를 인정받을 수 있다.

① 특허권　　　　　　　　　　② 실용신안권
③ 의장권　　　　　　　　　　④ 상표권

특허권은 발명한 사람이 자기가 발명한 기술을 독점적으로 사용할 수 있는 권리를 말하는데, 벨이 전기 · 전자를 응용하여 처음으로 전화기를 생각해 낸 것과 같은 대발명의 권리를 확보하는 것을 특허라 할 수 있다. 특허의 요건으로는 발명이 성립되어야 하고, 산업상 이용 가능해야 하며, 새로운 것으로 진보적인 발명이라야 하며, 법적으로 특허를 받을 수 없는 사유에 해당되지 않아야 한다.

40 다음 중 매뉴얼 작성을 위한 방법으로 옳지 않은 것은?

① 매뉴얼 내용 서술에 애매모호한 단어 사용을 금지해야 하며, 추측성 기능의 내용 서술도 절대 금물이다.
② 의미전달을 명확하게 하기 위해 수동태 동사를 사용하며, 명령을 사용함에 있어서 단정적으로 표현하기보다 약한 형태로 표현해야 한다.
③ 사용자가 매뉴얼을 한번 본 후 더 이상 필요하지 않도록, 빨리 외울 수 있도록 배려하는 것이 필요하다.
④ 짧고 의미 있는 제목과 비고(note)를 통해 사용자가 원하는 정보의 위치를 파악할 수 있도록 해야 한다.

매뉴얼은 사용자가 알기 쉽게 쉬운 문장으로 써야 하는데, 의미전달을 명확히 하기 위해서는 수동태보다는 능동태 동사를 사용하며, 명령형은 약한 형태보다는 단정적으로 표현해야 한다.

CHAPTER 09 조직이해능력

> • 조직이해능력은 모든 직군에 필요하나 NCS 과목으로는 비중이 비교적 높지 않다. 규모가 큰 기업과 외국인과 협업해야 하는 조직의 경우 선택된다.
> • 일정하게 정해진 유형은 없으나 SOWT 분석 문제와 규정문제, 기타 조직 업무와 외국인을 대할 때의 모습을 묻는 문제가 출제된다.

대표유형문제

다음 중 A의 하루 일과를 통해 알 수 있는 사실로 옳은 것은?

> A는 대학생으로 월요일부터 금요일까지 학교 수업, 아르바이트, 스터디, 봉사활동을 한다. 다음은 A의 월요일 일과이다.
> • 오전 9시부터 3시까지 학교 수업이 있다.
> • 수업이 끝난 직후 학교 앞 레스토랑에서 3시간 동안 아르바이트를 한다.
> • 아르바이트를 마친 후, 취업 공부를 위해 밤 7시부터 8시까지 스터디를 한다.
> • 스터디 이후 전국적으로 운영되는 노인재가복지단체에서 2시간 동안 봉사활동을 한다.

① 실제 문제를 해결하기 위해 지식이나 자원을 최적화시킬 수 있는 사람인가?

② 주어진 문제에 대한 다양한 해결책을 개발하고 평가할 수 있는가?

❸ 한계나 제약이 없는 경우 자원을 충분히 활용할 수 있는가?

④ 다양한 상황에서 기술 체계와 도구를 사용하고 배울 수 있는가?

정답해설 영리조직은 이윤을 목적으로 하는 조직이므로 제시된 장소 중 레스토랑뿐이다. 레스토랑에서 3시간 동안 아르바이트를 했으므로, ③이 옳다.

① 공식조직은 학교와 레스토랑, 노인재가복지단체가 해당된다. 따라서 A는 11시간 동안 있었다.

② 비공식조직이면서 소규모 조직인 곳은 스터디뿐이므로, 1시간 동안 있었다.

④ 비영리조직이면서 대규모 조직인 곳은 학교와 노인재가복지단체이다. A는 여기에 8시간 동안 있었다.

기초응용문제

01 다음 조직 중 영리조직에 속하는 조직은?

> ㉠ 사기업   ㉡ 정부조직   ㉢ 병원
> ㉣ 대학   ㉤ 시민단체

① ㉠   ② ㉡, ㉢
③ ㉣, ㉤   ④ ㉠, ㉢

정답해설 정부조직, 병원, 대학, 시민단체는 모두 비영리조직이다.

Check Point ---- **조직의 유형**

- **공식성** : 공식조직, 비공식조직   • **영리성** : 영리조직, 비영리조직
- **조직규모** : 소규모 조직, 대규모조직

02 다음 중 경영의 구성요소에 속하는 것이 아닌 것을 모두 고른 것은?

> ㉠ 경영목적   ㉡ 자금   ㉢ 인적자원
> ㉣ 경영전략   ㉤ 규칙과 규정   ㉥ 조직문화

① ㉠, ㉡   ② ㉢, ㉣
③ ㉤, ㉥   ④ ㉣, ㉥

정답해설 규칙과 규정, 조직문화는 조직체제의 구성요소이다.

Check Point ---- **경영의 구성요소**

- **경영의 목적** : 조직의 목적을 달성하기 위한 과정과 방법
- **인적자원** : 조직의 구성원과 이들의 배치
- **자금** : 경영에 사용할 수 있는 돈
- **경영전략** : 경영목적을 달성하기 위한 경영활동의 체계화

03 다음 중 경영에 대한 설명으로 적절하지 않은 것은?

① 경영자는 외부환경을 모니터하고 대외적 협상을 주도해야한다.

② 내부경영활동에는 인사관리, 마케팅 등이 있다.

③ 경영이란 조직의 목적을 달성하기 위한 전략 · 관리 · 운영 등의 활동을 말한다.

④ 경영은 경영계획 → 경영실행 → 경영평가의 과정을 거친다.

 정답 해설 마케팅은 외부경영활동이다.
• **외부경영활동** : 조직외부에서 조직의 효율을 높이기 위한 마케팅 등의 활동
• **내부경영활동** : 조직내부의 인적, 물적 자원과 기술을 관리하는 활동으로 인사관리, 재무관리, 생산관리 등이 있다.

04 브레인스토밍의 규칙에 대한 설명으로 적절하지 않은 것은?

① 다른 사람의 아이디어에 대한 비판을 자제한다.

② 자유롭게 의결을 제안한다.

③ 가급적 적은 아이디어를 제시하여 효율성을 높인다.

④ 아이디어에 대한 해결책을 제시한다.

 정답 해설 가급적 많은 아이디어를 제시한다.
• **브레인스토밍** : 여러 명이 문제해결을 위해 아이디어를 비판 없이 제시하여 해결책을 찾는 방법

05 업무 방해와 관련된 설명으로 적절하지 않은 것은?

① 방문, 전화, 메신저 등은 시간을 정해서 해야 방해요인이 줄어든다.

② 사람들 간의 갈등을 해결하는 데 가장 중요한 것은 대화와 협상이다.

③ 스트레스는 무조건 받지 말아야 한다.

④ 사람들과의 대화 단절은 바람직하지 못하다.

 정답 해설 적정수준의 스트레스는 자극을 주기 때문에 최적의 성과를 내게 도와주기도 한다.

정답 01. ① | 02. ③ | 03. ② | 04. ③ | 05. ③

Check Point ···· 업무 방해요인 관리 ··

- **인터넷, 방문, 전화 메신저** : 시간을 정한다.
- **갈등관리** : 원인파악, 해결책 고찰, 대화와 협상
- **스트레스** : 시간관리, 긍정적인 사고, 신체적 운동, 전문가 도움

06 조직 변화에 대한 설명으로 적절하지 않은 것은?

① 조직의 목적을 위해 문화를 변화시키기도 한다.

② 기술변화는 신기술이 도입되는 것을 말한다.

③ 전략과 구조의 변화는 조직의 목적을 달성하고 효율성을 높이기 위해 개선하는 변화이다.

④ 제품과 서비스의 변화는 신제품과 새로운 서비스를 만드는 변화이다.

 제품과 서비스의 변화는 기존 제품이나 서비스의 문제점을 인식하고 고객의 요구에 부응하기 위한 것으로 고객을 늘리거나 새로운 시장을 확대하기 위해서 변화된다.

07 조직변화의 과정을 순서대로 나열한 것은?

> ㉠ 조직변화 방향 수립   ㉡ 변화결과 평가
> ㉢ 환경변화 인지   ㉣ 조직변화 실행

① ㉠ → ㉢ → ㉣ → ㉡   ② ㉢ → ㉠ → ㉣ → ㉡

③ ㉢ → ㉠ → ㉡ → ㉣   ④ ㉢ → ㉣ → ㉠ → ㉡

 조직변화는 환경변화인지 → 조직변화 방향 수립 → 조직변화 실행 → 변화결과 평가 순으로 이루어진다.

08 조직문화의 기능에 대한 설명으로 적절하지 않은 것은?

① 구성원들에게 일체감과 정체성 등을 부여한다.

② 구성원들의 조직몰입을 향상시킨다.

③ 조직의 안정성을 유지한다.

④ 구성원들을 개별화 및 일탈행동을 통제한다.

구성원들의 행동지침이 되어 사회화 및 일탈행동을 통제한다.

• **조직문화** : 한 조직체의 구성원모두 공유하고 있는 가치관과 신념, 생활양식, 이데올로기와 관습, 규범과 전통 및 지식과 기술 등을 모두 포함한 종합적인 개념으로 조직전체와 구성원들의 행동에 영향을 미친다.

09 국제감각에 대한 설명으로 적절하지 않은 것은?

① 업무와 관련되어 국제적인 동향을 파악하고 이를 적용할 수 있는 능력이다.

② 다국적 기업의 증가로 인하여 더욱 중요시 되었다.

③ 문화충격을 대비하기 위하여 자기가 속한 문화를 기준으로 다른 문화를 접해야 한다.

④ 언어적 커뮤니케이션과 비언어적 커뮤니케이션인 이문화 커뮤니케이션을 적절히 사용해야 한다.

문화충격을 대비하기 위해서 자신이 속한 문화를 기준으로 다른 문화를 평가하는 것은 자제해야한다.

• **문화충격** : 문화권에 속한 사람이 다른 문화를 접하게 되었을 때 체험하는 충격

10 국제 매너에 대한 설명으로 적절하지 않은 것은?

① 미국인들과의 약속에서는 시간을 반드시 엄수하는 것이 좋다.

② 아프리카인과 대화 할 때는 시선을 마주보고 이야기한다.

③ 미국인과 이야기 할 때는 호칭을 먼저 물어본다.

④ 서양요리를 먹을 때 빵은 손으로 떼어 먹는다.

아프리카에서는 시선을 마주보고 대화하는 것이 실례이기 때문에 코 끝 정도를 보면서 대화한다.

11 다음 지문에서 밑줄 친 부분에 대한 설명으로 적절하지 않은 것은?

> A씨는 최근 직장을 그만두고 지인들과 컨설팅 회사를 설립하였다. A씨는 조직을 운영하는데 가장 기본이 되는 것은 사람이므로 '인간존중'이 최우선이라고 생각하였다. 이에 따라 A씨와 지인들은 '인간존중'을 ㉠경영목적으로 하고, 구체적인 ㉡경영전략을 수립하였다. 또한 회사를 운영하기 위한 ㉢자금을 마련하여 법인으로 등록하고, ㉣근로자를 모집, 채용하였다.

① ㉠ : ㉠을 달성하기 위해서 A씨는 어느 정도 달성되었는지, 그리고 얼마나 효율적으로 달성되었는지에 대해 평가를 받게 된다.

② ㉡ : 기업 내 모든 자원을 ㉠을 달성하기 위해 조직화 하고, 실행하는 방침 및 활동이다.

③ ㉢ : A씨가 경영활동을 통해 얻어야 하는 이윤이다.

④ ㉣ : A씨는 이들을 적재적소에 배치, 활용하여야 한다.

정답해설 경영의 구성요소는 경영목적, 인적자원, 자금, 전략이다. 자금은 경영활동에서 사용할 수 있는 돈으로 영리기업일 경우 경영활동을 통해 이윤을 창출하는 기초가 된다.

12 다음 지문의 빈칸에 들어갈 용어로 적절한 것은?

> 리더십만큼 중요한 것은 (   )이다. 유능한 지도자 밑에서 역량 있는 부하가 탄생하기도 하지만, 좋은 직원들이 멋진 상사를 만들 수도 있다. '(   )들도 분명히 리더십의 중요한 일부분이다.' 미 공군사관학교 리더십 강사 리처드 휴즈의 말이다. '야구에서 투수가 아무리 잘 던져도 그것을 제대로 받을 수 있는 좋은 포수가 없으면 아무 의미가 없다.' 허먼 밀러의 맥스 디프리 회장의 이야기이다.
> 아무리 좋은 부하직원도 상사가 관리하지 않고 방치하면 별 볼 일 없어진다. 상사도 마찬가지이다. 좋은 (   )을 만나지 못하면 리더도 제 역량을 발휘하지 못한다.
> (   )의 수준이 높아져야 리더의 질도 높아진다. '국민은 꼭 자기 수준에 맞는 지도자를 갖게 되어 있다.' 처칠의 이야기이다.

① 팔로워   ② 프렌드

③ 오너   ④ 라이벌

정답해설 지문은 리더의 뒤에 오는 사람인 '팔로워'에 대한 중요성을 말하고 있다.
• **팔로워십** : 리더십에 반대되는 말로서 추종자 정신, 추종력 등을 가리킨다. 즉 조직 구성원이 사회적 역할과 조직목적 달성에 필요한 역량을 구비하고, 조직의 권위와 규범에 따라 주어진 과업과 임무를 달성하기 위하여 바람직한 자세와 역할을 하도록 하는 제반 활동 과정을 의미한다.

13 다음 지문의 Upjohn사는 잘못된 의사결정에 빠지는 함정에 빠졌다. 이 회사가 성공적인 의사결정을 위한 방법으로 가장 적절한 것은?

> 잘못된 의사결정으로 쇠락의 길로 접어드는 기업도 많이 있다. 제약 산업에 있었던 Upjohn사는 Merck 등 대규모 제약 회사들이 대규모 R&D 시설을 확충하면서, 신제품 개발 등 기술적인 면에서는 더 이상 경쟁 할 수 없는 현실에 처하게 되었다. 그럼에도 불구하고, 맹목적으로 R&D 투자를 더욱 늘리는가 하면, 충분한 역량검증 없이 그 당시 성장산업이었던 플라스틱과 화학 사업으로 다각화를 하다가, 결국 자금 부족 및 수익성 악화로 Pharmacia 회사에 합병되는 결과를 맞이하였다.

① 결정한 것은 끝까지 성공시켜야 한다.

② 과거 자료나 추세만을 중시한다.

③ 나의 능력을 믿는다.

④ 현실을 냉철하게 직시하라.

①, ②, ③은 잘못된 의사결정에 빠지는 함정이다. 현실을 냉철하게 직시하고 그에 맞는 전략을 세워야 한다.

잘못된 의사결정에 빠지는 5가지 함정	성공적 의사결정을 위한 포인트
1. 눈으로 보는 것만이 현실이다.	1. 서로 다른 유형의 사람들 옆에 두어라.
2. 결정한 것은 끝까지 성공시켜야 한다.	2. 현실을 냉철하게 직시하라.
3. 과거 자료나 추세만을 중시한다.	3. 가치 있는 실수는 과감히 포용하라.
4. 자신에게 편한 방식을 고수한다.	4. 현장에서 정보를 얻어라.
5. 나의 능력을 믿는다.	5. 자신에게 솔직해야 한다.

14 마이클 포터가 제시한 전략 중 다음 사례에서 선택해야 하는 전략에 대한 설명으로 가장 옳은 것은?

> 삼성은 여전히 1위다. 그러나 불안한 1등이다. 애플은 여전히 힘겨운 상대이고 샤오미·화웨이와 같이 변방에 있던 중국업체가 턱밑까지 치고 올라왔다. 스마트폰 시장 전체 수익률 91%를 독점하는 애플도 위기다. 해법은 결국 비용이다. 제일 먼저 휴대폰 라인업을 줄여야 한다. 삼성은 대략 한해에 250~300개 모델을 출시한다. 이에 따른 '오버헤드(Corporate overhead)'가 만만치 않다. 한대 휴대폰을 시험인증 받는데 드는 비용만 대략 20억~25억 원 수준이다. 각 나라에서 인증 비용만 6500억 원에서 7000억 원에 든다는 얘기다. 각 나라 모델별로 필요한 지적재산권을 포함해 서비스 지원과 소프트웨어 개발에 드는 인력과 비용도 상당할 것이다.

> 애플처럼 1년에 단 한 모델로 승부하지 못하더라도 절반 이하의 핵심모델로 집중하는 전략을 고민해야 한다. 스마트폰 성장세는 이미 꼭지를 찍었다. 무엇보다 시장이 변했다. 이미 기술은 보편화됐고 소비자는 더 이상 기능을 이야기하지 않는다. 오히려 '성능 과잉(Over-spec)'에 피로감마저 느낀다. PC시절과 정확히 닮은꼴이다. 중저가 스마트폰이 득세하는 배경도 여기에 있다. 시장에 불고 있는 범용화의 큰 물결을 거스를 수 없는 것이다.

① 대량생산을 통해 단위 원가를 맞추거나 새로운 생산기술을 개발한다. 70년대 우리나라의 섬유업체나 신발업체 등이 미국시장에 진출할 때 취하였다.

② 생산품이나 서비스를 차별화하여 고개에게 가치가 있고 독특하게 인식되도록 한다. 연구개발이나 광고를 통해 기술, 품질, 서비스, 브랜드 이미지를 개선해야 한다.

③ 경쟁조직들이 소홀히 하고 있는 한정된 시장을 집중적으로 공략해야 한다.

④ 경쟁이 어려운 부분은 포기하고 경쟁력 있는 새로운 사업에 도전해야 한다.

정답해설 지문에서는 마이클 포터의 경쟁전략 중 경쟁사보다 낮은 비용으로 저렴하게 판매하는 원가우위 전략을 취하는 것이 적절하다.

오답해설 ② 차별화 전략에 대한 설명이다.
③ 집중화 전략에 대한 설명이다.

15 다음 사례는 글로벌 기업 경영 전략 중 무엇에 나타내고 있는가?

> 세계적인 건설 엔지니어링 기업 벡텔의 현지 경영은 지난 이라크 전후복구 사업 수주 시 큰 힘을 발휘하기도 했다. 이 회사는 중동 각국 정부의 고위관리 및 재계 인사들과의 네트워크를 효과적으로 활용하는 동시에 현지 사정에 정통한 지역전문가를 전문경영인으로 고용, 핵심기술만을 자사에서 제공하고 그 회에는 대부분 현지 하청업체를 이용함으로써 큰 비용 절감을 보았다.

① 끊임없이 연구하라 – R&D를 기업의 근본으로

② 더 이상 정해진 국적은 없다 – 다양한 현지화 전략

③ 영원한 적은 없다 – 전략적 제휴 및 M&A

④ 변화하라 또 변화하라 – 지속적인 변화와 혁신추구

정답해설 벡텔이 현지화 전략을 통해 성공한 사례이다.

Check Point 글로벌 기업 경영전략

- 끊임없이 연구하라 – R&D를 기업의 근본으로   예 에릭슨의 매출의 15~20%의 과감한 연구 투자
- 더 이상 정해진 국적은 없다 – 다양한 현지화 전략   예 월마트의 현지 점포명 살리기 전략
- 영원한 적은 없다 – 전략적 제휴 및 M&A   예 상하이기차의 70여개 합자기업 설립
- 변화하라 또 변화하라 – 지속적인 변화와 혁신 추구   예 테스코의 경쟁기업 보다 앞선 e–Commerce 진출
- 깨끗하고 투명한 기업 만들기 – 윤리 경영의 중요성   예 비리로 인해 큰 손해를 본 기업

16 다음의 '에쿼티 모델'은 경영참가제도의 어떤 유형에 대한 사례인가?

종업원 지주제로 대표되는 '에쿼티 모델'은 주식 소유는 물론 주인의식과 공통의 헌신이라는 3가지 요소로 이뤄져 있다. 이들이 주식에 집착하는 또 다른 현실적 이유는 소득=임노동의 단일 고리를 끊고 노동자도 자본소득을 올려야 한다는 데 있다. 국내총생산(GDP)에서 자본소득 분배율은 급격히 높아지는데 노동소득 분배율은 끝없이 추락하고 있기 때문이다. 종업원 소유제로 임금+배당+주가 차익을 얻게 되니 실업 걱정을 덜어서 좋다.

① 경영참가   ② 이윤참가

③ 자본참가   ④ 경제참가

 정답 해설   근로자가 회사의 주식을 취득하는 종업원 지주제도는 자본참가의 형태이다.

Check Point

- **경영참가** : 경영자의 권한인 의사결정과정에 근로자 또는 노동조합이 참여하는 것으로, 대표적인 노사협의회는 노사 대표로 구성되는 합동기구로서 생산성 향상, 근로자 복지 증진, 교육훈련, 기타 작업환경 개선 등을 논의한다.
- **이윤참가** : 조직의 경영성과에 대하여 근로자에게 배분하는 것으로 조직체에 대한 구성원의 몰입과 관심을 높일 수 있다. 근로자 혹은 노동조합이 경영의 성과증진에 적극적으로 기여하고 그 대가를 임금 이외의 형태로 보상을 받는다.
- **자본참가** : 근로자가 조직 재산의 소유에 참여하는 것으로, 근로자가 회사의 주식을 취득하는 종업원지주제도, 노동제공을 출자의 한 형식으로 간주하여 주식을 제공하는 노동지주제도 등이 있다. 근로자들의 주인의식, 성취동기를 유발하고, 퇴직 후 생활자금을 확보할 수 있는 방법이다.

17 다음 지문에서 설명하고 있는 조직 유형의 특징이 바르게 설명된 것은?

> 환경변화에 대해 신축적인 적응력을 가지며 혁신적인 의사결정도 활발히 행하는 조직으로 각자가 갖는 의사결정의 자유와 책임이 크고 자아실현의 욕구가 충족되는 조직이다.

> ㉠ 구성원들의 업무가 분명하게 규정   ㉡ 비공식적인 상호의사소통
> ㉢ 엄격한 상하 간 위계질서   ㉣ 급변하는 환경에 적합한 조직
> ㉤ 다수의 규칙과 규정 존재

① ㉠, ㉡   ② ㉢, ㉣

③ ㉣, ㉤   ④ ㉡, ㉣

 지문은 유기적 조직에 대한 설명이다. ㉡, ㉣은 유기적 조직의 특징이고, ㉠, ㉢, ㉤은 기계적 조직의 특징이다.

	기계적 조직	유기적 조직
적합한 환경	안정적 환경	동태적 환경
작업의 분업화	높음	낮음
의사소통	명령과 지시	충고와 자문
권한의 위치	조직의 최고층에 집중	능력과 기술을 가진 곳
갈등해결 방식	상급자의 의사결정	토론과 기타 상호작용
정보의 흐름	제한적이며 하향적	상하로 자유로움
공식화	높음	낮음

18 다음에서 설명하고 있는 조직은 어떤 구조인가?

> 특정사업 수행을 위한 것으로 해당분야의 전문성을 지닌 소속 직원들이 본연의 업무와 특정사업을 동시에 수행하는 '투-잡'형태로 운영된다. 이는 권한과 책임을 강화하기 위해 보직명령 형태로 운영되며 특정사건 발생 시 여러 기능부서 직원들이 모여 통합조사반을 편성해 심도 있는 조사를 실시한다.

① 매트릭스 구조   ② 기능 구조

③ 수평 구조   ④ 네트워크 구조

 보기에서 설명하고 있는 조직은 매트릭스 구조에 대한 설명이다.

② **기능 구조** : 조직의 전체 업무를 공동기능 별로 부서화한 조직으로 수평적 조정의 필요성이 낮을 때 효과적이다.
③ **수평 구조** : 구성원을 핵심 업무과정 중심으로 조직화한 구조로 팀조직이 대표적이다. 부서간 경계를 제거하여 개인을 팀 단위로 모아 의사소통과 조정을 용이하게 한다.
④ **네트워크 구조** : 조직의 자체기능은 핵심역량 위주로만 합리화하고 여타 부수적인 기능은 외부기관들과 아웃소싱을 통해 연계·수행하는 조직

19 다음은 조직의 성격에 따른 4가지 문화 구분이다. 이중 자율성은 낮으나 안정적이며, 외부지향적인 문화에 대한 설명으로 옳은 것은?

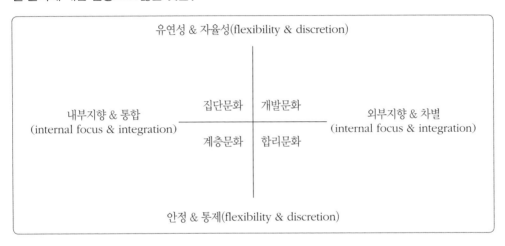

① 관계지향적인 문화이며, 조직구성원 간 인간애 또는 인간미를 중시하는 문화로서 조직내부의 통합과 유연한 인간관계를 강조한다.

② 높은 유연성과 개성을 강조하며 외부환경에 대한 변화지향성과 신축적 대응성을 기반으로 조직구성원의 도전의식, 모험성, 창의성, 혁신성, 자원획득 등을 중시한다.

③ 과업지향적인 문화로, 결과지향적인 조직으로써의 업무의 완수를 강조한다.

④ 조직내부의 통합과 안정성을 확보하고 현상유지차원에서 계층화되고 서열화 된 조직구조를 중요시하는 조직문화이다.

 이중 자율성은 낮으나 안정적이며, 외부지향적인 문화는 합리문화이다.

 ① 집단문화에 대한 설명이다.
② 개발문화에 대한 설명이다.
④ 계층문화에 대한 설명이다.

20 다음은 기안문 작성법이다. 이를 보고 기안문을 만들 때 잘 이해하고 있는 사람은?

기안문 작성법

1. 구성
   (1) 두문 : 기관명, 수신, 경유로 구성된다.
   (2) 본문 : 제목, 내용, 붙임(첨부)으로 구성된다.
   (3) 결문 : 발신명의, 기안자 및 검토자의 직위와 직급 및 서명, 결재권자의 직위와 직급 및 서명, 협조
       자의 직위와 직급 및 서명, 시행 및 시행일자, 접수 및 접수일자, 기관의 우편번호, 도로명 주소, 홈
       페이지 주소, 전화, 팩스, 작성자의 전자우편 주소, 공개구분(완전공개, 부분공개, 비공개)로 구성된
       다.

2. 일반 기안문 결재방법
   (1) 결재 시에는 본인의 성명을 직접 쓴다. 전자문서의 경우에는 전자이미지 서명을 사용한다.
   (2) 전결의 경우에는 전결권자가 '전결' 표시를 하고 서명을 한다.
   (3) 전결을 대결하는 경우에는 전결권자의 란에는 '전결'이라고 쓰고 대결하는 자의 란에 '대결'의 표시
       를 하고 서명한다. 결재하지 않는 자의 서명 란은 별도로 두지 않는다.

---

① A 사원 : 본문의 내용에 부족한 부분은 결문에 첨부하여야겠다.

② B 대리 : 도로명 주소를 알 수 없으니 우편번호와 옛 주소로 작성해야겠다.

③ C 팀장 : 부장님이 나보고 결재 하라고 하였으니 전결권자 란에 대결이라고 써야겠다.

④ D 과장 : 내가 결재해야 되니 내 이름으로 서명하고 전결이라고 표시해야겠다.

기안문 결재 방법에 결재 시에는 본인의 성명을 직접 서명하고, 전결의 경우에는 전결권자가 전결표시를 하고 서명
한다고 되어있다.

① 첨부는 본문에 해당된다.
② 도로명 주소로 작성해야한다.
③ 전결을 대결하는 경우에는 전결권자의 란에는 '전결'이라고 쓰고 대결하는 자의 란에 '대결'의 표시를 하고 서명해
  야 한다.

21 해외 영업직 Q부장은 독립에 자사 제품을 판매하기 위해 독일 바이어를 만나기로 하였다. 다음 중 Q부장이 행동으로 적절하지 못한 것은 무엇인가?

① 허세나 과장 없이 상품에 대한 자세한 설명을 하였다.

② 금요일 오후에 일정을 잡고 약속시간 이전에 나와서 기다렸다.

③ 만나서 눈을 보며 악수를 하고 개인적 사항은 묻지 않았다.

④ 협상 시 실망하는 모습이 보여 즉석에서 사과하고 보상을 하였다.

 정답 해설 독일 비즈니스 문화는 금요일 2시나 3시에 업무를 종료하는 회사가 많기 때문에 금요일 오후에는 약속을 잡지 않아야 한다.

[22~23] 다음 결재 규정을 보고 이어지는 질문에 답하시오.

〈결재규정〉

- 결재를 받으려는 업무에 대해서는 최고결재권자(대표이사)를 포함한 이하 직책자의 결재를 받아야 한다.
- 전결이라 함은 회사의 경영활동이나 관리활동을 수행함에 있어 의사 결정이나 판단을 요하는 일에 대하여 최고결재권자의 결재를 생략하고, 자신의 책임 하에 최종적으로 의사 결정이나 판단을 하는 행위를 말한다.
- 전결사항에 대해서도 위임받은 자를 포함한 이하 직책자의 결재를 받아야 한다.
- 표시내용 : 결재를 올리는 자는 최고결재권자로부터 전결사상을 위임 받은 자가 있는 경우 결재란에 전결이라고 표시하고 최종 결재권자란에 위임 받은 자를 표시한다. 다만, 결재가 불필요한 직책자의 결재란은 상향대각선으로 표시한다.
- 최고결재권자의 결재사항 및 최고결재권자로부터 위임된 전결사항은 아래의 표에 따른다.

구분	내용	금액기준	결재서류	팀장	본부장	대표 이사
접대비	경조사비 사업식대	10만원 이하	접대비지출품의서 지출결의서	● ■		
		10만원 초과			●	■
		30만원 초과				● ■
법인카드	법인카드	10만원 이하	법인카드신청서 기안서	■		
		10만원 초과			● ■	
		30만원 초과				■

● : 기안서, 출장계획서, 출장비신청서, 접대비지출품의서
■ : 지출결의서, 각종 신청서, 법인카드 신청서

22 C사원은 이번 출장 중에 유류비와 식비로 30만 원을 법인카드로 결제하였다. 다음 중 C사원이 작성한 결재양식으로 옳은 것은?

①

법인카드 신청서				
결재	담당	팀장	본부장	최종 결재
	C		전결	대표 이사

②

기안서				
결재	담당	팀장	본부장	최종 결재
	C	전결	/	대표 이사

③

기안서				
결재	담당	팀장	본부장	최종 결재
	C	전결	/	대표 이사

④

법인카드 신청서				
결재	담당	팀장	본부장	최종 결재
	C		전결	본부장

정답해설 법인카드로 30만 원을 결제했기 때문에 법인카드 부분에서 법인카드신청서 또는 기안서를 본부장이 결재해야 한다.
따라서 ④가 맞는 결재양식이다.

23 신입사원이 결혼을 하여 Z사원이 회사 축의금으로 10만 원을 보내고 만든 결재 양식이다. 작성한 부분 중 잘못된 곳은?

① 지출결의서				
결재	담당	팀장	본부장	최종 결재
	Z	② 전결	③	④ 팀장

 정답해설 축의금으로 10만 원을 결제했기 때문에 접대비 부분에서 팀장이 접대비지출품의서나 지출결의서를 결재해야한다.
따라서 아래의 결재서가 맞는 양식이다.

지출결의서				
결재	담당	팀장	본부장	최종 결재
	Z	전결	/	팀장

[24~25] 다음은 SWOT에 대한 설명이다. 설명을 읽고 이어지는 질문에 답하시오.

SWOT 분석이란 기업 내부의 강점(Strength)과 약점(Weakness), 기업을 둘러싼 외부의 요인인 기회(Opportunity)와 위협(Threat)이이라는 4가지 요소를 규정하고 이를 토대로 기업의 경영전략을 수립하는 기업이다. SO(강점:기회)전략은 시장의 기회를 활용하기 위해 강점을 적극 활용하는 전략이고, WO(약점:기회)전략은 약점을 극복하거나 제거함으로써 시장의 기회를 활용하는 전략이다. ST(강점:위협)전략은 시장의 위협을 회피하기 위해 강점을 사용하는 전략이고, WT(약점:위험) 전략은 위협을 회피하고 약점을 최소화 하거나 없애는 전략이다.

내부환경 외부환경	강점(Strength)	약점(Weakness)
기회(Opportunity)	SO(강점:기회)전략	WO(약점:기회)전략
위협(Threat)	ST(강점:위협)전략	WT(약점:위험)전략

24 다음 SWTO 분석을 보고 세운 전략으로 적절한 것은?

• 별난 가게 SWTO분석	
강점	• 산지에서 공수한 싱싱함 • 뛰어난 외모의 종업원
약점	• 짧은 가게 오픈 시간 • 조리 시간이 김
기회	• 주변에 산지에서 공수한 재료를 사용하는 전문점 없음 • 아직 별난 가게를 모르는 주변 사람이 많음
위협	• 다른 종류의 음식점이 맞은편에 들어섬 • 임대료가 올라감

내부 환경 외부 환경	강점(Strength)	약점(Weakness)
기회(Opportunity)	① 싱싱한 음식을 더 빨리 조리할 기구를 구입한다.	② 오픈 시간을 늘리고 조리 시간이 짧은 메뉴를 개발한다.
위협(Threat)	③ 종업원을 전면에 내세워 적극적인 마케팅 활동을 한다.	④ 싱싱한 재료를 주제로 주변에 전단지를 돌려 가게를 홍보한다.

강점인 뛰어난 외모의 종업원을 내세워 기회인 주변의 가게를 모르는 사람에게 마케팅 활동을 하는 것은 ST전략으로 옳은 방법이다.

 ① WO전략이다.
② 약점에 대한 보완점만 있다.
④ ST전략이다.

25 다음 SWTO 분석을 보고 세운 전략 중 적절하지 않은 것은?

• 매콤 닭발의 SWTO분석	
강점	• 브랜드 충성도가 높다. • 브랜드 가치가 높다.
약점	• 가격이 경쟁업체에 비해 높다. • 매장이 좁다.
기회	• 매운 음식의 선호도가 높아지고 있다. • 닭의 가격이 하락하고 있다.
위협	• 주변에 다른 닭요리 음식점이 생기고 있다. • 높은 가격을 피하는 인식이 퍼지고 있다.

내부 환경 외부 환경	강점(Strength)	약점(Weakness)
기회(Opportunity)	① 브랜드 홍보를 통해 매운 음식의 입지를 강화한다.	② 매장을 넓히고 특별 세일 기간을 두고 싸게 판매한다.
위협(Threat)	③ 높은 브랜드 충성도를 믿고 여러 신규 매장을 오픈하여 공격적으로 마케팅 한다.	④ 브랜드 고급화를 믿고 높은 가격 높은 품질을 차별화로 홍보한다.

 WT전략은 약점을 보완하고 위협을 피하는 전략을 세워야 한다. 약점을 보완하기 위해 가격을 경쟁업체와 비교하여 맞추거나 좁은 매장을 넓히는 방법과 위협을 피하기 위해 높은 가격을 피하는 인식을 극복할 전략이나 주변의 다른 닭요리 점과 경쟁에서 이길 방법 등을 생각해 봐야 한다.

26 경영자의 역할에 대한 다음 설명 중 옳지 않은 것은?

① 조직의 수직적 체계에 따라 최고경영자와 중간경영자, 하부경영자로 구분된다.

② 중간경영자는 경영부문별로 최고경영층이 설정한 목표·전략·정책의 집행 활동을 수행한다.

③ 민츠버그가 분류한 경영자의 역할 중 대인적 역할은 협상가, 분쟁조정자, 자원배분자로서의 역할을 의미한다.

④ 정보적 역할은 외부 환경 변화를 모니터링하고 이를 조직에 전달하는 역할을 의미한다.

 민츠버그(Mintzberg)가 분류한 경영자의 역할은 대인적·정보적·의사결정적 활동의 3가지로 구분되는데, 대인적 역할은 대외적으로 조직을 대표하고 대내적으로 조직을 이끄는 리더로서 역할을 의미하며, 의사결정적 역할은 조직 내 문제를 해결하고 대외적 협상을 주도하는 협상가, 분쟁조정자, 자원배분자로서의 역할을 의미한다.

27 다음 중 조직에서의 업무 배정에 관한 설명으로 옳지 않은 것은?

① 업무를 배정하는 것은 조직을 가로로 분할하는 것을 말한다.

② 업무는 조직 전체의 목적 달성을 위해 효과적으로 분배되어야 한다.

③ 업무의 실제 배정은 일의 동일성이나 유사성, 관련성에 따라 이루어진다.

④ 직위는 조직의 업무체계 중에서 하나의 업무가 차지하는 위치이다.

 조직의 업무 배정은 효과적인 목적 달성과 원활한 처리 구조를 위한 것으로, 이는 조직을 세로로 분할하는 것을 말한다. 조직을 가로로 분할하는 것은 직급이나 계층의 구분과 관련이 있다.

28 다음 중 직업인들이 업무를 공적으로 수행할 수 있는 힘을 뜻하는 말로 옳은 것은?

① 업무 기능

② 업무 권한

③ 업무 역할

④ 업무 책임

 직업인들이 업무를 공적으로 수행할 수 있는 힘을 업무 권한이라고 하며, 직업인은 업무 권한에 따라 자신이 수행한 일에 대한 책임도 부여받게 된다. 이러한 업무 권한은 자신의 결정에 다른 사람들이 따르게 할 수 있는 힘이 되기도 한다.

29 다음 중 조직변화에 대한 설명으로 옳지 않은 것은?

① 조직이 새로운 아이디어나 행동을 받아들이는 것을 조직변화라 한다.

② 조직변화의 과정은 환경변화를 인지하는 데에서 시작된다.

③ 제품이나 서비스의 변화는 고객이나 새로운 시장 확대를 위해서 이루어진다.

④ 기존의 조직구조와 경영방식 하에서 환경변화에 따라 조직변화가 이루어진다.

 정답해설 전략이나 구조의 변화는 조직구조나 경영방식을 개선하는 것을 말한다. 조직변화는 제품과 서비스, 전략, 구조, 기술, 문화 등에서 이루어질 수 있는데, 조직변화 중 전략이나 구조의 변화는 조직의 목적을 달성하고 효율성을 높이기 위해서 조직의 경영과 관계되며, 조직구조와 경영방식, 각종 시스템 등을 개선하는 것을 말한다.

30 조직에서의 의사결정 과정에 대한 설명으로 옳지 않은 것은?

① 조직에서의 의사결정은 혁신적 결정보다 점진적 방식으로 이루어진다.

② 진단 단계는 문제의 심각성에 따라 체계적 또는 비공식적으로 이루어진다.

③ 개발 단계는 확인된 문제에 대하여 해결방안을 모색하는 단계이다.

④ 선택 단계는 기존 해결 방법 중에서 새로운 문제 해결 방법을 찾는 과정이다.

 정답해설 조직 내의 기존 해결 방법 중에서 새로운 문제의 해결 방법을 찾는 것은 탐색과정으로, 개발 단계에 포함되는 과정이다. 선택단계는 해결방안을 마련한 후 실행 가능한 해결안을 선택하는 단계이다. 이렇게 해결방안이 선택되면 마지막으로 조직 내에서 공식적인 승인절차를 거친 후 실행된다.

31 다음 중 경영전략 추진과정을 적절하게 나열한 것은?

① 경영전략 도출 → 환경분석 → 전략목표 설정 → 경영전략 실행 → 평가 및 피드백

② 경영전략 도출 → 전략목표 설정 → 경영전략 실행 → 환경분석 → 평가 및 피드백

③ 전략목표 설정 → 환경분석 → 경영전략 도출 → 경영전략 실행 → 평가 및 피드백

④ 전략목표 설정 → 경영전략 도출 → 환경분석 → 경영전략 실행 → 평가 및 피드백

 정답해설 경영전략 추진과정은 다음과 같이 이루어진다.
• 조직은 먼저 경영전략을 통해 미래에 도달하고자 하는 미래의 모습인 비전을 규명하고, 전략목표(미션)를 설정한다.

- 전략목표를 설정하면 전략대안들을 수립하고 실행 및 통제하는 관리과정을 거치는데, 최적의 대안을 수립하기 위하여 조직의 내·외부 환경을 분석해야 한다.
- 환경 분석이 이루어지면 이를 토대로 경영전략을 도출하는데, 조직의 경영전략은 조직전략, 사업전략, 부문전략으로 구분할 수 있으며 이들은 위계적 수준을 가지고 있다.
- 경영전략이 수립되면 이를 실행하여 경영목적을 달성하고, 결과를 평가하여 피드백 하는 과정을 거친다.

32 조직의 경영전략 추진과정 중 SWOT 분석이 가장 많이 활용되는 과정으로 옳은 것은?

① 전략목표 설정
② 환경분석
③ 경영전략 도출
④ 경영전략 실행

조직의 내·외부 환경을 분석하는데 유용하게 이용될 수 있는 방법으로 SWOT 분석이 가장 많이 활용된다. SWOT 분석에서 조직 내부 환경으로는 조직이 우위를 점할 수 있는 장점(Strength)과 조직의 효과적인 성과를 방해하는 자원·기술·능력 면에서의 약점(Weakness)이 있다. 조직의 외부 환경은 기회요인(Opportunity)과 위협요인(Threat)으로 나뉘는데, 기회요인은 조직 활동에 이점을 주는 환경요인이며, 위협요인은 조직 활동에 불이익을 주는 환경요인이라 할 수 있다.

33 조직이 일차적으로 수행해야할 과업인 운영목표에 대한 설명으로 옳지 않은 것은?

① 전체성과는 조직에 필요한 재료와 재무자원을 획득하는 것을 목표로 한다.
② 시장과 관한 조직목표는 시장에서의 지위향상과 같은 목표를 말한다.
③ 혁신과 변화는 환경변화에 대한 적응가능성과 내부 유연성을 향상시키기 위해 수립한다.
④ 생산성은 투입에 대비한 산출량을 증가시키기 위한 목표이다.

조직에 필요한 재료와 재무자원을 획득하는 것은 자원에 관한 목표이다. 전체성과란 영리조직은 수익성, 사회복지기관은 서비스 제공과 같은 조직의 성장목표를 말한다.

34 세계적 기업인 맥킨지(McKinsey)에 의해서 개발된 것으로, 조직문화를 구성하고 있는 '7S' 중 구성원들이 행동이나 사고를 특정 방향으로 이끌어가는 기준에 해당하는 것은?

① 공유가치　　　　　　　　　　② 리더십 스타일

③ 시스템　　　　　　　　　　　④ 전략

 맥킨지(McKinsey)에 의해 개발된 조직문화를 구성하는 '7S' 중, 조직 구성원들의 행동이나 사고를 특정 방향으로 이끌어 가는 원칙이나 기준을 '공유가치'라 한다. 이러한 '7S'에는 공유가치(Shared Value), 리더십 스타일(Style), 구성원(Staff), 시스템(System), 구조(Structure), 전략(Strategy), 관리기술(Skill)이 있다.

35 다음 중 조직의 업무에 관한 설명으로 옳지 않은 것은?

① 업무는 상품이나 서비스 창출을 위한 생산적 활동이다.

② 구성원들의 업무는 조직의 구조를 결정한다.

③ 개인에게 부여되는 업무 선택의 재량권은 매우 작다.

④ 개별업무에 요구되는 독립성의 정도는 동일하다.

 개별업무들은 요구되는 지식·기술·도구의 종류가 다르며, 업무에 따라 요구되는 독립성과 자율성, 재량권의 정도가 차이가 있다.

36 다음 중 업무 방해요인에 관한 설명으로 옳지 않은 것은?

① 다른 사람의 방문이나 인터넷, 전화 등을 효과적으로 통제할 수 있는 주요 원칙은 시간을 정해 놓는 것이다.

② 갈등은 업무시간 지체와 정신적 스트레스 등 항상 부정적 결과를 초래한다.

③ 갈등의 직접적 해결보다 갈등상황에서 벗어나는 회피전략이 더 효과적인 경우도 있다.

④ 직무 재설계나 역할의 재설정 등은 조직차원의 스트레스 관리방법에 해당한다.

 갈등은 업무시간을 지체하게 하고 정신적인 스트레스를 가져오지만, 항상 부정적인 결과만을 초래하는 것은 아니다. 갈등은 새로운 시각에서 문제를 바라보게 하고 다른 업무에 대한 이해를 증진시켜주며, 조직의 침체를 예방해주기도 한다.

37 다음 제시문에서 설명하는 용어로 옳은 것은?

> • 한 문화권에 속한 사람이 다른 문화를 접하게 되었을 때 체험하는 것이다.
> • 다른 문화권이나 하위문화 집단에서 기대되는 역할을 잘 모를 때 겪게 되는 혼란이나 불안을 의미하기도 한다.
> • 문화는 종종 전체의 90%가 표면 아래 감추어진 빙하에 비유되는데, 우리가 눈으로 볼 수 있는 음악, 음식, 예술, 의복, 디자인, 건축, 정치, 종교 등과 같은 문화는 10% 밖에 해당되지 않는 것이다. 따라서 개인이 자란 문화에서 체험된 방식이 아닌 다른 방식을 느끼게 되면 의식적 혹은 무의식적으로 이질적으로 상대 문화를 대하게 되고 불일치, 위화감, 심리적 부적응 상태를 경험하게 된다.

① 문화충격 　　　　　　　　　　　　② 문화지체
③ 문화 상대주의 　　　　　　　　　　④ 문화융합

정답 해설 　문화충격(culture shock)은 한 문화권에 속한 사람이 다른 문화를 접하게 되었을 때 체험하는 충격 또는 다른 문화권이나 하위문화 집단에 들어가 기대되는 역할과 규범을 잘 모를 때 겪게 되는 혼란이나 불안을 의미한다. 문화충격에 대비하기 위해서 가장 중요한 것은 다른 문화에 대해 개방적인 태도를 견지하는 것이다. 자신이 속한 문화의 기준으로 다른 문화를 평가하지 말고, 자신의 정체성은 유지하되 새롭고 다른 것을 경험하는데 오는 즐거움을 느끼는 적극적 자세를 취하는 것이 필요하다.

38 경영활동은 외부경영활동과 내부경영활동으로 구분하여 볼 수 있다. 다음 중 외부경영활동에 대한 설명으로 적절한 것을 모두 고른 것은?

> ㉠ 조직 내부를 관리하고 운영하는 것이다.
> ㉡ 기업에서는 주로 시장에서 이루어진다.
> ㉢ 총수입을 극대화하고 총비용을 극소화하는 활동이다.
> ㉣ 인사관리, 재무관리, 생산관리 등이 해당된다.

① ㉠ 　　　　　　　　　　　　　　　② ㉡, ㉢
③ ㉠, ㉡, ㉣ 　　　　　　　　　　　④ ㉡, ㉢, ㉣

정답 해설 　㉡ 외부경영활동은 기업의 경우 주로 시장에서 이루어지는 활동을 말한다.
　　㉢ 외부경영활동은 총수입을 극대화하고 총비용을 극소화하여 이윤을 창출하는 것이다.
　　㉠ 외부경영활동은 조직 내부를 관리·운영하는 것이 아니라, 조직외부에서 조직의 효과성을 높이기 위해 이루어지는 활동이다.
　　㉣ 내부경영활동은 조직내부에서 인적·물적 자원 및 생산기술을 관리하는 것으로, 여기에는 인사관리, 재무관리, 생산관리 등이 해당된다.

39 집단의 의사결정 방식 중 다음 설명에 해당하는 것으로 알맞은 것은?

> 집단에서 의사결정을 하는 대표적인 방법으로, 여러 명이 한 가지의 문제를 놓고 아이디어를 비판 없이 제시하여 그 중에서 최선책을 찾아내는 방법을 말한다. 이 방법은 몇 가지 규칙을 준수해야 하는데, 자유롭게 제안할 수 있고 다른 사람이 제시한 아이디어를 비판하지 않으며, 최대한 많은 제안을 결합하여 해결책을 마련하는 것이 특히 중요하다.

① 의사결정나무   ② 다수결
③ 만장일치   ④ 브레인스토밍

 제시된 의사결정 방식은 브레인스토밍이다. 브레인스토밍은 한 가지 문제를 놓고 여러 사람이 회의를 통해 아이디어를 구상하는 방법으로, 짧은 시간에 많은 아이디어를 얻는 데 매우 효과적이다. 브레인스토밍은 다른 사람이 아이디어를 제시할 때 비판하지 않고 문제에 대해 자유롭게 제안할 수 있으며, 모든 아이디어들이 제안되고 나면 이를 결합하고 해결책을 마련한다는 규칙을 준수해야 한다.

40 마이클 포터(M. Porter)의 본원적 경쟁전략은 해당 사업에서 경쟁우위를 확보하기 위한 전략으로, 크게 3가지로 구분된다. 다음에 제시된 내용은 본원적 경쟁전략 중 무엇에 대한 설명인가?

> 이 전략은 특정 시장이나 고객에게 한정된 전략으로, 다른 전략이 산업 전체를 대상으로 하는 것에 비해 특정 산업을 대상으로 하는 특징을 지닌다. 이는 경쟁조직들이 소홀히 하고 있는 한정된 시장을, 다른 전략을 사용하여 집중적으로 공략하는 방법에 해당한다.

① 원가우위 전략   ② 차별화 전략
③ 집중화 전략   ④ 관대화 전략

 본원적 경쟁전략의 하나인 집중화 전략은 특정 시장이나 고객에게 한정된 전략으로, 원가우위 전략이나 차별화 전략이 산업 전체를 대상으로 하는 것에 비해 집중화 전략은 특정 산업을 대상으로 한다. 차별화 전략은 경쟁조직들이 소홀히 하고 있는 한정된 시장을 원가우위나 차별화 전략을 써서 집중적으로 공략하는 방법이라 할 수 있다.

CHAPTER 10 직업윤리

- 직업윤리는 우리들의 공동체적인 삶에 있어서 매우 중요한 역할을 하기 때문에 숙지해야 하는 능력이다.
- 직업 활동은 수많은 사람들과 관계를 맺고 상호작용을 하는 것이기 때문에 사람과 사람사이에 지켜야 할 윤리적 규범을 따라야 한다.

대표유형문제

직업에 종사하는 과정에서 요구되는 특수한 윤리규범인 직업윤리에 대한 설명으로 옳지 않은 것은?

① 직업윤리란 직업에 종사하는 과정에서 요구되는 특수한 윤리규범이다.

② 직업에 종사하는 현대인은 누구나 공통적으로 지켜야 할 윤리기준이 된다.

❸ 분명한 비전과 바람직한 태도로 부와 명예를 획득한 경우는 곧 직업적 성공을 의미한다.

④ 직업적 활동이 개인 차원에만 머무르지 않고 사회전체의 질서와 발전에 중요한 역할을 수행하기 때문에 직업윤리가 강조된다.

정답 해설 직업윤리의 중요성은 개인적 차원에서도 매우 중요한데, 개인이 분명한 비전과 바람직한 태도를 통하여 부와 명예를 획득했다하더라도 그것이 곧 직업적 성공을 의미하지는 않는다. 진정한 직업적 성공은 부와 명예를 포함한 그 이상의 것, 즉 도덕성을 함께 포함하는 것이다. 도덕성이 결여된 부와 명예는 결코 그 생명이 길지 않다.

① 직업윤리란 개인윤리를 바탕으로 각자가 직업에 종사하는 과정에서 요구되는 특수한 윤리규범이며, 기본적으로는 직업윤리도 개인윤리의 연장선이라 할 수 있다.

② 직업윤리는 직업에 종사하는 현대인으로서 누구나 공통적으로 지켜야 할 윤리기준이라 할 수 있다. 현대인은 필연적으로 직장이라고 하는 특정 조직체에 소속되어 동료들과 협력하여 공동으로 업무를 수행해야 한다.

④ 직업윤리가 강조되는 것은 직업적 활동이 개인적 차원에만 머무르지 않고 사회전체의 질서와 안정, 그리고 발전에 매우 중요한 역할을 수행하기 때문이다. 어느 나라의 직업윤리의 수준이 낮을 경우 경제 행위에 근간이 되는 신뢰성이 결여되어 국가경쟁력을 가질 수 없으며, 경제발전 또한 이룰 수 없게 될 것이다.

기초응용문제

01 다음 중 윤리적 인간에 대한 설명으로 옳지 않은 것은?

① 다른 사람을 배려하면서 행동하는 사람

② 눈에 보이는 안락보다는 삶의 가치와 도덕적 신념을 존중하는 사람

③ 공동의 이익보다 자신의 이익을 우선으로 행동하는 사람

④ 원만한 인간관계를 유지할 수 있도록 다른 사람의 행복을 고려하는 사람

 윤리적 인간은 자신의 이익보다는 공동의 이익을 추구하는 사람이며 도덕적 가치 신념을 기반으로 형성 되는 것이다.

02 윤리적 가치가 중요한 이유로 옳지 않은 것은?

① 모든 사람이 자기이익보다 윤리적 가치를 우선하여 행동한다면 사회질서가 붕괴되기 때문이다.

② 인간은 결코 혼자서는 살아갈 수 없는 사회적 동물이기 때문이다.

③ 윤리적으로 살 때 개인의 행복과 모든 사람의 행복을 보장할 수 있기 때문이다.

④ 윤리적 규범은 어떻게 살 것인가 하는 가치관의 문제와도 관련이 있기 때문이다.

 모든 사람이 윤리적 가치보다 자기이익을 우선하여 행동한다면 사회질서가 붕괴된다. 모두가 다른 사람에 대한 배려 없이 자신만을 위한다면 다른 사람이 자신을 해칠지 모른다고 생각하며 끊임없이 서로를 두려워하고 적대시하면서 비협조적으로 살게 된다.

03 SERVICE의 의미로 옳지 않은 것은?

① Smile & Speed : 미소와 신속한 처리

② Energy : 고객에게 활기차고 힘차게 대하는 것

③ Respect : 고객을 존중하는 것

④ Imagine : 좋은 이미지를 심어주는 것

정답 해설 SERVICE의 의미는 다음과 같다.

- S Smile & Speed : 미소와 신속한 처리
- R Respect : 고객을 존중하는 것
- I Imagine : 좋은 이미지를 심어주는 것
- E Excellence : 탁월하게 제공하기 위한 노력

- E Emotion : 고객에게 감동을 선사
- V Value : 고객에게 가치를 제공
- C Courtesy : 예의를 갖추고 정중한 태도

04 다음 지문에서 하고자하는 말로 옳은 것은?

> 등산객에게는 산에 가는 것이 즐거운 일이고, 나무꾼에게는 산에 가는 것이 괴로운 일이다. 경치 좋고, 공기 좋은 산에 갈 경우에도 등산객에게는 그것이 즐겁고 나무꾼에게는 그것이 괴롭다. 도대체 왜 이러한 차이가 생기는 것일까? 나무꾼은 산에 가서 마른 나뭇가지나 관목을 베는 등 힘든 일을 해야 하고, 또 무거운 짐을 지고 내려오는 고역을 치러야 하나 등산객에는 그런 부담이 없다는 사실을 지적할 수 있을 것이다. 그러나 이것은 등산객의 산행이 즐겁고 나무꾼의 산행은 괴로운 이유에 대한 만족스러운 대답이 될 수 없다. 왜냐하면 어떤 등산은 나무꾼의 노동보다 훨씬 더 힘들고 어렵지만 역시 즐겁기 때문이다. 줄에 매달려서 암벽을 오르는 등산이나 혹한과 눈보라를 무릅쓰고 세계의 고산에 도전하는 산악인의 수고는 나무꾼의 수고보다도 몇 갑절 힘들고 어렵지만, 산을 타는 사람들은 그 어려움 속에서 환희를 느낀다.

① 강요당하는 근면은 자신의 것을 창조하며 조금씩 자신을 발전시켜 나가게 된다.

② 자진해서 하는 근면은 수동적이며 소극적인 태도로 일을 하게 된다.

③ 나무꾼은 자진해서 하는 근면이고, 등산객은 외부로부터 강요당한 근면이다.

④ 등산객의 산행이 즐거운 이유는 그것이 자진해서 하는 일이기 때문이다.

정답 해설 근면의 종류는 두 가지로 외부로부터 강요당하는 근면과 스스로 자진해서 하는 근면이 있다. 지문에서 등산객의 산행이 즐거운 가장 근본적인 이유는 그것이 자진해서 하는 일이라는 사실에 있으며, 나무꾼의 산행이 괴로운 가장 근본적인 이유는 그것이 강요당한 노동이라는 사실에 있다. 근면하기 위해서는 일에 임할 때, 적극적이고 능동적인 자세가 필요하다.

05 같은 일을 하더라도 즐겁게 하는 사람이 있는 반면 억지로 하는 사람은 어떠한 자세가 결여되었
기 때문인가?

① 능동적인 자세 ② 수동적인 자세

③ 소극적인 자세 ④ 부정적인 자세

 적극적이고 능동적으로 근면한 태도를 가지고 일을 하는 사람은 같은 일을 하더라도 즐겁게 할 수 있다. ②, ③, ④ 의
자세를 가지고 일을 하는 사람은 즐겁게 일을 하기가 힘들다.

06 직장 내 전화예절에 대한 설명으로 옳지 않은 것은?

① 수화자가 누구인지를 즉시 말한다.

② 통화 전 주위의 소음을 최소화 한다.

③ 전화를 못 받았을 경우 자리를 비운 상태였기 때문에 답을 하지 않아도 된다.

④ 운전하면서 휴대전화를 사용하지 않는다.

 전화회신의 경우 가능한 48시간 안에 답해주도록 한다. 하루 이상 자리를 비우게 되는 경우에는 메시지를 남겨놓는
것이 예의이다.

07 E-mail에 대한 설명으로 옳은 것은?

① E-mail 주소로 보내기 때문에 보내는 사람의 이름은 적지 않아도 된다.

② 컴퓨터 상 이기 때문에 문법과 철자는 맞추지 않고 편하게 쓴다.

③ E-mail은 많이 받으면 좋은 것이기 때문에 같은 내용이라도 최대한 많이 보내도록 한다.

④ 보내는 메시지에 제목을 넣도록 한다.

 E-mail을 보낼 때에는 보내는 사람의 이름을 상단에 적고, 메시지에 언제나 내용에 부합하는 제목을 넣어서 간략
하게 쓴다. 요점에 빗나가지 않는 제목을 쓰도록 하고 올바른 철자와 문법을 사용해야 한다.

08 다음 중 정직에 대한 설명으로 옳지 않은 것은?

① 사람은 혼자서는 살아갈 수 없으므로, 다른 사람과의 신뢰가 필요하다.

② 정직한 것은 성공을 이루게 되는 기본 조건이 된다.

③ 다른 사람이 전하는 말이나 행동이 사실과 부합된다는 신뢰가 없어도 사회생활을 하는데 별로 지장이 없다.

④ 신뢰를 형성하기 위해 필요한 규범이 정직이다.

 사람은 사회적인 동물이므로, 다른 사람들과의 관계가 매우 중요하다. 이러한 관계를 유지하기 위해서는 다른 사람이 전하는 말이나 행동이 사실과 부합된다는 신뢰가 있어야 한다.

09 직업윤리의 덕목에 대한 설명으로 옳지 않은 것은?

① 소명의식 : 자신이 맡은 일은 하늘에 의해 맡겨진 일이라고 생각하는 태도

② 천직의식 : 자신의 일이 누구나 할 수 있는 것이 아니라 해당 분야의 지식과 교육을 밑바탕으로 성실히 수행해야만 가능한 것이라고 믿고 수행하는 태도

③ 직분의식 : 자신이 하고 있는 일이 사회나 기업을 위해 중요한 역할을 하고 있다고 믿고 자신의 활동을 수행하는 태도

④ 책임의식 : 직업에 대한 사회적 역할과 책무를 충실히 수행하고 책임을 다하는 태도

 직업윤리의 덕목 중 천직의식이란 자신의 일이 자신의 능력과 적성에 꼭 맞는다 여기고 그 일에 긍지와 자부심을 가지고 성실히 임하는 태도를 말한다. ②번의 설명은 전문가의식에 대한 설명이다.

Check Point ─ **직업윤리의 덕목**

- **소명의식** : 자신이 맡은 일은 하늘에 의해 맡겨진 일이라고 생각하는 태도
- **천직의식** : 자신의 일이 자신의 능력과 적성에 꼭 맞는다 여기고 그 일에 열성을 가지고 성실히 임하는 태도
- **직분의식** : 자신이 하고 있는 일이 사회나 기업을 위해 중요한 역할을 하고 있다고 믿고 자신의 활동을 수행하는 태도
- **책임의식** : 직업에 대한 사회적 역할과 책무를 충실히 수행하고 책임을 다하는 태도
- **전문가의식** : 자신의 일이 누구나 할 수 있는 것이 아니라 해당 분야의 지식과 교육을 밑바탕으로 성실히 수행해야만 가능한 것이라고 믿고 수행하는 태도
- **봉사의식** : 직업 활동을 통해 다른 사람과 공동체에 대하여 봉사하는 정신을 갖추는 태도

10 개인윤리와 직업윤리에 대한 설명으로 옳지 않은 것은?

① 직업윤리는 개인윤리에 비해 특수성을 가지고 있다.

② 직업윤리는 개인윤리와 충돌하지 않는다.

③ 직업의 성격에 따라 다양한 직업윤리가 있을 수 있다.

④ 일반적으로 직업윤리가 개인윤리에 포함된다.

 정답해설 직업윤리는 개인윤리를 바탕으로 각 직업에서 요구되는 특수한 윤리이다. 업무 수행 시 직업윤리와 개인윤리가 충돌할 수도 있으며, 이 경우 직업인이라면 직업윤리를 우선시해야한다.

11 윤리규범에 대한 설명으로 옳지 않은 것은?

① 인간은 사회적이기 때문에 개인의 욕구도 다른 사람의 행동과 협력을 통해서 가능해진다.

② 모든 윤리적 가치는 시대를 막론하고 절대로 변화하지 않는 관습이다.

③ 사람들은 사회의 공동목표 달성과 모든 구성원들의 욕구충족에 도움이 되는 행위는 찬성을 하고, 반대 되는 행위는 비난을 받게 된다.

④ 윤리의 형성은 공공행동의 룰을 기반으로 윤리적 규범이 형성된다.

 정답해설 윤리규범은 사회적 평가과정에서 형성된 사회현상으로 어떤 행위는 마땅히 해야 할 행위, 어떤 행위는 결코 해서는 안 될 행위로서 가치를 인정받게 되며, 모든 윤리적 가치는 시대와 사회상황에 따라서 조금씩 다르게 변화된다.

12 직업의 개념으로 옳지 않은 것은?

① 일은 사람이 살기 위해서 꼭 필요한 것은 아니지만 수익의 창출을 위해 필요하다.

② 인간은 일을 통하여 경제적 욕구의 충족뿐만 아니라 자신을 규정하고 삶의 의미를 실현 한다.

③ 일은 인간으로서 의무인 동시에 권리이므로 인간의 삶을 구성하는 중요한 요소이다.

④ 직업은 분업화된 사회에서 한사람이 담당하는 체계화, 전문화된 일의 영역을 가리킨다.

 정답해설 직업이란 생계를 유지하기 위하여 자신의 적성과 능력에 따라 일정한 기간 동안 계속하여 종사하는 일을 뜻한다. 사람은 직업을 통해 생계를 유지하고 사회적 역할을 수행하며, 자아를 실현하게 되므로 사람이 살기 위해서 필요한 것이며, 인간의 삶을 풍부하고 행복하게 만들어준다.

13 힘들고(Difficult), 더럽고(Dirty), 위험한(Dangerous)일은 하지 않으려고 하는 현상. 노동력은 풍부하지만 생산인력은 부족해져, 실업자의 증가와 외국 노동자들의 불법취업이라는 새로운 사회문제를 야기 시키는 이 현상으로 옳은 것은?

① 님비현상   ② 실업자 증가현상
③ 3D기피현상   ④ 인력부족현상

정답해설 우리나라의 직업관이 각자의 분야에서 땀 흘리며 본분을 다하는 노동을 경시하는 측면이 강하고, 과정이나 절차보다는 결과만을 중시하는 경향을 낳게 되면서 '3D기피현상'으로 힘들고(Difficult), 더럽고(Dirty), 위험한(Dangerous) 일은 하지 않으려고 하는 현상까지 생겨 노동력은 풍부하지만 생산인력은 부족하다는 파행적 모습을 보여, 실업자 증가와 외국 노동자들의 불법취업이라는 새로운 사회문제가 대두하게 되었다.

14 다음 중 일과 인간의 삶의 관계에 대한 설명으로 옳지 않은 것은?

① 일은 의무인 측면도 있지만 동시에 인간으로서의 하나의 권리이다.
② 일은 경제적 욕구의 충족뿐만 아니라 그 이상의 자기실현이라는 면을 가지고 있다.
③ 인간을 일을 통하여 자신을 규정하고 삶의 의미를 실현한다.
④ 다른 사람이 시키는 일은 일이 아니다.

정답해설 일은 사람이 살기 위해서 필요한 것으로 인간의 삶을 풍부하고 행복하게 만들어 주는 것이다. 일은 경제적 욕구의 충족뿐만 아니라 그 이상의 자기실현이라는 면을 가지고 있으며 일을 통하여 자신을 규정하고 삶의 의미를 실현한다. 다른 사람이 시키는 일은 자진해서 하는 일이 아니므로 즐겁지 않으나 일에 포함된다.

15 다음 중 직업에 대한 설명으로 옳지 않은 것은?

① 취미활동, 아르바이트, 강제노동 등도 포함된다.
② 경제적인 보상이 있어야 한다.
③ 본인의 자발적 의사에 의한 것이어야 한다.
④ 장기적으로 계속해서 일하는 지속성이 있어야 한다.

정답해설 직업은 생활에 필요한 경제적 보상을 주고, 평생에 걸쳐 물질적인 보수 외에 만족감과 명예 등 자아실현의 중요한 기반이 되는 것이다. 따라서 경제적 보상이 있어야 하며, 본인의 자발적 의사에 의한 것이어야 하고, 장기적으로 계속해서 일하는 지속성이 있어야 한다. 취미활동, 아르바이트, 강제노동은 직업에 포함되지 않는다.

16 다음 사례에서 근로윤리에 어긋난 것으로 옳은 것은?

> 보험회사에서 근무하는 B씨는 오늘 기분이 좋습니다. 요즘 계약이 잘 성사 되지 않고 있었는데 방금 오랜만에 만난 친구가 B씨와 계약을 맺어 주었습니다. 한 가지 걱정은 친구가 원하던 보험 상품보다 나에게 더 이득이 되는 상품을 추천하여 계약을 맺은 것입니다. 가뭄에 단비 같은 계약이라 더 이익을 내고 싶어 친구를 속이기는 했지만 제가 힘들게 일 하는 것은 친구도 알고 있으니 이 정도는 이해해 주겠지요?

① 근면성   ② 고객중심원칙
③ 전문성   ④ 정직성

 정답해설 근로윤리에 어긋나지 않기 위해서는 근면하고 성실하고 정직한 태도, 적극적이고 능동적인 태도가 필요하다. 위 사례에서는 정직성이 결여되어 있다.

Check Point

- **근면성** : 게으르지 않고 부지런 한 것
- **고객중심 원칙** : 고객에 대한 봉사를 최우선으로 생각하고 현장중심, 실천중심으로 일하는 것
- **전문성** : 어떤 영역에서 보통 사람이 흔히 할 수 있는 수준 이상의 수행 능력을 보이는 것
- **정직성** : 신뢰를 형성하고 유지하는데 가장 기본적이고 필수적인 규범

---

17 다음 사례에서 지켜지지 않은 예절로 옳은 것은?

> K씨는 남자직원들만 근무하는 사무실에 한명 뿐인 여직원이다. 회식을 할 때 마다 남자직원들은 K씨에게 옆자리에 와서 술을 따라보라며 술을 강요하고 술김에 그러는 척 엉덩이를 툭툭 치기도 한다. 노력해서 겨우 들어온 회사인데 그만 둘 수도 없고, 확실히 말을 하자니 전 직원들과 등을 돌릴 것 같아 아무 말도 하지 못하고 있다.

① 인사예절   ② 성예절

③ 소개예절   ④ 전화예절

 정답 해설 성 예절은 직장 내에서 성희롱에 해당하는 행동을 하지 않도록 주의하는 것이다. 성희롱이란 지위를 이용하거나 업무 등과 관련하여 성적 언동 등으로 상대방에게 성적 굴욕감 및 혐오감을 느끼게 하는 행위, 또는 상대방이 성적 언동 그 밖의 요구 등에 따르지 않았다는 이유로 고용상의 불이익을 주는 행위이다. 직장 내에서 발생하는 성희롱의 유형으로는 육체적 행위, 언어적 행위, 시각적 행위 등이 있다.

18 다음 중 직업윤리의 5대원칙에 대한 설명으로 옳지 않은 것은?

① 객관성의 원칙 : 업무의 공공성을 바탕으로 공사구분을 명확히 하고, 모든 것을 숨김없이 투명하게 처리하는 원칙을 말한다.

② 고객중심의 원칙 : 고객에 대한 봉사를 최우선으로 생각하고 현장중심, 실천 중심으로 일하는 원칙을 말한다.

③ 전문성의 원칙 : 법규를 준수하고, 경쟁원리에 따라 공정하게 행동하는 것을 말한다.

④ 정직과 신용의 원칙 : 업무와 관련된 모든 것을 숨김없이 정직하게 수행하고, 본분과 약속을 지켜 신뢰를 유지하는 것을 말한다.

 정답 해설 전문성의 원칙이란 자기업무에 전문가로서의 능력과 의식을 가지고 책임을 다하는 것을 말한다. 법규를 준수하고, 경쟁원리에 따라 공정하게 행동하는 것은 공정경쟁의 원칙에 대한 설명이다.

Check Point ···· **직업윤리의 5대원칙**

• **객관성의 원칙** : 업무의 공공성을 바탕으로 공사구분을 명확히 하고, 모든 것을 숨김없이 투명하게 처리하는 원칙을 말한다.

• **고객중심의 원칙** : 고객에 대한 봉사를 최우선으로 생각하고 현장중심, 실천 중심으로 일하는 원칙을 말한다.

• **전문성의 원칙** : 자기업무에 전문가로서의 능력과 의식을 가지고 책임을 다하며, 능력을 연마하는 것을 말한다.

• **정직과 신용의 원칙** : 업무와 관련된 모든 것을 숨김없이 정직하게 수행하고, 본분과 약속을 지켜 신뢰를 유지하는 것을 말한다.

• **공정경쟁의 원칙** : 법규를 준수하고, 경쟁원리에 따라 공정하게 행동하는 것을 말한다.

19 다음 지문에서 설명하는 것으로 옳은 것은?

> 정부, 사회단체, 기업 등 공적인 입장에 있는 사람이 자신의 권한과 권력을 이용하여 개인적인 이득을 취하는 것으로, 수행해야 할 업무를 공적인 목적과 부합되는 기준으로만 판단하지 않고 사적인 이익과 결부시켜 판단하고 실행함으로써 전체시스템의 정상적인 가동을 방해하고 이로 인하여 막대한 사회적 비용을 수반하게 되어 사회구성원 전체를 피해자로 만든다.

① 부패   ② 성실

③ 근면   ④ 신용

 개인의 이득을 위해 하는 정직하지 못한 행위는 곧 부패로 이어질 수 있다. 여기서 부패란, 정부, 사회단체, 기업 등 공적인 입장에 있는 사람이 자신의 권한과 권력을 이용하여 개인적인 이득을 취하는 것이다.

20 다음 중 봉사의 의미로 옳지 않은 것은?

① 사의 사전적 의미는 나라나 사회 또는 남을 위하여 자신의 이해를 돌보지 아니하고 몸과 마음을 다하여 일하는 것을 의미한다.

② 현대사회의 직업인에게 봉사란 자신보다는 고객의 가치를 최우선으로 하고 있는 서비스 개념이다.

③ 우수한 상품이라면 서비스의 수준이 그다지 높지 않더라도 고객이 만족할 수 있다.

④ 기업이 고객에게 사랑 받기 위해서는 봉사를 강조해야 한다.

 아무리 우수한 상품도 높은 수준의 서비스가 뒤따르지 않으면 고객은 만족할 수 없다. 생산기술이 발전하고 물질이 풍부해진 최근의 고객만족 성패는 상품과 함께 제공되는 서비스에 의해서 결정된다고 볼 수 있다.

21 다음 근면에 대한 설명 중 옳지 않은 것은?

① 근면은 성공을 기본조건이 된다.

② 근면이나 게으름은 본성에서 기인하는 측면이 크다.

③ 근면에는 외부로부터 강요당한 근면과 자발적인 근면 두 가지가 있다.

④ 자진해서 하는 근면에는 능동적 · 적극적 태도가 우선시되어야 한다.

근면이라든가 게으름은 본성에서 나오는 것이라기보다 습관화되어 있는 경우가 많다. 인간의 본성은 괴로움을 피하고 편한 것을 향하기 마련이지만, 근면이 주는 진정한 의미를 알고 힘들지만 노력하는 태도를 길러야 할 것이다.

22 다음 중 우리사회의 정직성 수준에 관한 내용으로 옳지 않은 것은?

① 사회의 정직성이 완벽하지 못한 것은 원칙보다 정과 의리를 소중히 하는 문화적 정서도 원인이 된다.

② 부정직한 사람이 사회적으로 성공하는 현상으로 인하여 정직한 사람이 어리석어 보이기도 한다.

③ 정직한 사람은 조급하거나 가식적일 수 있지만, 자신의 삶을 올바른 방향으로 이끄는 생각과 시각을 지니고 있다.

④ 국가 경쟁력을 높이기 위해서는 사회 시스템 전반의 정직성이 확보되어야 한다.

 정직한 사람은 숨길 것도 두려울 것도 없으므로 조급하거나 가식적이지 않다. 정직함을 지닌 사람은 또한 자신의 삶을 올바른 방향으로 이끌 수 있는 생각과 시각을 지니고 있으며, 돈으로 계산할 수 없는 신뢰라는 자산을 지니고 있다.

23 다음 중 성실함이 드러나지 않는 사례로 가장 적절한 것은?

① 외국어 점수를 빨리 올리기 위해 과외를 받고 학원을 여러 개 다니는 경우

② 주어진 프로젝트를 완료하기 위해 밤늦게까지 근무하는 경우

③ 보고서를 준비하기 위해 틈날 때마다 자료를 찾아보는 경우

④ 업무 능력을 향상시키기 위해 여가 시간에 컴퓨터를 배우는 경우

 ①의 경우는 단시간에 점수를 올리기 위해 과외를 받고 학원에 다니는 경우에 해당하므로, 성실함과는 거리가 멀다. 정직하고 성실한 태도는 단기간의 성과나 업적보다는 오랫동안 꾸준한 노력을 통해 필요한 것을 성취해 나가는 것이라 할 수 있다. 나머지는 모두 이러한 태도에 부합된다.

24 다음 중 고객접점서비스에 대한 설명으로 옳지 않은 것은?

① 고객접점서비스는 스웨덴의 경제학자 리차드 노먼(R. Norman)이 최초로 주창하였다.

② 고객과 서비스 요원 간 15초 동안의 짧은 순간을 진실의 순간(MOT) 또는 결정적 순간이라 한다.

③ 고객접점에 있는 최일선 서비스 요원은 15초 동안 우리 회사를 선택한 것이 최선의 선택이었다는 사실을 고객에게 입증시켜야 한다.

④ 고객이 여러 번의 결정적 순간에서 단 한명에게 0점의 서비스를 받는다고 모든 서비스가 0이 되지는 않는다.

정답해설 | 고객접점 서비스가 중요한 것은. 소위 곱셈법칙이 작용하여 고객이 여러 번의 결정적 순간에서 단 한명에게 0점의 서비스를 받는다면 모든 서비스가 0이 되어버린다는 사실을 주지해야 한다. 예를 들어 백화점에서 만족한 쇼핑을 한 고객이 셔틀버스를 타고 집으로 돌아갈 때, 버스 출발이 지연되거나 버스기사가 불친절하고 난폭 운전까지 한다면 전체 서비스는 엉망이 되어버린다는 것이다.

25 다음 중 책임감이 높은 사람의 특징으로 옳지 않은 것은?

① 다른 사람의 업무에 대해 비판한다.

② 동료의 일은 자신이 해결하도록 관여하지 않는다.

③ 업무 완수를 위해 사적 시간도 할애하는 경우가 있다.

④ 출근 시간을 준수하고, 업무를 적극적으로 수행한다.

정답해설 | 책임감이 높은 사람은 동료의 업무도 관심을 가지고, 필요한 경우 적극적으로 참여하여 도와줄 수 있는 사람이다.

26 다음 중 준법의식에 대한 설명으로 가장 옳지 않은 것은?

① 우리나라의 준법의식의 부재 수준은 큰 편이라 할 수 있다.

② 우리나라의 경우 미국과 일본에 비해 준법의식 수준이 낮다.

③ 국가의 준법의식 수준은 곧 국가경쟁력 수준과 직결된다.

④ 선진국과 경쟁하기 위해서는 개개인의 의식변화와 제도적 기반의 확립이 필요하다.

준법의식 수준이 국가경쟁력에 영향을 미치는 것은 사실이나, 그것이 곧 국가경쟁력 수준을 나타내는 것은 아니다.

 ① 우리나라의 아직까지 준법의식의 부재 수준이 큰 편이다. 그 결과 각계각층의 사회적 부패현상이 사회 곳곳에서 발생하고 있다.
② 우리나라의 경우 미국과 일본 등 선진국에 비해 준법의식 수준이 낮은 편이다.
④ 준법의식과 관련하여 선진국들과 경쟁하기 위해서는 개개인의 의식변화는 물론이고, 체계적 접근과 단계별 실행을 통한 제도적·시스템적 기반의 확립이 필요하다.

27 다음 중 '직업'에 대한 설명으로 옳은 것을 모두 고른 것은?

> ㉠ 직업(職業)의 '職'은 직분(職分)을 의미한다.
> ㉡ 직업(職業)의 '業'은 일 또는 행위를 의미한다.
> ㉢ 직업은 경제적인 보상이 있어야 한다.
> ㉣ 직업은 성인뿐 아니라 청소년도 할 수 있는 일이다.
> ㉤ 취미활동이나 아르바이트 등도 포함된다.

① ㉠, ㉡, ㉢
② ㉠, ㉡, ㉣
③ ㉠, ㉢, ㉣, ㉤
④ ㉡, ㉢, ㉣, ㉤

 직업에 대한 올바른 설명은 ㉠, ㉡, ㉢이다.
㉠ 직업(職業)에서 '職'은 사회적 역할의 분배인 직분(職分)을 의미한다.
㉡ 직업(職業)에서 '業'은 일 또는 행위를 의미한다. 따라서 직업(職業)은 사회적으로 맡은 역할, 하늘이 맡긴 소명 등으로 해석해 볼 수 있다.
㉢ 직업은 경제적 보상을 받는 일이다.
㉣ 직업은 성인이 하는 일이다.
㉤ 직업은 경제적 보상을 받는 일이고 계속적으로 수행하는 일이며, 자기의 의사에 따라 하는 일로서 사회적 효용성이 있어야 한다. 따라서 취미활동, 아르바이트, 강제노동 등은 직업에 포함되지 않는다.

28 다음 중 정직과 신용의 예를 설명한 것으로 가장 옳지 않은 것은?

① 영업부의 A는 입사 후 항상 출장 후에 남은 경비를 항상 회사에 반납해 왔다.
② 총무부의 B대리는 자신의 잘못이나 업무상의 실수를 인정하여 손해를 보기도 한다.
③ 인사부의 C사원은 사규를 어긴 친한 동료로부터 다시는 규율을 어기지 않겠다는 다짐을 받은 후 이를 보고하지 않았다.
④ 기획부의 D팀장은 그동안 문제가 많이 제기되었던 기존의 관행을 인정하지 않고 바꾸어 나갔다.

정직과 신용을 구축하기 위해서는 정직하지 못한 것을 눈감아 주지 말아야 한다. 개인적인 인정에 치우쳐 부정을 눈감아 주거나 타협하는 것은 결국 자신의 몰락은 물론, 또 다른 부정을 일으키는 결과를 가져오게 된다.

29 다음 제시문의 통화 내용에서 잘못된 전화예절로 옳은 것은?

> (따르릉)
>
> 안녕하십니까. 박 차장님 되시지요? 실례지만 통화 가능하십니까? 다름이 아니라 이번 신제품 출시 행사의 정확한 날짜와 시간을 말씀 드리려고 전화 드렸습니다. 혹시 메모 가능 하십니까? 행사는 20○○년 ○월 ○일 오전 10시입니다. 꼭 참석 부탁드립니다. 감사합니다. 안녕히 계십시오.

① 용건을 제대로 이야기 하지 않았다.
② 자신의 소속과 이름을 밝히지 않았다.
③ 전화를 끊기 전 끝맺음 인사를 하지 않았다.
④ 상대방이 통화를 할 수 있는 상황인지를 고려하지 않았다.

 전화예절은 직접 대면하는 것보다 신속하고, 경제적으로 용건을 마칠 수 있는 장점이 있으나 서로의 얼굴을 대면하지 않고 이야기를 하기 때문에 상대편의 표정과 동작, 태도를 알 수가 없어 오해의 소지가 있으므로 더욱 중요하게 인식해야 한다. 제시된 내용에서는 인사를 한 후에 소속과 이름을 밝혀야 하는데 발신자가 누구인지를 밝히지 않았다. 그 외에 상대방이 통화가 가능한지를 물어본 후 용건을 전달하고 끝맺음 인사를 하는 내용은 포함 되어있다.

30 다음 사례에서 문제가 되었던 E-mail 예절로 옳은 것은?

> D기업의 평범한 회사원인 A씨는 얼마 전 황당한 E-mail을 받게 되었다. E-mail은 같은 사무실에 근무하는 경리 직원으로부터 온 것이었는데 그만 실수로 전 직원들의 연봉명세서를 첨부한 파일을 그대로 직원 전체 E-mail로 보내버린 것이다. 이 사건 이후 같은 연차 임에도 불구하고 연봉이 더 낮은 직원들은 회사에 항의를 하기 시작했고 결국 불만이 쌓여 하나 둘 회사를 그만 두고 말았다.

① [직원 연봉 명세서] 라는 제목을 넣지 않고 E-mail을 발송 했다.
② 올바른 철자와 문법을 사용하지 않아서 직원들이 화가 났다.
③ E-mail의 수신자가 누구인지 제대로 확인하지 않아 파일이 잘못 전달되었다.
④ 용량이 큰 파일을 압축도 하지 않고 보냈다.

E-mail은 정보를 공유하는 속도와 능력을 크게 증대시키는 역할을 하였다. 하지만 인격이 없기 때문에 E-mail 특유의 언어사용을 최소한으로 유지하여 상대방을 혼란스럽게 하지 않아야 한다. 또 E-mail을 보낼 때에는 주소가 정확한지 다시 한 번 확인 후에 발송해야 한다. 중요한 E-mail이 전달되지 않거나, 잘못 전달 된 E-mail을 받을 경우 서로 감정이 상할 수 있다.

31 다음 사례의 근면의 종류로 옳은 것은?

> ㉠ 신입사원 Y씨는 출근 하는 것이 즐겁다. 꼭 하고 싶었던 일이었는데 드디어 할 수 있게 되어서 행복했고 더 많은 것을 배우고 싶어서 매일 다른 직원들에게 질문공세를 하느라 바쁘다. 업무가 끝난 퇴근시간 이후에도 자리에 남아 혹시 실수 한 것은 없는지 살펴본다.
> ㉡ 카페에서 아르바이트 중인 P씨는 오늘도 하루가 너무 힘들다. 출근 하지 않고 조금 더 쉬고 싶었지만 다음 달 생활비를 벌려면 어쩔 수 없이 출근을 해야 한다. 손님은 많고 시간은 너무 느리게 가서 퇴근시간이 오지 않을 것만 같다.

① ㉠-외부로부터 강요당한 근면   ㉡-스스로 자진해서 하는 근면
② ㉠-스스로 자진해서 하는 근면   ㉡-외부로부터 강요당한 근면
③ ㉠-스스로 자진해서 하는 근면   ㉡-근면 하지 않다.
④ ㉠-외부로부터 강요당한 근면   ㉡-내부로부터 강요당한 근면

 근면의 종류 두 가지는 다음과 같다.
• **외부로부터 강요당한 근면** : 삶을 유지하기 위해 필요해 의해서 강요된 근면이다.
• **스스로 자진해서 하는 근면** : 능동적이며 적극적인 태도가 우선시되어야 하며, 시간의 흐름에 따라 자아를 확립시켜 가게 된다.

32 다음 제시문에서 A씨가 부족한 자세로 옳은 것은?

> A씨는 입사한지 두 달된 신입사원이다. 처음에는 밝은 인사성과 싹싹한 태도로 금방 선배들과 직장동료들에게 호감을 샀는데 두 달 째가 되니 부서 내에서 가장 못 미더운 직원이라는 이야기가 나오기 시작했다. 툭하면 머리가 아프다, 배가 아프다느니 집에 일이 생겼다며 출근을 하지 않거나 그나마도 크고 작은 변명을 하며 지각을 하기 일쑤이기 때문이다. 적극적이고 이해력도 좋아 잘 배우면 큰일도 맡길 수 있을 것 같다는 좋은 이야기로만 채워지던 A씨의 평판은 단 두 달 만에 가장 믿을 수 없는 사원이라는 오명을 씻을 수 없게 되었다.

① 정직한 자세   ② 적극적인 자세

③ 예절을 지키는 자세   ④ 근면한 자세

 정답 해설 근면이란 게으르지 않고 부지런한 것을 말한다. 근면은 성공의 기본 조건이므로 근면이 주는 진정한 의미를 알고 게 으름을 극복하기 위해 노력하는 태도를 길러야 한다.

33 다음 사례가 뒷받침 하는 태도로 옳은 것은?

> 전파사가 두 집 있었다. 한 집은 간단한 일로 부르는 고객의 집에는 바쁘다는 핑계로 가기를 거부하고, 전기의 합선을 고치는 따위의 돈벌이가 됨직한 일만 찾아다녔다. 뿐만 아니라 고객에게 터무니없는 많은 대가를 요구하는 버릇이 있었다. 다른 한 집은 고객의 요청만 있으면 일의 크고 작음을 가리지 않고 곧 달려갔을 뿐 아니라, 부당하게 많은 돈을 받는 일도 없었다. 그 결과 불성실하게 가게를 운영하던 첫째 전파 사는 다른 곳으로 이사를 갔거니와, 가게를 줄여서 변두리로 나가야 했고 성실하게 가게를 운영하던 둘째 전파사는 동생에게도 기술을 가르쳐서 또 하나의 가게를 낼 수 있을 정도로 성업을 이루었다.

① 정직하고 성실한 태도

② 예절을 지키고 준법의식이 있는 태도

③ 경제적 보상을 중요시하는 태도

④ 봉사 정신은 결여되어 있고 전문성의 원칙에만 충실한 태도

 정답 해설 어떠한 종류의 직업에 종사하더라도, 정직하고 성실한 태도로 일하는 사람들이 국가와 사회에 이바지 하는 바가 크 다. 일을 단순한 돈벌이로 여기고 단기간에 돈을 벌려는 사람은 불성실한 태도로 임하는 경우가 많은데 장기적으로 볼 때에는 정직하고 성실한 태도가 좋은 결과를 가져올 확률이 높다.

34 성실한 사람과 그렇지 않은 사람에 대한 설명으로 옳지 않은 것은?

① 빨리 큰돈을 벌어야 한다고 성급하게 생각하기 때문에, 성실하지 않은 삶을 살게 된다.

② 성실하게 번 돈은 유흥비 등으로 쉽게 쓰게 된다.

③ 사기나 횡령 등과 같이 성실하지 않게 돈을 번 사람들은 자칫하면 모든 것을 잃을 수 도 있다.

④ 성실하게 번 돈으로도 얼마든지 절약하면서 생활을 유지할 수 있다.

돈은 그것이 무엇을 위하여 사용되느냐에 따라서 가치에 큰 차이가 생긴다. 가족들의 기본생활을 보장하기 위하여 쌀이나 연탄을 사는 데 쓰이는 돈은 가치가 매우 큰돈이다. 교과서와 학용품을 구입하는 데 사용되는 돈도 매우 귀중한 돈이며, 필요한 병원 치료를 받기 위하여 쓰이는 돈도 매우 값진 돈이다. 그러나 유흥에 사용되는 돈, 값비싼 옷이나 가구를 구입하는데 사용되는 돈은 가치가 적은 돈이다. 사치나 낭비에 필요한 거액의 돈을 단기간에 벌기 위해서는 비상수단에 호소해야 할 경우가 많다. 따라서 불성실하게 번 돈을 유흥비 등 가치가 적은 돈으로 쉽게 쓰게 된다.

35 다음 속담에 제시된 태도에 대한 설명 중 옳지 않은 것은?

> 책임을 지고 일을 하는 사람은 회사, 공장, 기타 어느 사회에 있어서도 꼭 두각을 나타낸다. 책임 있는 일을 하도록 하자. 일의 대소를 불문하고 책임을 다하면 꼭 성공한다. – 데일 카네기

① 모든 일을 책임지기 위해서는 그 상황을 회피하는 것이 가장 좋은 방법이다.

② 책임이란 모든 결과는 나의 선택으로 말미암아 일어났다고 생각하는 태도이다.

③ 책임을 지기 위해서는 부정적인 사고방식 보다는 긍정적인 사고방식이 필요하다.

④ 책임감이 있는 사람은 여러 사람에게 필요한 사람으로 여겨지지만, 책임감이 없는 사람 은 회사에서 불필요한 존재로 인식되기가 쉽다.

 제시 된 글은 책임감에 대한 명언이다. 책임이란 모든 결과는 나의 선택으로 말미암아 일어난 것이라는 태도를 말하며 책임의식을 갖는 태도는 인생을 지배하는 능력을 최대화하는데 긍정적인 역할을 한다.

실전모의고사

정답 및 해설 264p

실전모의고사

01 다음 중 직장생활에서 필요한 의사소통의 종류를 같은 것끼리 연결한 것으로 옳은 것은?

① 경청능력 – 의사표현력

② 문서이해능력 – 경청능력

③ 의사표현력 – 문서작성능력

④ 문서이해능력 – 의사표현력

02 당신은 상사의 의사소통 방식에 대해 동료와 이야기하고 있다. 다음 대화의 빈칸에 들어갈 말로 가장 옳지 않은 것은?

> A : 우리 A부장님은 의사소통 방식이 무척 개방적인 것 같아요.
> B : 그게 무슨 뜻이에요?
> A : _____.

① 다른 분들에 비해 한 가지 방식만 고수하지는 않으시죠.

② 소통 방식이나 생각이 열려 있는 분이죠.

③ 여러 의견에 대해 무척 신중한 결정을 하시죠.

④ 반대 의견도 기꺼이 수용하시는 분이죠.

03 당신은 대형 백화점의 안내데스크에서 근무하고 있다. 하루는 회사에서 "노약자나 임산부 등의 고객이 길을 물어볼 경우 가급적 해당 장소까지 직접 안내해 드리도록 하라"는 지침이 내려왔다. 다음 중 당신이 취할 행동으로 가장 옳은 것은?

① 만삭인 젊은 여성이 길을 물어볼 경우 해당 장소까지 안내한다.

② 50대 부부가 길을 물어볼 경우 해당 장소까지 안내한다.

③ 60대 노인이 길을 물어볼 경우 같은 장소를 가는 다른 고객에게 안내를 부탁한다.

④ 휠체어를 탄 고객이 길을 물어볼 경우 상사에게 보고해 지시에 따른다.

04 다음 문장을 읽고 순서에 맞게 배열한 것을 고르시오.

> 가. 그래서 우리는 그것을 확보하기 위하여 여러 가지 수단을 동원하는데, 언어 또한 그 주요 수단의 하나로 이용된다.
>
> 나. 이러한 언어활동에서는 언어 형식의 관습적인 의미 및 내용이 중요하게 다루어지지 않는 것이 특징이다.
>
> 다. 인간은 사교적인 존재임을 자처한다.
>
> 라. 개인에 따라 정도의 차이는 있으나 다른 사람들과 친교를 맺고 살아야 하며, 때로는 그것을 확인하려고 한다.

① 나 – 가 – 라 – 다   ② 나 – 라 – 가 – 다

③ 다 – 라 – 가 – 나   ④ 라 – 나 – 가 – 다

05 다음 지문을 읽고 보기가 지문의 내용과 일치하는 것을 고르시오.

> 최초의 말레이시아 우주비행사와 두 명의 우주비행사가 국제우주정거장(ISS)에서 지구로 귀환했다. 이들의 착륙선은 착륙 예정지에서 200km 떨어진 카자흐스탄에 떨어졌으며, 승무원들은 헬리콥터를 통해 모스크바로 옮겨졌다. 말레이시아 우주비행사 세이크 무스자파 슈코르는 11일 전에 러시아의 소유즈 우주선을 타고 지구를 떠났다. 그는 러시아 우주비행사 유리 말렌첸코와 미국 우주비행사 페기 윗슨과 동승했다. 우주정거장 최초의 여자 사령관인 윗슨은 여섯 달 동안 우주정거장에서 임무를 수행했다. 슈코르는 우주정거장에서 9일 동안 지냈다. 최초의 말레이시아 우주비행사가 탄생할 수 있었던 이유는 2003년에 말레이시아 정부가 18대의 러시아 전투기를 러시아로부터 구입했기 때문이다.

① 슈코르는 우주를 비행한 최초의 말레이시아인이다.

② 슈코르는 러시아 비행사 두 명과 함께 소유즈를 타고 지구를 떠났다.

③ 러시아는 말레이시아 정부에 러시아 전투기를 팔았다.

④ 페기 윗슨은 우주정거장에서 여섯 달 동안 사령관 역할을 했다.

06 다음 문장을 읽고 순서에 맞게 배열한 것을 고르시오.

> 가. 공식에 따르지 않는 지적 · 정신적 기능은 컴퓨터에는 있을 수 없다. 심리학에서는 컴퓨터처럼 공식에 따르는 정신 기능을 수렴적 사고라 하고, 이에 비해 인간이 이루어내는 종합적 사고를 발산적 사고라 한다. 발산적 사고는 과학 · 예술 · 철학 등에서도 아주 중요한 지적 기능이다.
> 나. 이러한 기능은 컴퓨터에는 없다. 제아무리 발달한 컴퓨터라 해도 〈죄와 벌〉 같은 문학작품을 써낼 수는 없다. 지나치게 컴퓨터에 의존하거나 중독되는 일은 이런 발산적 사고의 퇴화를 가져올 수 있다.
> 다. 그러나 컴퓨터의 기능이 얼마나 복잡하든, 궁극적으로는 공식에 따라 진행되는 수리적 · 논리적인 여러 조작의 집적으로 이루어지는 것에 불과하다.
> 라. 컴퓨터는 처리할 수 있는 정보의 양과 속도 면에서는 인간의 능력을 훨씬 뛰어넘는다.

① 라 – 다 – 가 – 나   ② 나 – 가 – 다 – 라
③ 가 – 라 – 다 – 나   ④ 가 – 다 – 라 – 나

07 다음 지문을 읽고 보기가 지문의 내용과 일치하는 것을 고르시오.

> EU 철강 협회는 EU 회원국의 철강업체들이 중국이나 대만 그리고 한국에서 수입하는 철강제품 때문에 어려움을 겪고 있다고 주장했다. 최근 철강 제품 수입이 크게 늘어나면서 철강제품 가격이 25%까지 떨어졌으며 수천 명의 근로자들이 일자리를 잃을 위기에 빠져있다고 분석했다. 특히 지난 한 해 동안 중국에서 수입한 철강 제품 톤수는 지난해의 두 배인 100만 톤에 이른다. 특히 EU 철강 협회는 중국에서 수입되는 철강 제품 중에 냉각 압연 철강재와 용융 도금된 철강재를 문제 삼았다. 이러한 EU 철강 협회의 주장은 최근 미국 철강 협회가 중국산 철강 제품에 대해서 정부에 덤핑 판정을 요구하면서 더 힘을 얻고 있다.

① EU 회원국에 가장 많은 철강 제품을 수출한 나라는 중국이다.
② 미국 정보는 중국산 철강 제품에 반덤핑관세를 부과할 계획이다.
③ 중국에서 수입되는 철강 제품 중 가장 많은 것은 냉각 압연 철강재이다.
④ 철강 제품의 공급이 많아지면서 철강 제품 가격이 떨어졌다.

08 다음 지문을 읽고 지문 내용과 다르거나 지문 내용만으로는 알 수 없는 것을 고르시오.

> 복지 국가의 구조적 원천은 세 가지이다. 첫째, 복지 국가는 국민 국가였다. 복지 제도의 발전을 가속화
> 시킨 원인 중에 하나가 민족적 연대성을 촉진시키는 지배층의 욕망이었기 때문이다. 둘째, 복지 제도는 산
> 업 내의 지불노동을 뜻하는 노동이 핵심적인 역할을 하는 사회를 창출하려는 노력에서 시작되었다. 따라
> 서 초기의 복지 제도는 노동시장에 진입할 수 없던 사람들이 큰 관심을 보였다. 셋째, 복지제도는 초기부
> 터 최근까지 위험 관리를 정부의 역할로 간주했다. 이러한 복지 제도에 대해 관심을 갖게 된 계기는 제1차
> 세계대전이다. 전쟁 중에 국가의 역할이 커졌고 대중들에게 위험이 공동의 문제라는 것을 자각시켰다. 전
> 쟁 이전의 복지제도는 만성적 빈곤을 문제 삼았다. 그러나 전쟁 이후에는 보편적인 프로그램 개발의 필요
> 성이 부각되었다. 빈자들은 '언제나 우리와 함께 있는 사람들'이라기보다는 '모든 사람들에게 닥칠 수 있는
> 불행을 가지고 있는 사람들'이라고 인식한 것이다.

① 민족적 연대성을 강화하려는 지배층 때문에 복지제도의 발전이 가속화되었다.

② 초기의 복지 제도는 노동시장에 진입할 수 없었던 일부 사람들의 관심 대상이었다.

③ 복지 제도에서 위험관리에 대한 역할은 최근에 와서 정부가 맡게 되었다.

④ 제1차 세계대전으로 많은 사람들이 복지 제도에 대해 관심을 가지게 되었다.

09 다음은 신문기사를 읽은 후 나눈 대화의 일부이다. 대화의 흐름상 빈칸에 들어갈 말로 가장 알맞
은 것은?

> ○○일보
>
> ○○일보 제12345호 | △△△△년 ◇◇월 ○○일　　　　　　　　안내전화 : 02-△△△-△△△△
> ---
>
> 　'죽은 왕녀를 위한 파반느'라는 곡으로 유명한 프랑스 음악가 모리스 라벨(1875~1937)이 작곡한 '볼레로'
> 가 그의 치매로 인해 탄생한 곡이라고 한다. 이 곡의 특징은 하나의 리듬이 169번이나 반복되면서 2개의 멜
> 로디가 15분 넘게 이어짐에도 불구하고 악기의 음색이 조금씩 바뀜으로써 지루함의 가능성을 배제했다는
> 점이다. 그런데 이러한 반복적인 리듬이 당시 그가 앓고 있던 진행성 언어장애 타입의 전두측두치매로 인해
> 나타났을 것이라는 주장이 있다. 즉, 이 병을 앓게 되면 특별한 이유 없이 하던 행동 또는 생각을 계속 반복
> 하는 증세를 보이게 되는데, 모리스 라벨의 '볼레로'에 나타난 반복적 리듬과 멜로디가 그러하다는 것이다.
> 　'볼레로' 외에도 치매로 인해 탄생한 것으로 보이는 작품은 미술계에도 존재한다. 캐나다의 화가 앤 아담
> 스의 그림 '볼레로를 해석하며'가 그것인데, 이 역시 볼레로의 음악처럼 비슷한 도형이 반복되는 형식으로
> 표현된 작품이다. 앤 아담스는 이 그림을 완성하고 몇 년 뒤 진행성 언어장애 타입의 전두측두치매 진단을
> 받은 바 있다.
> 　이처럼 치매가 예술로 승화된 예가 있어 사람들의 흥미를 일으키고 있다.

A : 신기하다. 치매가 예술을 탄생시킨 하나의 촉매가 된 거나 다름없네.

B : 그러게. 언어장애를 꼭 불행으로만 단정 지을 수도 없겠어. 안 그래?

C : 내 생각은 달라. _____.

D : 다 그런 건 아니겠지만 그래도 불행에서 싹튼 예술을 우리가 향유할 수 있으니, 불행과 예술은 전혀 뗄 수만은 없는 관계인 것 같기는 해.

① 치매가 있지만 저런 예술 작품을 남길 수 있다는 것은 놀랄만한 일이야.

② 전두측두치매가 예술적 재능을 촉발할 수 있다는 사실은 이미 검증된 사실이야.

③ 예술 작품을 남길 당시는 치매가 호전되었다는 주장이 있어.

④ 전두측두치매에 걸린 사람이 모두 저런 재능을 보이는 건 아니야.

10 다음은 전세보증금반환보증의 약관 중 일부 규정이다. 약관의 내용 중 잘못된 글자는 모두 몇 개 인가?

제4조(보증조건의 변경)

① 주채무자 및 보증채권자는 보증회사로부터 서면에 의한 동위를 받지 아니하고는 보증조건을 변경할 수 없습니다.

② 보증조건의 변화는 보증회사가 변경사항을 주채무자 및 보증채권자에게 서면으로 알리거나 보증서의 보증조건을 정정하여 재교부한 경우에만 성립합니다.

제5조(통지의무)

① 주채무자 또는 보증채권자는 다음 각 호의 어느 하나에 해당하는 사유가 발생한 경우에는 1월 이내에 서면으로 그 내용을 보증회사에 통달하여야 합니다.

  1. 주채무자 또는 보증채권자가 변경되었을 때

  2. 주채무자, 보증채권자, 연대보증인의 주소가 변경되었을 때

  3. 경·공매의 개시 결정을 통보받았을 때

  4. 보증사고가 발생하였을 때

  5. 보증사고 사유가 훼소되었을 때

  6. 전세계약이 종료되었을 때

  7. 기타 보증회사의 보증채무에 영향을 미치는 사항이 발생하였을 때

② 보증회사는 주채무자 또는 보증채권자가 정당한 사유 없이 제1항의 통지를 지연하거나 하지 않음으로써 증가된 채무는 담당하지 아니합니다.

① 3개   ② 4개

③ 5개   ④ 6개

11 P회사 전체 회의준비를 위해 대회의실에 의자를 배치하려고 한다. 첫 번째 줄은 의자 10개, 두 번째 줄은 의자 17개, 세 번째 줄은 의자 24개로 배치가 된다. 이 규칙으로 의자가 나열될 경우 13번째 줄은 몇 개의 의자가 필요한가?

① 87 　　　　　　　　　　　　　② 94

③ 101 　　　　　　　　　　　　② 108

12 A씨는 집에서 회사까지 2km/h로 등교를 하고, 퇴근 후 회사에서 헬스장까지 3km/h로 걸어 총 2시간을 걸었다. 회사에서 헬스장까지의 거리는 집에서 회사까지의 거리보다 3km 더 멀고, 집·회사·헬스장이 일직선상에 있다고 할 때, 집에서 헬스장까지의 거리는?

① 5km 　　　　　　　　　　　　② $\dfrac{26}{5}$km

③ $\dfrac{27}{6}$km 　　　　　　　　　　　　④ $\dfrac{28}{5}$km

13 원가가 15,000원인 물건에 20%의 이익이 남도록 판매가를 결정하였다. 세 달 후 물건의 20%가 재고로 남아 할인해서 팔려고 할 때, 최대 몇 %를 할인하면 손해를 보지 않을 수 있는가?

① 70% 　　　　　　　　　　　　② 75%

③ 80% 　　　　　　　　　　　　④ 85%

[14~15] 다음은 흡연 여부에 따른 폐암 발생 현황을 정리한 것이다. 표를 참고하여 물음에 답하시오.

흡연 여부에 따른 폐암 발생 현황

(단위 : 명)

구분		폐암 발생 여부		계
		발생	비발생	
흡연여부	흡연	300	700	1,000
	비흡연	300	9,700	10,000
계		600	10,400	11,000

• 기여율 $=\dfrac{A-B}{A} \times 100$

(위험요인에 노출된 사람 중에서 질병 발생률 중 몇 %가 위험요인에 기인한 것인가를 나타냄)

A=위험요인에 노출된 사람 중에서 질병 발생률(%)

B=위험요인에 노출되지 않은 사람 중에서 질병 발생률(%)

14 비흡연자에 비해 흡연자의 폐암 발생률이 얼마나 되는가?

① 5배　　　　　　　　　　　　② 10배

③ 15배　　　　　　　　　　　④ 20배

15 흡연의 폐암 발생 기여율은 얼마인가?

① 84%　　　　　　　　　　　② 86%

③ 88%　　　　　　　　　　　④ 90%

16 어떤 일을 하는데 A씨는 12일, B씨는 20일 걸린다고 한다. A씨와 B씨가 함께 일을 하면 각자 능력의 50%를 분업효과로 얻을 수 있다고 한다. 이 일을 A씨와 B씨가 함께 한다면 얼마나 걸리겠는가?

① 5일　　　　　　　　　　　② 6일

③ 7일　　　　　　　　　　　④ 8일

17 정육면체의 겉넓이가 54cm²이다. 이 정육면체의 부피는 얼마인가?

① 27cm³ ② 54cm³

③ 64cm³ ④ 72cm³

18 실내 수영장에 물을 채우는데 A호스로는 10시간, B 호스로는 30시간, C호스로는 45시간이 걸린다. 이 일을 3시간동안 A, C호스로 물을 채우고 남은 부분은 B호스로 채울 때, 이 일을 시작하여 끝내기까지 몇 시간이 걸리겠는가?

① 18시간 ② 19시간

③ 20시간 ④ 21시간

[19~20] 다음은 I사의 부서별 연수 참가 인원수를 나타낸 표이다. I사의 경우 모든 사원이 영어 연수나 컴퓨터 연수 중 하나에 참가해야 한다.

(단위 : 명)

구분	영어 연수 참가 인원수	컴퓨터 연수 참가 인원수	총 인원수
A부서		㉠	80
B부서	㉡		㉢
C부서	15	㉣	75

19 A부서에서 영어 연수에 참여하는 비율이 45%라 할 때, ㉠의 값은?

① 36명 ② 38명

③ 40명 ④ 44명

20 B부서의 경우 총 인원수에서 컴퓨터 연수에 참여하는 비율이 65%라 할 때, ㉡+㉢의 값은?

① 81명 ② 99명

③ 125명 ④ 133명

21 다음은 창의적 문제와 분석적 문제에 대한 설명이다. 이중 창의적 문제에 대한 진술인 것으로 옳은 것은?

> ㉠ 현재 문제가 없더라도 보다 나은 방법을 찾기 위한 문제
> ㉡ 분석, 논리, 귀납과 같은 방법을 사용하여 해결하는 문제
> ㉢ 정답의 수가 적으며, 한정되어 있는 문제
> ㉣ 주관적, 직관적, 감각적 특징에 의존하는 문제

① ㉠, ㉢   ② ㉠, ㉣

③ ㉡, ㉢   ④ ㉡, ㉣

22 다음 2가지 사례를 읽고 문제해결을 위해서 갖추어야 하는 사고로 옳은 것은?

> **사례 1**
> C씨는 영업부서의 신입사원이다. C가 입사한 회사는 보험업에서 다른 기업에 비해 성과가 뒤떨어지는 회사였고, 그 기업에 근무하는 사람들은 모두 현실을 받아들이고 있었다. C는 이러한 상황에 불만을 느끼고 다른 기업과 자신의 기업과의 차이를 분석하게 되었다. 그 결과 C씨는 자신의 회사가 영업사원의 판매교육이 부족하다는 것을 알게 되었고, 이를 문제, 원인, 해결안을 보고서로 제출하였지만, 결국 회사의 전략으로 채택되지 못했다.
>
> **사례 2**
> 설계, 기술, 영업, 서비스 각 부문의 핵심 인력들이 모여 최근에 경합하고 있는 B사에 추월당할 우려가 있다는 상황에 대한 회의가 열렸다. 설계부서에서는 우리 회사의 기술이 상대적으로 뒤처져 있는 것을 지적하였으며, 영업부서에서는 제품의 결함이 문제라고 지적하였다. 서비스 부서에서는 매상목표를 달성할 수 없다는 문제를 지적하였으며, 기술 부서에서는 고객의 클레임에 대한 대응이 너무 느리다는 지적이 있었다. 결국 이 회의에서는 회사 내의 내외부적인 자원을 활용하지 못한 채 서로의 문제만을 지적하고 특별한 해결책을 제시하지 못한 채 끝나고 말았다.

① 전략적 사고, 발상의 전환

② 전략적 사고, 내 · 외부 자원의 효과적인 활용

③ 분석적 사고, 내 · 외부 자원의 효과적인 활용

④ 분석적 사고, 발상의 전환

23 다음 중 퍼실리테이션에 의한 문제해결 방법으로 옳은 것은?

> ⊙ 어떤 그룹이나 집단이 의사결정을 잘 하도록 도와주는 일이다.
> ⓒ 깊이 있는 커뮤니케이션을 통해 서로의 문제점을 이해하고 공감함으로써 창조적인 문제해결을 도모할 수 있다.
> ⓒ 대부분의 기업에서 볼 수 있는 전형적인 문제해결 방법이다.
> ⓔ 사실과 원칙에 근거한 토론으로 해결하는 방법이다.
> ⓜ 결론이 애매하게 끝나는 경우가 적지 않다.

① ⊙, ⓒ   ② ⊙, ⓒ

③ ⓒ, ⓜ   ④ ⓒ, ⓒ, ⓔ

24 다음 중 문제 해결에서 가장 중요한 요소로 볼 수 있는 것은?

① 업무 상황에서 발생하는 문제의 인식   ② 문제 자체의 객관적 파악

③ 문제 해결을 위한 실천적 의지   ④ 문제의 특성과 의미

25 다음은 ○○공사의 여비규정과 A의 출장 일정을 나타낸 것이다. A가 받을 총 출장 여비는 얼마인가?

> **여비규정**
>
> 제10조(일반출장)
> ① 일반출장여비는 운임, 일비, 숙박비, 식비로 한다.
> ② 출발일과 도착일은 여행일수에 포함한다.
> 제11조(운임의 구분과 적용)
> ① 운임은 철도임, 버스임으로 구분한다.
> ② 철도임은 철도여행에, 버스임은 철도 외의 육로여행에 각각 적용한다.
> 제12조(일비)
> ① 일비는 '별표 제1호'에 따라 지급한다.
> ② 일비는 여행일수에 따라 지급한다.
> 제13조(숙박비) 숙박비는 '별표 제1호'의 상한액 내에서 실비를 지급한다.
> 제14조(식비) 식비는 1일 2식비를 기준으로 '별표 제1호'에 따라 지급하되, 숙박의 경우 1식비를 추가로 지급한다.

별표 제1호

(단위 : 원)

구 분	운 임		일비(1일당)	숙박비 (1일당 상한액)	식비(1일당)
	철도임	버스임			
직 원	실 비	실 비	18,000	60,000	20,000

① 290,000원   ② 292,000원

③ 295,000원   ④ 300,000원

26 원인 분석 단계와 관련된 설명 중 옳지 않은 것은?

① 원인 분석은 핵심 이슈에 대한 가설을 설정한 후 필요한 데이터를 수집·분석하여 문제의 근본 원인을 도출해 나가는 것이다.

② Issue 분석 중 가설 설정은 간단명료하고 논리적이며, 객관적이어야 한다.

③ Data 분석 내용은 Data 수집계획 수립, 정리 및 가공, 해석으로 구성된다.

④ 원인과 결과사이에 패턴 중 복잡한 인과관계는 원인과 결과를 구분하기 어려운 경우에 나타난다.

27 다음 중 논리적 사고를 개발하는 방법의 하나로, 하위의 사실이나 현상부터 사고함으로써 상위의 주장을 만들어가는 방법을 무엇이라 하는가?

① 마름모형 구조 방법   ② 피라미드 구조 방법

③ So what 방법   ④ Why so 방법

28 브레인스토밍(Brain Storming)의 4대 원칙으로 적절하지 않은 것은?

① 비판엄금   ② 자유분방

③ 양보다 질   ④ 결합과 개선

29 ○○회사는 창의적인 사고를 가장 중요한 능력으로 여겨, 매년 직원을 대상으로 창의공모대회를 개최하여 최고의 창의적 인재를 선발해 수상하고 있다. 이번 해에 직원 A는 동료들과 창의공모대회에 참가하고자 결정하고, 대회에 참가하는 동료들과 함께 창의적 사고에 대해 생각을 공유하는 시간을 가졌다. 다음 중 A가 받아들이기 가장 어려운 대화는 무엇인가?

① B : "창의적인 사람은 새로운 아이디어가 많고 다소 독창적인 사람을 말하는 것 같아."

② C : "그래, 그들의 독특하고 기발한 재능은 선천적으로 타고나는 것이라 할 수 있어."

③ D : "창의적 사고는 개인의 경험과 지식을 통해 새로운 아이디어로 다시 결합해 참신한 아이디어를 산출하는 것이 아닐까?"

④ E : "그러한 아이디어는 유용하고 적절해야 하고, 무엇보다 가치가 있어야 한다고 봐. 창의적 사고에는 사고력 외에 전인격적 가능성까지도 포함되는 것이거든."

30 어느 회사의 퇴사 요인을 정밀 분석한 결과 퇴사 요인에는 A, B, C가 있다고 한다. 다음의 내용을 참고로 할 때, 반드시 참이라 할 수 없는 진술은 무엇인가?

> • 퇴사한 철수는 A, B, C요인을 모두 가지고 있다.
> • 재직 중인 영희는 A, B요인만 있다고 한다.
> • 퇴사한 미희는 A, C요인만 있다고 한다.
> • 재직 중인 만수는 B요인만 있고 A, C요인은 없다고 한다.

① 퇴사한 사람은 A요인이 가장 큰 영향을 미친다.

② 재직 중인 사람은 C요인을 가지고 있지 않다.

③ 재직 중인 사람은 모두 B요인을 가지고 있다.

④ 퇴사한 사람만 놓고 보면 A와 C요인이 큰 영향을 미친다.

31 다음 중 성찰을 하는 이유에 대한 설명으로 옳지 않은 것은?

① 다른 일을 하는데 필요한 노하우의 축적

② 지속적인 성장의 기회를 제공

③ 신뢰감 형성의 원천 제공

④ 창의적인 사고능력 개발 기회의 박탈

32 흥미와 적성에 관한 다음 설명 중 옳지 않은 것은?

① 흥미는 개인의 잠재적인 재능을 의미하며, 적성이란 일에 대한 관심을 의미한다.

② 흥미와 적성은 개인에 따라 다르기 마련이다.

③ 흥미나 적성은 선천적으로 부여되는 측면도 있고 후천적으로 개발되는 측면도 있다.

④ 마인드 컨트롤은 흥미와 적성을 개발하기 위한 방법 중 자신을 의식적으로 관리하는 것을 말한다.

33 다음 중 자기개발 계획 수립의 장애요인에 대한 설명으로 가장 적절하지 않은 것은?

① 자신의 흥미나 장점, 라이프스타일에 대한 정보의 부족

② 외부 작업정보와 내부 작업정보의 부족

③ 의사결정시의 과다한 자신감

④ 재정, 시간 등 주변상황의 제약

34 직장인 R씨는 평소 우유부단한 성격으로 의사결정을 하는 데에 있어 어려움을 겪는다. 다음 보기는 합리적인 의사결정을 위한 과정이다. R씨가 합리적인 의사결정을 하기 위해 취해야 할 행동들로 바르게 짝지어진 것은?

㉠ 의사결정에 앞서 문제의 특성이나 유형을 파악한다.

㉡ 의사결정의 기준과 가중치를 정한다.

㉢ 가능한 대안을 최소화하여 탐색한다.

㉣ 모든 대안을 분석하고 평가할 필요는 없다.

㉤ 의사결정의 결과를 피드백 하여 다음 의사결정에 반영한다.

① ㉠, ㉡

② ㉠, ㉡, ㉢

③ ㉠, ㉡, ㉤

④ ㉠, ㉡, ㉢, ㉤

35 아래의 글을 읽고 괄호 안에 들어갈 말로 옳은 것은?

지식과 정보의 폭발적인 증가로 새로운 기술이 개발되고 있으며 직업에서 요구되는 능력도 변화하고 있다. 이에 따라 개인 각자가 자아실현, 생활 향상, 직업적 지식, 기술의 획득 등을 목적으로 생애에 걸쳐 자주적 · 주체적으로 학습을 지속할 수 있는 (   )이/가 도래하였다.

① WLB

② 교육사회

③ 교육개혁

④ 평생학습사회

36 S씨는 아래의 5단계 프로세스에 맞춰 자기관리를 시작하기로 다짐하였다. 다음 중 S씨가 각 단계별로 해야 할 행동으로 옳지 않은 것은?

1. 비전 및 목적 정립	2. 과제 발견	3. 일정 수립
4. 수행	5. 반성 및 피드백	

① 1단계에서는 본인에게 가장 중요한 것이 무엇인지 파악하고 우선순위를 정해 놓아야 한다.

② 2단계에서는 자신이 수행해야 할 역할을 도출하고 활동목표를 세워야 한다.

③ 3단계에서는 우선순위에 따라 구체적인 일정을 수립해야 한다.

④ 4단계에서는 계획한 대로 바람직하게 수행해야 한다.

37 다음은 합리적인 의사결정 과정에 대한 그림이다. 빈 칸에 들어갈 내용을 순서대로 바르게 나열한 것은?

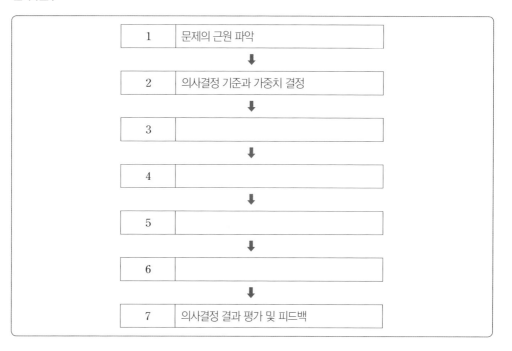

① 의사결정 정보 수집 – 최적안 선택 – 대안 탐색 – 대안 분석 및 평가
② 의사결정 정보 수집 – 대안 탐색 – 대안 분석 및 평가 – 최적안 선택
③ 대안 탐색 – 의사결정 정보 수집 – 대안 분석 및 평가 – 최적안 선택
④ 대안 탐색 – 의사결정 정보 수집 – 최적안 선택 – 대안 분석 및 평가

38 업무시행 시트작성 중 체크리스트(Checklist)에 대한 설명으로 옳지 않은 것은?

① 업무를 세부적인 활동들로 나누어 사용한다.
② 시간의 흐름을 표현하는 데에는 한계가 있다.
③ 각 단계를 효과적으로 수행했는지 상사가 점검해볼 수 있는 도구이다.
④ 각 활동별로 기대되는 수행수준을 달성했는지 확인한다.

39 다음 중 자기개발의 필요성과 관련된 설명으로 가장 적절하지 않은 것은?

① 직장생활에서의 자기개발은 업무처리의 효율성과 성과 향상을 위해 필요하다.

② 주변 사람들과 긍정적인 인간관계 형성을 위해 필요하다.

③ 오늘날의 급속한 환경변화에 연연하지 않는 계획적인 자기개발 노력이 요구된다.

④ 비전과 목표를 발견하고 성취할 수 있도록 하기 위해 필요하다.

40 R씨는 경력개발 계획을 세우던 중, 자신이 현재 하고 있는 일과 회사의 환경에 대하여 좀 더 탐색해보고자 한다. 다음 R씨가 해야 할 일 중 그 성격이 다른 것은?

① 회사의 연간 보고서를 살핀다.

② 직무와 직업에 대한 설명 자료를 찾아본다.

③ 자기인식 관련 워크숍에 참여한다.

④ 각종 기관에서 운영하는 직업정보, 자격정보 등의 사이트를 탐색한다.

41 귀하는 영업부 인턴사원에게 거래처 방문 시 주의할 점을 알려주고 있다. 그중 명함에 대한 중요성에 대해 이야기하려고 한다. 다음 중 인턴사원에게 들려주기에 옳지 않은 것은?

① 자신을 PR하는 도구로 사용할 수 있어.

② 명함에 언제 무슨 일로 만났는지 메모를 하는 게 좋아.

③ 후속 교류를 위해서도 명함은 잘 관리하는 게 좋아.

④ 명함에 같이 만났던 곳이나 그날의 먹은 음식을 적으면 그 사람을 기억하는데 많은 도움이 돼.

42 자신에게 주어진 모든 시간을 계획적으로 사용하는 것은 현실적으로 불가능하기 때문에, 내가 할 수 있는 일의 시간에 어느 정도를 계획하는 것이 적절한가에 대해 전문가들은 시간계획의 기본 원리로서 다음 그림과 같은 '60 : 40의 규칙'을 제시하였다. 다음 그림의 ㉠~㉢에 들어갈 말로 적절한 것은?

___㉠___ (60%)	___㉡___ (20%)	___㉢___ (20%)

◄----------------------------------- 총 시간 -----------------------------------►

	㉠	㉡	㉢
①	계획된 행동	계획외의 행동	자발적 행동
②	계획외의 행동	계획된 행동	자발적 행동
③	계획외의 행동	자발적 행동	계획된 행동
④	자발적 행동	계획된 행동	계획외의 행동

43 다음 중 예산 및 예산의 관리에 대한 설명으로 옳지 않은 것은?

① 광의의 예산에는 민간기업·공공단체 등의 조직은 물론이고 개인의 수입·지출에 관한 것도 포함된다.

② 예산관리능력은 최소 비용으로 최대의 효과를 얻기 위해 요구되는 능력이다.

③ 제품 개발 시 개발 책정 비용이 실제 비용보다 높은 경우 적자가 발생한다.

④ 개발 책정 비용과 실제 비용이 같을 때 이상적인 상태라 할 수 있다.

[44~45] 다음을 보고 물음에 답하시오.

출장 일정표				
날 짜	장 소	교통편	시 간	일 정
3월 3일(월)	회사	공항 리무진	11 : 00	출장 보고
	인천	AF 261	13 : 50	인천국제공항 출발
	파리	AF 2348	19 : 30/20 : 30	파리 도착/파리 출발
	암스테르담		21 : 30	암스테르담 공항도착
		호텔 리무진	22 : 40	프라자 호텔 체크인

3월 4일(화)	현지 법인	현지 직원 픽업	9 : 00	구매팀 미팅
	암스테르담		20 : 00	자유 시간
3월 5일(수)	현지 공장	현지 직원 픽업	11 : 00	생산팀 미팅
	암스테르담		19 : 00	자유 시간
3월 6일(목)	현지 법인	현지 직원 픽업	9 : 00	합동 미팅
	암스테르담		18 : 00	자유 시간
3월 7일(금)	프라자 호텔	호텔 리무진	7 : 20	호텔 체크아웃
	암스테르담	AF 1049	9 : 30	암스테르담 공항출발
	파리	AF 264	10 : 40/12 : 10	파리 도착/파리 출발
3월 8일(토)	인천		18 : 20	인천국제공항 도착
	집	공항 리무진	20 : 40	출장 정리

해외 출장비 규정

구분	항공 (원)	호텔 (USD)	교통비 (원)	일비(USD), 1일		식비(USD), 끼당		비 고
				갑지	을지	갑지	을지	
사장				150	140	80	70	* 갑지(유럽, 미국 등) * 을지(아시아, 중동, 대양주)
임원				130	120	60	50	
차장~부장	실비			110	100	40	30	
대리~과장				90	80	25	20	
사원				70	60	20	15	

※ 출국일부터 귀국일까지를 출장일로 한다.
※ 2인 이상 출장 시 가장 높은 등급을 적용받는 자의 식비를 지급한다.
※ 식비는 항공 시간을 제외하며, 현지에 있는 시간(07시~21시)만 인정한다.
※ 리무진은 무료 제공된다.

44 사원 A가 암스테르담 해외 법인을 방문하기 위해 5박 6일 간 출장을 가게 되었다고 할 때, 위의 내용을 토대로 하여 회사에서 지급되는 해외 출장비는 얼마인가?(실비는 제외한다.)

① 620(USD) ② 640(USD)

③ 660(USD) ④ 680(USD)

45 A사원은 B부장과 함께 5박 6일간 암스테르담 해외 법인을 방문하였다. B부장은 해외 법인 방문
이 모두 끝난 후 3일간 혼자 현지에 더 체류할 예정이며, A는 예정대로 귀국할 예정이다. 이 경우
A가 받게 되는 해외 출장비는 모두 얼마인가?(실비는 제외한다.)

① 620(USD)   ② 660(USD)
③ 820(USD)   ④ 860(USD)

46 다음은 시간계획을 함에 있어서 명심해야할 사항들을 설명한 것이다. ㉠~㉢에 들어갈 말로 적절
한 것은?

> ㉠ : 시간계획을 유연하게 작성하여야 함
> ㉡ : 적절한 시간 프레임을 설정해 특정 일에 소요되는 꼭 필요한 시간만을 계획에 삽입
> ㉢ : 자기의 사무를 분할해 일부를 부하에게 위임하고 그 책임을 부과함

	㉠	㉡	㉢
①	Consistency	Time Frame	Consignment
②	Consistency	Time lost	Consignment
③	Flexibility	Time lost	Delegation
④	Flexibility	Time Frame	Delegation

47 다음 제시문에서 설명하는 것으로 옳은 것은?

> • 하는 일 : 만나는 사람들에게 자신을 빠르고 정확하게 어필할 수 있는 가장 좋은 방법
> • 제작 노하우 : 하고자 하는 말을 간단명료하면서 일목요연하게 압축해서 제작 하는 것이 중요함.
> • 중요성 : 하는 일 등 나의 신상정보를 알린다. 보관되고 간직할 수 있도록 한다. 용무가 있는 사람이 연락을 할 수 있도록 연락처를 알려준다.

① 주민등록증   ② 이력서
③ 자기소개서   ④ 명함

48 다음은 한 기업의 인사팀장인 A가 인사발령을 즈음하여 발언한 내용의 핵심을 요약한 것이다. 이를 통해 A가 효율적이고 합리적인 인사관리 원칙 중 가장 중시하고 있는 내용을 모두 맞게 고른 것은?

> 인사팀장 A는 상반기 인사발령과 관련하여 해당 직원들에게 해당 직무 수행에 가장 적합한 인재를 배치하도록 해야 한다는 것을 강조하였고, 인사 과정 전반에서 승진과 상벌, 근무성적의 평가 등을 공정하게 처리할 것을 지시하였다.

① 적재적소의 원칙, 공정 보상의 원칙
② 종업원 안정의 원칙, 창의력 계발의 원칙
③ 적재적소의 원칙, 공정 인사의 원칙
④ 종업원 안정의 원칙, 단결의 원칙

[49~50] 다음 제시문을 읽고 물음에 답하시오.

> A회사는 텀블러를 생산한다. 텀블러 뚜껑을 생산하는 기계는 소비전력이 5,000W로, 하루 8시간 가동하면 한 달 기준 전기 사용량이 1,200kWh이며 전기 사용료가 84만원, 연료비는 100만원이 든다.
>
> A회사의 비용 절감을 위해 다양한 제품의 생산 비용을 분석하였더니, 텀블러 뚜껑을 생산하는 고정 비용의 비율이 A회사 전체 제품 생산 비용의 45%인 것으로 나타났다. 이에 따라 임원진은 텀블러 뚜껑 생산 비용 절감을 요구하였다.
>
> 텀블러 뚜껑 생산팀장인 귀하는 B회사의 설비를 설치하면 연료비가 한 달 기준 70만원으로 줄어드는 효과가 있다는 것을 알았다. B회사의 설비를 설치하는데 드는 비용은 900만원이다.
>
> 또 다른 C회사의 설비는 소비전력을 1,500W나 감소시켜 한 달 기준 전기 사용량이 840kWh로 감소한다. 한 달 기준 전기 사용료를 25%나 절감할 수 있는 것이다. C회사의 설비를 설치하는데 드는 비용은 1,000만원이다.

49 A회사는 회의를 통해 B회사의 설비를 설치하기로 결정하였다. 최소 몇 달 이상 사용하여야 기존 설비를 유지하는 것보다 손해를 보지 않는가?

① 2년 6개월
② 2년 10개월
③ 3년
④ 3년 4개월

50 C회사의 설비를 설치하여 5년 간 사용하는 경우, 기존 설비를 유지한 경우에 비해 절감된 생산 비용은 얼마나 되는가?

① 71만원
② 260만원
② 317만원
④ 512만원

51 다음 대인관계와 관련된 설명 중 옳지 않은 것은?

① 최근의 직업 현장에서는 조직과 잘 융화하지 못하면 능력을 제대로 발휘할 수 없다.
② 대인관계능력이란 협조적 관계를 통해 조직 갈등을 원만히 해결하며, 고객의 요구를 충족시켜 줄 수 있는 능력을 말한다.
③ 대인관계에서 정말로 중요한 기법이나 기술은 외면적인 인간관계 기법으로부터 도출된다.
④ 우리가 주도적이고 바른 원칙에 중심을 두며 가치 지향적인 경우에야 비로소 다른 사람들과의 관계를 풍부하고 생산적으로 만들 수 있다.

52 다음 중 인간관계를 형성할 때 가장 중요한 요소로 옳은 것은?

① 사람됨과 내면적 진정성
② 무엇을 말하는가 하는 것
③ 어떻게 행동하는가 하는 것
④ 피상적인 인간관계 기법이나 테크닉

53 감정은행계좌를 적립하기 위한 주요 수단 중 다음 설명에 해당하는 것은?

> 약간의 친절과 공손함은 매우 중요하다. 사람들은 매우 상처받기 쉽고 내적으로 민감하다. 이 점은 나이나 경험과는 별 상관이 없으며, 비록 외적으로 대단히 거칠고 냉담하게 보이는 사람도 내적으로는 민감한 느낌과 감정을 누구나 갖고 있다.

① 상대방에 대한 이해심
② 사소한 일에 대한 관심
③ 약속의 이행
④ 칭찬하고 감사하는 마음

54 다음 중 팀워크(teamwork)에 대한 설명으로 적절하지 않은 것은?

① 팀워크란 팀원이 공동 목적 달성을 위해 상호 협력해 업무를 수행하는 것을 말한다.

② 팀워크는 사람들을 집단에 머물도록 하고, 그 집단의 멤버로서 계속 남기를 원하게 만드는 힘이다.

③ 팀이 성과는 내지 못하면서 분위기만 좋은 것은 팀워크가 아닌 응집력이 좋은 것이라 할 수 있다.

④ 훌륭한 팀워크를 유지하기 위해 팀원 간에 공동의 목표와 도전의식을 갖추어야 한다.

55 다음의 사례를 보고 나눈 대화의 내용 중 옳지 않은 것은?

> 헨리포드(Henry Ford)는 자동차 왕으로 불리는 미국의 자동차 회사 '포드'의 창설자이다. 그는 1913년 조립 라인 방식에 의한 양산체제인 포드시스템을 확립하였고 컨베이어벨트를 고안하는 등 수많은 기술 혁신을 일으켰다. 또한 합리적 경영방식을 도입해 포드를 미국 최대의 자동차 제조업체로 키워냈다. 포드 자동차회사는 T형 포드로 미국 최대의 자동차 제조업체가 되어, 시장 점유율 1위 자리에 올랐다. 그러나 강하고 편협한 그의 개성 탓에 말년에 경영의 파탄을 가져왔다. 그는 제품의 다변화 제안을 묵살하였을 뿐 아니라 노조설립을 방해하기 위해 지나치게 노조방해 공작에 집착하였다. 그 결과 노동조합운동의 반대로 인해 경영이 악화되었고, 1920년대 말에는 경쟁사인 제너럴모터스사(GM)에 1위 자리를 빼앗기게 되었다.

① A : 이 사례는 권위주의적 리더십의 단면을 확실하게 보여주는 것 같아.

② B : 포드가 자동차의 대중화를 이끌어낸 선구자라는 점에서는 칭찬받을 만 해.

③ C : 포드는 집단의 비전보다는 개인의 비전을 더 중시했다고 생각해.

④ D : 만약 포드가 탁월한 부하 직원들을 거느리고 있었다면 이러한 통치 방식이 효과적이었을 수도 있어.

56 다음 중 동기유발과 관련된 설명으로 적절하지 않은 것은?

① 금전적 보상이나 편익, 승진 등은 장기적인 동기유발 요인이 된다.

② '긍정적 강화'는 조직원들의 동기를 부여하는데 아주 효과적이다.

③ 매일 해왔던 업무와 전혀 다른 일을 처리하는 경우 새로운 자극과 성취감을 느끼게 된다.

④ 직원을 코칭 하는 리더는 직원이 권한과 목적의식을 가진 중요한 사람이라는 사실을 느낄 수 있도록 해야 한다.

57 다음 중 부정적 동기부여로 인해 발생하는 사실로 옳지 않은 것은?

① 단기적으로는 그 일에 주의를 기울이게 된다.

② 장기적으로는 심각한 한계상황에 부딪치게 된다.

③ 상사의 눈치를 살피게 된다.

④ 업무에 열의를 갖게 된다.

58 다음 중 '코칭'과 관련된 설명으로 옳지 않은 것은?

① 코칭은 직원들과 의견을 나누고 효과적 해결책을 이끌어 내는 커뮤니케이션 수단이다.

② 코칭은 리더가 정보를 하달하고 의사결정의 권한을 가지고 있다는 것을 수용하는 접근법을 취한다.

③ 코칭 과정에서 리더는 직원들을 기업의 파트너로 인식하며, 성공적인 코칭을 받은 직원들은 문제를 스스로 해결하려고 노력한다.

④ 자신감 넘치는 노동력과 책임감 넘치는 직원들, 상승된 효율성 및 생산성 등은 모두 코칭이 조직에게 주는 혜택에 해당한다.

59 다음 중 임파워먼트(empowerment)에 대한 설명으로 적절하지 않은 것은?

① 임파워먼트란 조직구성원들의 잠재력을 믿고, 그 잠재력 개발을 통해 고성과 조직이 되도록 하는 일련의 행위이다.

② 임파워먼트가 잘 되는 조직은 아이디어가 존중되며, 다른 사람이 하는 일은 내가 하는 일보다 중요하다는 것을 인식하게 된다.

③ 진정한 임파워먼트는 혁신성과 자발성을 이끌어 내고 조직의 방향감과 질서의식을 창출하게 한다.

④ 진정한 임파워먼트를 위해서는 참여 및 기여의 여건 조성, 재능과 에너지의 극대화, 명확하고 의미 있는 목적에 초점을 두는 기준이 반드시 충족되어야 한다.

60 다음 중 팀이 비효율적이고 문제가 있을 때 나타나는 징후로 적절하지 않은 것은?

① 구성원들 간 적대감이나 갈등 발생　　　② 할당된 임무와 관계에 대한 혼동

③ 전반적인 관심의 부족　　　　　　　　　④ 리더에 대한 낮은 의존도

61 다음 중 컴퓨터의 발전 과정을 세대별로 구분할 때, 5세대 컴퓨터의 특징으로 볼 수 없는 것은?

① 퍼지 컴퓨터　　　　　　　　　　　　　② 인공지능

③ 패턴인식　　　　　　　　　　　　　　　④ 집적회로(IC) 사용

62 다음 중 플래시 메모리에 대한 설명으로 옳지 않은 것은?

① 소비전력이 작다.

② 휘발성 메모리이다.

③ 정보의 입출력이 자유롭다.

④ 휴대전화, 디지털 카메라, 게임기, MP3 플레이어 등에 널리 이용된다.

63 다음 중 참조의 대상 범위로 사용하는 이름에 대한 설명으로 옳은 것은?

① 이름 정의 시 첫 글자는 반드시 숫자로 시작해야 한다.

② 하나의 통합문서 내에서 시트가 다르면 동일한 이름을 지정할 수 있다.

③ 이름 정의 시 영문자는 대소문자를 구분하므로 주의하여야 한다.

④ 이름은 기본적으로 절대참조로 대상 범위를 참조한다.

64 다음 중 =SUM(A1:A7) 수식이 =SUM(A1A7)와 같이 범위 참조의 콜론(:)이 생략된 경우 나타나는 오류 메시지로 옳은 것은?

① #N/A   ② #NULL!

③ #REF!   ④ #NAME?

65 다음 중 아래 시트에서 [A7] 셀에 수식 =$A$1+$A2를 입력한 후 [A7] 셀을 복사하여 [C8] 셀에 붙여넣기 했을 때, [C8] 셀에 표시되는 결과로 옳은 것은?

	A	B	C
1	1	2	3
2	2	4	6
3	3	6	9
4	4	8	12
5	5	10	15
6			
7			
8			

① 3   ② 4

② 5   ④ 6

66 다음 그래픽 파일 형식 중 GIF에 대한 설명으로 옳지 않은 것은?

① 비손실 압축과 손실 압축을 모두 지원한다.

② 여러 번 압축을 하여도 원본과 비교해 화질의 손상은 없다.

③ 최대 256 색상까지만 표현할 수 있다.

④ 배경을 투명하게 처리할 수 있다.

67 다음 중 Windows 7에서 〈Ctrl〉+〈Esc〉 키를 눌러 수행되는 작업으로 옳은 것은?

① 시작 메뉴가 나타난다.

② 실행 창이 종료된다.

③ 작업 중인 항목의 바로가기 메뉴가 나타난다.

④ 창 조절 메뉴가 나타난다.

68 다음 중 데이터 통합에 관한 설명으로 옳지 않은 것은?

① 데이터 통합은 위치를 기준으로 통합할 수도 있고, 영역의 이름을 정의하여 통합할 수도 있다.

② '원본 데이터에 연결' 기능은 통합 할 데이터가 있는 워크시트와 통합결과가 작성될 워크시트가 같은 통합문서에 있는 경우에만 적용할 수 있다.

③ 다른 원본 영역의 레이블과 일치하지 않는 레이블이 있는 경우에 통합하면 별도의 행이나 열이 만들어 진다.

④ 여러 시트에 있는 데이터나 다른 통합 문서에 입력되어 있는 데이터를 통합할 수 있다.

69 다음 중 데이터가 입력된 셀에서 〈Delete〉 키를 눌렀을 때의 상황에 대한 설명으로 옳지 않은 것은?

① 셀에 설정된 메모는 지워지지 않는다.

② 셀에 설정된 내용과 서식이 함께 지워진다.

③ [홈]-[편집]-[지우기]-[내용 지우기]를 실행한 것과 동일한 결과가 발생한다.

④ 바로 가기 메뉴에서 〈내용 지우기〉를 실행한 것과 동일한 결과가 발생한다.

70 다음 중 추세선을 사용할 수 있는 차트 종류는?

① 3차원 묶은 세로 막대형 차트   ② 분산형 차트

③ 방사형 차트   ④ 표면형 차트

71 물리적인 것뿐만 아닌 사회적인 것으로서, 지적인 도구를 특정한 목적에 사용하는 지식체계를 기술이라 한다. 다음 중 기술에 대한 설명으로 적절하지 않은 것은?

① 제품이나 용역을 생산하는 원료, 생산공정, 생산방법, 자본재 등에 관한 지식을 종합한 것을 기술이라 한다.

② 기술 중 Know-how는 특허권을 얻은 과학자, 엔지니어 등이 가지고 있는 체화된 기술로 어떻게 기술이 성립하고 작용하는가에 관한 원리적 측면에 중심을 두었다.

③ 기술은 원래 Know-how개념이 강하였으나 점차 Know-why가 결합하게 되었다.

④ 현대적 기술은 주로 과학을 기반으로 하는 기술로 이루어져 있다.

72 다음 기술능력과 관련된 설명에서 ㉠, ㉡에 들어갈 말로 옳은 것은?

> ㉠은 직업에 종사하기 위해 모든 사람들이 필요로 하는 능력이며, 이것을 넓은 의미로 확대해 보면 ㉡라는 개념으로 사용될 수 있으며 ㉠의 개념을 보다 구체화 시킨 개념이라 볼 수 있다.

① ㉠ = 기술이해능력, ㉡ = 기술교양

② ㉠ = 기술이해능력, ㉡ = 기술능력

③ ㉠ = 기술교양, ㉡ = 기술능력

④ ㉠ = 기술능력, ㉡ = 기술교양

73 손대리가 업무에 관련된 매뉴얼을 작성하려고 한다. 매뉴얼에 관한 설명으로 옳지 않은 것은?

① 매뉴얼의 서술은 가능한 한 단순하고 간결하며 비전문가도 쉽게 이해할 수 있어야 한다.

② 의미전달을 명확하게 하기 위해서는 능동사보다는 수동태를 사용한다.

③ 사용자의 질문을 예상하고 사용자에게 답을 제공해야 한다.

④ 사용자가 필요한 정보를 빨리 찾기 쉽도록 구성해야 한다.

74 벤치마킹의 단계에 관한 설명으로 옳지 않은 것은?

① 계획단계 : 계획단계에서는 기업은 반드시 자사의 핵심 성공요인, 핵심 프로세스, 핵심 역량 등을 파악해야한다.

② 자료수집단계 : 내부 데이터 수집, 자료 및 문헌조사, 외부 데이터 수집이 포함된다.

③ 분석단계 : 데이터 분석, 근본 원인 분석, 결과예측, 동인 판단 등의 업무를 수행하여야 한다.

④ 개선단계 : 개선단계의 궁극적인 목표는 벤치마킹 수행을 위해 개선 가능한 프로세스 동인들을 확인하는 것이다.

75 다음은 '기술적 실패'에 대한 각자의 의견을 제시한 것이다. 가장 적절하지 않은 발언은 무엇인가?

① A : 혁신적 기술능력을 가진 사람들은 실패의 영역에서 성공의 영역으로 자신의 기술을 이동시킬 줄 알지.

② B : 실패 중에는 '에디슨식의 실패'도 있고 아무런 보탬이 되지 않는 실패도 있다고 해.

③ C : 개인의 연구 개발처럼 지식을 획득하는 과정에서 겪는 실패는 바람직하지 못한 실패의 예라고 할 수 있어.

④ D : 기업의 실패가 회사를 위태롭게 할 수도 있지만, 실패를 은폐하거나 또는 반복하는 것은 바람직하지 않아.

[76~78] 다음은 각 스위치의 기능을 나타낸 것이다. 제시된 도형이 몇 개의 스위치를 눌러 화살표 후 도형으로 바뀌었다면 어떤 과정을 거쳐야 하는지 고르시오.

스위치	기능
◣	1번 도형을 시계 방향으로 90° 회전함
◤	2번 도형을 시계 방향으로 90° 회전함
◎	3번 도형을 반시계 방향으로 90° 회전함
◧	1번과 3번 도형을 색 반전한다. (유색→무색, 무색→유색)
◨	2번과 3번 도형을 색 반전한다. (유색→무색, 무색→유색)

76

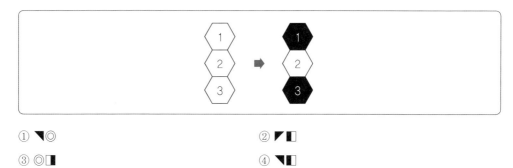

① ◤◎   ② ◤▮

③ ◎▮   ④ ◤▮

77

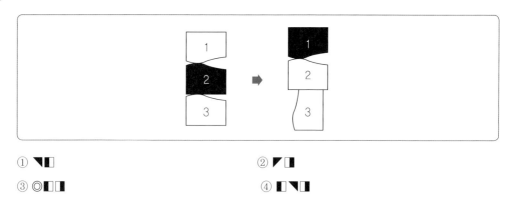

① ◤▮   ② ◤▮

③ ◎▮▮   ④ ▮◤▮

78

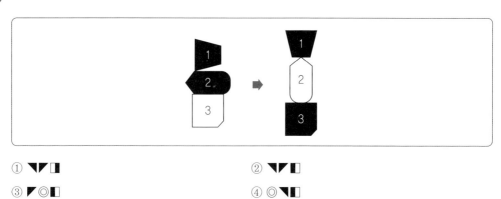

① ◤▮▮   ② ◤▮▮

③ ◤◎▮   ④ ◎◤▮

79 다음 중 매뉴얼에 대한 설명으로 옳지 않은 것은?

① 영어로 매뉴얼은 자동차의 수동식 변속기어를 의미하며, 사전적 의미로는 어떤 기계의 조작 방법을 설명해 놓은 사용 지침서를 의미한다.

② 제품 매뉴얼은 제품의 특징이나 기능, 사용방법, 고장 조치방법, 유지 보수 등 제품에 관련된 모든 서비스에 대해 소비자가 알아야할 정보를 제공하는 것을 말한다.

③ 업무 매뉴얼은 사용자의 유형과 사용 능력을 파악하고, 사용자의 오작동까지도 고려하여 만들어져야 한다.

④ 업무 매뉴얼은 '편의점 운영 매뉴얼', '품질 경영 매뉴얼', '올림픽 운영 매뉴얼' 등과 같은 식으로 사용된다.

PART2 실전모의고사

80 다음 중 기술경영자에게 요구되는 능력으로 적절하지 않은 것은?

① 기술을 기업의 전략 목표에 통합시키는 능력

② 기술을 효과적으로 평가할 수 있는 능력

③ 신제품 개발 시간을 단축할 수 있는 능력

④ 기술이나 추세에 대한 이해 능력

81 다음은 조직문화를 구성하고 있는 7-S 모형이다. 이 모형에 대한 설명으로 적절하지 않은 것은?

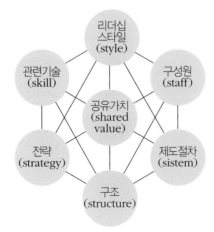

① 공유가치 : 조직 구성원들의 행동이나 사고를 특정 방향으로 이끌어 가는 원칙이나 기준
② 관리기술 : 하드웨어는 물론 이를 사용하는 소프트웨어 기술을 포함하는 요소
③ 전략 : 조직 운영의 의사 결정과 일상 운영의 틀이 되는 각종 시스템
④ 구성원 : 조직의 인력 구성과 구성원들의 능력과 전문성, 가치관과 신념, 욕구와 동기, 지각과 태도 그리고 그들의 행동 패턴

82 다음은 국제 경제 용어에 대한 설명으로 적절하지 않은 것은?

① PPP : 구매력 평가지수로 국가 간의 환율은 각국의 구매력에 의해 결정된다는 구매력 평가설을 바탕으로 전 세계적으로 잘 팔리는 코카콜라 등의 제품의 가격을 통해 각국의 화폐가치와 물가 수준을 비교한 것
② 양적 완화 정책 : 경기 부양을 위해 각종 완화정책을 취했다가, 경기가 회복되기 시작하면 이를 서서히 거두어들이는 전략
③ GDP : 국내총생산으로 국적과 관계없이 한 나라의 국경 내에서 모든 경제 주체가 일정 기간 생산 활동에 참여하여 창출한 최종 재화와 서비스의 시장 가치
④ GNP : 국민총생산으로 국경에 관계없이 한 나라의 국민이 일정 기간 국내와 국외에서 생산한 최종 재화와 서비스의 시장가치

83 다음 지문이 설명하고 있는 것은 무엇인가?

소비자 패턴에 따라 시장을 세분화하여 타깃을 설정하고 목표 시장에 적절하게 제품을 포지셔닝 하는 방법

① 3C   ② 4P
③ 5 Force model   ④ STP

84 다음은 올림픽 개최지에 대한 내용이다. 바르게 연결되지 않은 것은?

① 제23회 평창 동계 올림픽(2018) – 대한민국

② 제32회 도쿄 하계 올림픽(2020) – 일본

③ 제31회 리우데자네이루 하계 올림픽(2016) – 캐나다

④ 제24회 베이징 동계올림픽(2022) – 중국

85 타 국가와 비즈니스를 체결하려 할 때 잘못 알고 있는 부분은?

① 중국 : 중국은 명함 교환을 좋아하기 때문에 명함을 충분히 준비하고, 위상과 번영을 나타내는 금색으로 인쇄하는 것이 좋다.

② 일본 : 일본은 인맥을 통하지 않고 비즈니스를 하기가 어려워 양측을 잘 아는 사람의 소개가 필요하다.

③ 미국 : 미국인들에게 석찬모임은 흔한 일로, 주로 저녁 7시나 7시 반에 약속한다. 최소 한 시간 이상 소요된다.

④ 독일 : 독일인은 신의를 중요하게 여겨 비즈니스파트너가 곤경에 처하더라도 계약기간 동안 다른 곳과 계약을 하지 않는다.

86 다음 회의록에 보고 실행되는 내용으로 옳은 것은?

회의일시	2016.10.10	부서	영업부, 마케팅부, 회계부	작성자	김아무개
참석자	영업부 팀장, 마케팅부 팀장, 회계부 팀장				
회의안건	신규 시장 확대				
회의내용	신규 시장 위치, 제품, 홍보, 예산안				
결정사항	• 영업부 : 신규 시장 탐색 및 제품 입점 가게 계약 • 마케팅부 : 신규 제품을 광고 모델을 현수막 설치 및 전단지 배포 • 회계부 : 홍보비, 영업비 책정				

① 영업부가 우선적으로 시장을 탐색하여 정해야 마케팅부가 현수막을 설치한다.

② 회계부에서 기존의 2배의 예산을 편성해야 성공할 수 있다.

③ 신규 제품은 영업부에서 개발한다.

④ 회의는 기존시장의 침체에 따라 안건에 올라왔다.

87 다음에서 설명하고 있는 업무 효율화에 도움이 되는 도구는?

> 일의 흐름을 동적으로 보여주는 시트. 시트에 사용하는 도형을 다르게 사용하여 주된 작업과 부차적인 작업, 혼자 처리할 수 있는 일과 협조를 필요로 하는 일 등을 구분해서 표현할 수 있다.

① 간트 차트   ② 워크 플로 시트

③ 체크리스트   ④ WBS

88 다음 조직 및 업무분장 규정의 일부를 보고 바르게 설명하고 있는 것은?

> 1. 책임과 권한
>   • 대표이사
>   – 회사를 대표하는 최종적인 책임자이다.
>   – 회사 경영상의 모든 책임과 권한을 가진다.
>   – 품질방침 및 목표를 정하고 실질적인 최고경영자로써 업무를 수행한다.
>   • 이사
>   – 대표이사를 보좌하고 각 팀의 업무를 총괄 관리한다.
>   – 대표이사가 장기간 부재 시에 그 업무를 대행한다.
> 2. 조직기구
>   – 조직기구는 경영상의 변화가 있을 때 개편 및 조정을 할 수 있다.
>   – 조직단위 : 회사의 조직은 팀 단위를 원칙으로 한다.
>   – 정원 : 각 팀의 정원의 결정은 각 팀의 업무량, 중요성 및 긴급도에 따라 결정한다. 단, 정권변경의 필요가 있다고 인정되는 때에는 해당 팀장은 전무이사에게 승인을 받는다.

① 대표이사는 조직기구를 원할 때 개편 및 조정을 할 수 있다.

② 팀의 정원을 변경은 팀장의 권한으로 결정한다.

③ 대표이사의 장기간 부재 시 이사는 회사의 실질적인 최고경영자로써 업무를 수행한다.

④ 각 팀의 업무는 팀장이 총괄 관리한다.

89 다음과 같은 상황에서 C씨가 해야 할 일로 가장 옳은 것은?

> C씨는 요즘 도통 업무에 집중할 수 가 없다. 아침에 오자마자 열어보는 이메일에는 온갖 광고메일로 꽉 차 있어 필요한 메일을 선별해서 읽는데도 시간이 많이 걸린다. 메일을 읽고 답장이 필요한 메일을 작성한다. 그리고 메신저에 접속하면 기다렸다는 듯이 직장동료나 친구들이 말을 건다. 이는 업무에 관련된 것보다 '잘 지내고 있냐?'는 인사가 대부분이다.
> 그럭저럭 아침을 보내고 난 뒤, 점심을 먹고 나면 왜 이렇게 졸린지... 상사의 눈치를 보면서 슬쩍슬쩍 졸게 된다. 그러다 거래처 혹은 지인들이 찾아오고 이들과 30분~1시간정도 이야기를 한다. 다시 흩어진 마음을 다잡고 업무를 처리한다.
> 조금 일을 하다 보니 이번에는 부서회의라고 연락이 왔다. 회의가 끝난 후에 머릿속이 복잡해져서 머리를 식힐 겸 인터넷 검색을 해본다. 그러나 보니 퇴근시간이 다되어 간다.
> "오늘 한 일이 뭐지? 휴, 오늘 못한 일은 내일 해야겠다." 그렇게 C씨는 오늘도 하루를 마감한다.

① 각 행동에 시간을 정해놓고 효율적으로 통제한다.

② 갈등의 원인 및 해결책을 객관적으로 평가하도록 한다.

③ 신체적 운동을 하고 필요하면 전문가의 도움을 받는다.

④ 적당한 스트레스는 자극이 될 수 있기 때문에 현상을 유지한다.

90 세계의 여러 나라와 비즈니스를 잘 하기 위한 행동으로 가장 옳은 것은?

① 사우디아라비아에서 거래를 하는 도중 커피를 권하였으나 거절하고 물 한잔이면 된다고 하였다.

② 미국 여성 바이어와 처음 만났을 때, 예의를 표시하기 위해 악수에서 손끝을 살짝 잡았다.

③ 동부 유럽의 여러 국가들과 모여 회의를 하는 과정에서 약속된 시간이 되었는데도, 연락도 없이 오지 않자 취소를 하고 다음에 만날 일정을 계획하였다.

④ 영국 바이어와의 거래에서 명함을 받자 한번 보고나서 탁자위에 보이게 놓은 채로 대화하였다.

91 다음 중 첫 인사를 할 때의 예절로 옳지 않은 것은?

① 상대보다 먼저 인사한다.

② 사람에 따라 인사법과 자세를 다르게 한다.

③ 명랑하고 활기차게 인사한다.

④ 타이밍을 맞추어 적절히 응답한다.

92 직장에서 상대방을 서로에게 소개할 때의 예절로 옳지 않은 것은?

① 남성과 여성을 동시에 소개해야 할 경우 남성먼저 소개한다.
② 나이 어린 사람을 연장자에게 소개한다.
③ 신참자를 고참자에게 소개한다.
④ 동료임원을 고객, 손님에게 먼저 소개한다.

93 다음 중 직장에서 명함을 주고받을 때의 예절에 대한 설명 중 옳지 않은 것은?

① 동시에 명함을 꺼낼 때는 왼손으로 교환하고 오른손으로 건네받는다.
② 명함은 하위에 있는 사람이 먼저 꺼낸다.
③ 명함을 받는 즉시 호주머니에 넣는다.
④ 명함은 새것을 사용해야 한다.

94 고객과 서비스 요원 사이의 15초 동안의 짧은 순간에 이루어지는 서비스로서, 이 15초 동안에 고객접점에 있는 최일선 서비스 요원이 책임과 권한을 가지고 우리 회사를 선택한 것이 가장 좋은 선택이었다는 사실을 고객에게 입증시켜야 한다는 개념을 설명하는 말로 옳지 않은 것은?

① 고객관계관리
② 진실의 순간
③ 결정적 순간
④ 고객접점서비스

95 다음 중 직업윤리의 덕목에 해당하는 태도로 적절하지 않은 것은?

① 자신의 일은 하늘에 의해 맡겨진 일이라 생각하는 태도
② 자신의 일이 능력과 적성에 맞는다고 여기고 성실히 임하는 태도
③ 자신의 일이 사회나 기업을 위해 중요한 역할을 하고 있다고 믿고 수행하는 태도
④ 자신의 일이 누구나 할 수 있는 것이라 믿고 수행하는 태도

96 윤리규범에 대한 설명으로 옳지 않은 것은?

① 인간은 사회적이기 때문에 개인의 욕구도 다른 사람의 행동과 협력을 통해서 가능해진다.

② 모든 윤리적 가치는 시대를 막론하고 절대로 변화하지 않는 관습이다.

③ 사람들은 사회의 공동목표 달성과 모든 구성원들의 욕구충족에 도움이 되는 행위는 찬성을 하고, 반대 되는 행위는 비난을 받게 된다.

④ 윤리의 형성은 공공행동의 룰을 기반으로 윤리적 규범이 형성된다.

97 다음은 최 대리가 보낸 E-mail의 내용이다. 내용 중 성 예절에 어긋난 행동으로 옳은 것은?

박 상무님께.

안녕하세요. 드릴 말씀이 있어 E-mail을 보내게 되었습니다. 저는 요즘 상무님의 행동이 직장 내 성희롱에 해당된다고 생각합니다. 예전에 ㉠제가 맡은 큰 프로젝트가 성사 되지 않았을 때, 후배 동료들이 보는 앞에서 저를 질책하셨죠? 얼마 전에는 제가 ㉡사무실에서 친구와 통화를 하니까 업무 중에 긴 통화는 하지 말라며 큰 소리를 내셨는데 훔쳐 듣고 계신 것 같아서 기분이 좋지 않았습니다. 어제 ㉢회식 때도 먹기 싫은 술을 강요하시며 최 대리는 다리가 예쁘니 앞으로는 치마만 입고 다니라는 둥 노래라도 불러서 분위기를 띄워야지 우리 여직원들은 귀여운 구석이 없다고 하신 말씀도 지나치신 것 같았습니다. 오늘은 ㉣겨우 20분 지각 한 걸로 사유서를 내라고 하시지를 않나. 제가 매일 지각을 하는 것도 아닌데 말이에요. 같은 사무실에서 근무하는 만큼 앞으로는 직장 내 예절을 신경 써 주시면 감사하겠습니다.

① ㉠

② ㉡

③ ㉢

④ ㉣

98 다음 중 휴대전화 예절로 옳은 것은?

㉠ 운전 중에는 스마트 폰을 사용하지 않는다.

㉡ 집 밖에서는 벨소리를 진동으로 한다.

㉢ 요금이 많이 나올 것 같은 통화는 친구의 휴대전화를 빌려서 한다.

㉣ 공공장소나 대중교통 수단을 이용할 때는 휴대폰을 사용하지 않는다.

㉤ 정보화 시대이기 때문에 업무 시간에도 계속 SNS를 확인한다.

㉥ 밖에서 통화를 할 때에는 주위에 방해가 되지 않게 조용한 목소리로 짧게 통화한다.

① ㉠, ㉡, ㉢, ㉣, ㉤, ㉥　　　　　② ㉠, ㉢, ㉥
③ ㉠, ㉡, ㉣, ㉥　　　　　　　　④ ㉠, ㉣, ㉤, ㉥

99 힘들고(Difficult), 더럽고(Dirty), 위험한(Dangerous)일은 하지 않으려고 하는 현상. 노동력은 풍부하지만 생산인력은 부족해져, 실업자의 증가와 외국 노동자들의 불법취업이라는 새로운 사회문제까지 대두하게 만든 이 현상으로 옳은 것은?

① 님비현상　　　　　　　　　② 3D기피현상
③ 실업자 증가현상　　　　　　　④ 인력부족현상

100 다음 중 성실에 대한 설명으로 옳지 않은 것은?

① "최고보다는 최선을 꿈꾸어라."라는 말은 성실의 중요성을 나타낸 말로, 성실은 세상을 살아가는데 있어 가장 큰 무기이기도 하다.

② "천재는 1퍼센트의 영감과 99퍼센트의 노력으로 만들어진다."는 말도 성실의 중요성을 의미하는 말이다.

③ 단시일 내에 왕창 큰돈을 벌고자 한다면, 정직하고 성실한 태도를 유지하는 것이 보다 유리하다.

④ 어떠한 종류의 직업에 종사하든 정직하고 성실한 태도를 지닌 사람들이 국가와 사회에 이바지하는 바가 크다.

실전모의고사
정답 및 해설

실전모의고사

▌정답

01 ①	02 ③	03 ①	04 ③	05 ②	06 ①	07 ④	08 ③	09 ④	10 ③	11 ②	12 ③	13 ③	14 ②	15 ④
16 ①	17 ①	18 ④	19 ④	20 ①	21 ②	22 ③	23 ①	24 ③	25 ②	26 ④	27 ②	28 ③	29 ②	30 ①
31 ④	32 ②	33 ③	34 ②	35 ④	36 ①	37 ④	38 ③	39 ③	40 ③	41 ④	42 ①	43 ③	44 ①	45 ②
46 ④	47 ④	48 ③	49 ①	50 ②	51 ③	52 ①	53 ②	54 ②	55 ④	56 ①	57 ④	58 ②	59 ②	60 ④
61 ④	62 ②	63 ④	64 ④	65 ②	66 ①	67 ①	68 ②	69 ④	70 ②	71 ②	72 ④	73 ②	74 ④	75 ②
76 ④	77 ③	78 ①	79 ④	80 ④	81 ③	82 ②	83 ④	84 ③	85 ③	86 ①	87 ②	88 ③	89 ①	90 ④
91 ②	92 ①	93 ③	94 ④	95 ④	96 ②	97 ③	98 ③	99 ②	100 ③					

▌해설

01 경청 능력과 의사 표현력은 모두 언어적인 측면의 의사 소통 능력이다.

　㉠ 문서적인 측면의 의사소통능력

　　• 유형

　　　– 문서이해능력 : 업무에 관련된 문서를 통해 구체적인 정보를 획득 · 수집 · 종합하기 위한 능력

　　　– 문서작성능력 : 상황과 목적에 적합한 문서를 시각적이고 효과적으로 작성하기 위한 능력

　　• 평가 : 언어적 의사소통에 비해 권위감이 있고, 정확성을 기하기 쉬우며, 전달성이 높고, 보존성도 크다.

　㉡ 언어적인 측면의 의사소통능력

　　• 유형

　　　– 경청능력 : 상대방의 이야기를 듣고 의미를 파악하는 능력

　　　– 의사표현력 : 상대방의 이야기에 적절히 반응하고 자신의 의사를 목적과 상황에 맞게 설득력을 가지고 표현하기 위한 능력

　　• 평가 : 다른 의사소통 보다는 정확성을 기하기 힘든 경우가 있는 결점이 있으나, 대화를 통해 상대방의 반응이나 감정을 살필 수 있고 그때그때마다 상대방을 설득시킬 수 있다.

02 의사소통 방식이 개방적이라는 것은 생각이나 태도가 숨김이나 막힘이 없이 열려있는 것을 의미한다. 이러한 태도는 한 가지 의견이나 방식을 고집하지 않고 다른 의견이나 방식을 잘 수용한다는 것으로 볼 수 있다. 따라서 이러한 방식과 거리가 먼 것은 ③이다. 다른 의견에 대해 무척 신중한 태도를 취하는 것은 다른 의견 수용을 곤란하게 하는 부정적 측면도 있다.

03 ① 회사의 지시 내용은 노약자나 임산부가 길을 물어볼 경우 고객을 해당 장소까지 직접 안내해 드리라는 것이므로, 만삭의 여성의 경우 해당 장소까지 안내하는 것이 적절하다.

② 통상 노인은 60대 이상을 의미하므로, 50대 부부의 경우 직접 안내할 대상에 해당되지 않는다.

③ · ④ 노인이나 환자 등의 노약자는 직접 안내해 드려야 하는 대상이다.

04 인간은 사교적인 존재임을 자처한다. — 개인에 따라 정도의 차이는 있으나 다른 사람들과 친교를 맺고 살아야 하며, 때로는 그 것을 확인하려고 한다. — 그래서 우리는 그것을 확보하기 위하여 여러 가지 수단을 동원하는데, 언어 또한 그 주요 수단의 하나 로 이용된다. — 이러한 언어활동에서는 언어 형식의 관습적인 의미 및 내용이 중요하게 다루어지지 않는 것이 특징이다.

05 슈코르는 러시아 우주비행사 유리 말렌첸코와 미국 우주비행사 페기 윗슨과 함께 소유즈를 타고 지구를 떠났다.

06 컴퓨터는 처리할 수 있는 정보의 양과 속도 면에서는 인간의 능력을 훨씬 뛰어넘는다. — 그러나 컴퓨터의 기능이 얼마나 복잡 하든, 궁극적으로는 공식에 따라 진행되는 수리적 · 논리적인 여러 조작의 집적으로 이루어지는 것에 불과하다. — 공식에 따르 지 않는 지적 · 정신적 기능은 컴퓨터에는 있을 수 없다. 심리학에서는 컴퓨터처럼 공식에 따르는 정신 기능을 수렴적 사고라 하고, 이에 비해 인간이 이루어내는 종합적 사고를 발산적 사고라 한다. 발산적 사고는 과학 · 예술 · 철학 등에서도 아주 중요한 지적 기능이다. — 이러한 기능은 컴퓨터에는 없다. 제아무리 발달한 컴퓨터라 해도 〈죄와 벌〉 같은 문학작품을 써낼 수는 없다. 지나치게 컴퓨터에 의존하거나 중독되는 일은 이런 발산적 사고의 퇴화를 가져올 수 있다.

07 지문 두 번째 문장에서 '최근 철강 제품 수입이 크게 늘어나면서 철강 제품 가격이 25%까지 떨어졌으며'라고 나와 있으므로 내용과 일치한다.

08 복지 제도에서 위험 관리에 대한 역할은 초기부터 정부가 맡고 있었기 때문에 지문과 일치하지 않는다.

09 앞의 A와 B는 전두측두치매가 예술적 재능을 촉발한 촉매가 되었다는데 동의하고 있는데, C는 이와 다르게 생각한다는 것을 알 수 있다. 따라서 전두측두치매가 예술적 재능과 관련이 없을 수 있음을 설명한 ④가 오는 것이 가장 적절하다.

10 잘못된 글자 수는 모두 5개이다.

제4조(보증조건의 변경)

① 주채무자 및 보증채권자는 보증회사로부터 서면에 의한 <u>동의</u>를 받지 아니하고는 보증조건을 변경할 수 없습니다.

② 보증조건의 <u>변경</u>은 보증회사가 변경사항을 주채무자 및 보증채권자에게 서면으로 알리거나 보증서의 보증조건을 정정 하여 재교부한 경우에만 성립합니다.

제5조(통지의무)

① 주채무자 또는 보증채권자는 다음 각 호의 어느 하나에 해당하는 사유가 발생한 경우에는 1월 이내에 서면으로 그 내용 을 보증회사에 <u>통지</u>하여야 합니다.

  1. 주채무자 또는 보증채권자가 변경되었을 때

  2. 주채무자, 보증채권자, 연대보증인의 주소가 변경되었을 때

  3. 경 · 공매의 개시 결정을 통보받았을 때

  4. 보증사고가 발생하였을 때

  5. 보증사고 사유가 <u>해소</u>되었을 때

  6. 전세계약이 종료되었을 때

  7. 기타 보증회사의 보증채무에 영향을 미치는 사항이 발생하였을 때

② 보증회사는 주채무자 또는 보증채권자가 정당한 사유 없이 제1항의 통지를 지연하거나 하지 않음으로써 증가된 채무는 <u>부담</u>하지 아니합니다.

11 10개 → 17개 → 24개로 배치하고 있으므로 한 줄씩 늘어날 때마다 7개의 의자가 더 필요하다. 따라서 13번째 줄의 의자는 10 개+7개×12줄=94개이다.

12 집에서 회사까지의 거리는 $x(\text{km})$, 회사에서 헬스장까지의 거리는 $x+3(\text{km})$이다.

$\dfrac{x}{2}+\dfrac{x+3}{3}=2$, $\dfrac{3x+2x+6}{6}=2$, $5x+6=12$, $x=\dfrac{6}{5}(\text{km})$

따라서 집에서 헬스장까지의 거리는 $\dfrac{6}{5}+\left(\dfrac{6}{5}+3\right)=\dfrac{27}{5}(\text{km})$

13 전체 물건의 개수 : x(개),

세 달 후 남은 물건의 개수 : $0.2x$(개), 세 달 동안 팔린 물건의 개수 : $0.8x$(개)

원가 : 15,000(원), 판매가 : 15,000×1.2=18,000(원), 할인가 : A(원)

15,000×x=18,000×0.8+A×0.2x을 간단히 해보면

$15,000x-14,400x=\text{A}\times0.2x$, $600x=\text{A}\times0.2x$, $\text{A}=3,000$(원), $\dfrac{3,000}{15,000}\times100=20(\%)$

따라서 정가의 80%를 할인해도 손해를 보지 않는다.

14 흡연자의 폐암 발생률 : $\dfrac{300}{1,000}\times100=30(\%)$

비흡연자의 폐암 발생률 : $\dfrac{300}{10,000}\times100=3(\%)$

따라서 비흡연자에 비해 흡연자의 폐암 발생률은 10배이다.

15 흡연의 폐암 발생 기여율은 위 문제에서 구한 값들을 이용하여 구한다.

흡연의 폐암 발생 기여율=$\dfrac{\text{흡연자의 폐암 발생률}-\text{비흡연자의 폐암 발생률}}{\text{흡연자의 폐암 발생률}}\times100$

이므로 $\dfrac{30-3}{30}\times100=90(\%)$이다.

16 전체 작업량을 1이라 하면, A씨의 1일 작업량은 $\dfrac{1}{12}$, B씨의 1일 작업량은 $\dfrac{1}{20}$

A씨와 B씨의 1일 공동작업량은 $\left(\dfrac{1}{12}+\dfrac{1}{20}\right)\times1.5=\dfrac{2}{15}\times1.5=\dfrac{1}{5}$

따라서 전체 일을 하는데 걸리는 시간은 $1\div\dfrac{1}{5}=5$(일)

17 겉넓이 : 밑변×높이×면의 수, 부피 : 가로×세로×높이

정육면체의 한 면의 넓이는 54÷6=9이므로 한 변의 길이는 3cm이다.

따라서 부피는 $3\times3\times3=27(\text{cm}^3)$이다.

18 A, C 두 호스가 3시간 동안 채운 물의 양 : $\left(\dfrac{1}{10}+\dfrac{1}{45}\right)\times3=\dfrac{11}{90}\times3=\dfrac{11}{30}$

나머지 B호스 하나로 채울 때의 걸리는 시간 : $\left(1-\dfrac{11}{30}\right)\div\dfrac{1}{30}=19$(시간)

∴ 총 걸린 시간은 3+19=21(시간)

19 부서의 모든 인원이 영어 연수나 컴퓨터 연수 중 하나에 참여하므로, A부서의 컴퓨터 연수 참여 비율은 부서 총 인원수의 55%이다. 따라서 ㉠은 80×0.55=44(명)이다.

20 C부서의 총 인원수가 75명이므로 ⓒ은 75−15＝60이 된다. B부서에서 컴퓨터 연수에 참여하는 비율이 65%이므로 영어 연수에 참여하는 비율은 35%가 된다.

따라서 ⓛ은 60×0.35＝21(명)이다. ⓛ＋ⓒ＝21＋60＝81(명)

21 창의적 문제는 현재 문제가 없더라도 보다 나은 방법을 찾기 위한 문제탐구이며,

해답의 수가 많으며, 주관적, 직관적, 감각적, 정성적, 개별적, 특수성을 띄는 문제이다.

반면 분석적 문제는 미래의 문제로 예견될 것에 대한 문제탐구이며, 분석, 논리, 귀납과 같은 논리적 방법을 통해 해결하며, 답의 수가 한정되어 있으며, 객관적, 논리적, 정량적, 이성적, 일반적, 공통성을 특징으로 갖는다.

따라서 ㉠, ㉣은 창의적 문제, ㉡, ㉢은 분석적 문제이다.

22 〈사례 1〉은 분석적 사고가 필요함을 나타내는 사례로, C가 분석적인 사고를 통해서 제출한 보고서를 회사가 수용하지 못한 문제점을 보여준다.

〈사례 2〉는 내·외부 자원의 효과적인 활용이 중요함을 의미하는 사례로, 조직의 내외부자원의 활용을 효과적으로 하지 못하는 회사의 모습을 보여준다.

23 ㉠ 어떤 그룹이나 집단이 의사결정을 잘 하도록 도와주는 일이다. : 퍼실리테이션

㉡ 깊이 있는 커뮤니케이션을 통해 서로의 문제점을 이해하고 공감함으로써 창조적인 문제해결을 도모할 수 있다. : 퍼실리테이션

㉢ 대부분의 기업에서 볼 수 있는 전형적인 문제해결 방법이다. : 소프트 어프로치

㉣ 사실과 원칙에 근거한 토론으로 해결하는 방법이다. : 하드 어프로치

㉤ 결론이 애매하게 끝나는 경우가 적지 않다. : 소프트 어프로치

- **퍼실리테이션**
  - '촉진'을 의미하며, 어떤 그룹이나 집단이 의사결정을 잘 하도록 도와주는 일을 의미
  - 조직이 어떤 방향으로 나아갈지 알려주고, 주제에 대한 공감을 이룰 수 있도록 도와주는 역할을 담당
  - 깊이 있는 커뮤니케이션을 통해 서로의 문제점을 이해하고 공감함으로써 창조적인 문제 해결을 도모

24 업무를 추진하는 동안 문제에 대해 인식한다 하더라도 문제를 해결하려는 실천적 의지가 없다면 아무런 의미가 없게 된다. 업무 상황에서 발생하는 문제를 인식하고 문제에 도전하여 해결하려는 노력이 동반될 때 그것이 문제해결의 단초가 되고 개인과 조직이 발전한다. 즉, 문제를 방치하지 않고 도전하여 해결하려는 과정에서 발전이 이루어지는 것이다. 이렇게 생각할 때 문제를 해결하려는 실천적 의지가 가장 중요한 요소임을 알 수 있다.

25 일반출장여비의 경우 운임과 일비, 숙박비, 식비의 합계를 구하면 된다.

먼저 운임의 경우 철도임을 실비로 지급하므로, '22,500＋25,500＝48,000(원)'이 된다.

일비의 경우 1일당 18,000원을 지급하므로, '3×18,000＝54,000(원)'이다.

숙박비의 경우 70,000원과 50,000원이 지급되었지만, 1일당 상한액이 60,000원이고 상한액 내에서 실비로 지급되므로, 지급되는 금액은 '60,000＋50,000＝110,000(원)'이 된다.

식비의 경우 식비는 1일 2식비를 기준으로 지급하므로 1식비는 10,000원이 된다. 숙박의 경우 1식비를 추가로 지급되므로 1일차와 2일차의 경우 '20,000＋10,000＝30,000(원)'이 지급되며, 3일차의 경우 '20,000(원)'이 된다. 따라서 식비는 모두 '60,000＋20,000＝80,000(원)'이 지급된다.

따라서 종합하면 A가 받을 총 출장 여비는 '48,000＋54,000＋110,000＋80,000＝292,000(원)'이다.

26 원인 파악 시에 나타날 수 있는 원인과 결과사이에 패턴 중 원인과 결과를 구분하기 어려운 경우에 해당되는 패턴은 닭과 계란의 인과관계이다. 복잡한 인과관계는 두 가지 유형이 복잡하게 얽혀 있는 경우 나타나는 패턴이다.

27 피라미드 구조는 하위의 사실이나 현상부터 사고함으로써 상위의 주장을 만들어가는 방법으로, 보조 메시지들을 통해 주요 메인 메시지를 얻고 다시 메인 메시지를 종합한 최종 적인 정보를 도출해 내는 방법이다. 예를 들어 현재 제품 판매 업무를 맡고 있는 한 부서에서 발견할 수 있는 현상(보조 메시지)이 제품 A의 판매 부진, 고객들의 불만 건수 증가, 경쟁사의 제품 B의 매출 증가가 발견되었다고 한다면, 메인 메시지로 '우리 회사의 제품 A에 대한 홍보가 부족하고, 고객의 만족도가 떨어지고 있다'라는 메인 메시지를 도출할 수 있을 것이다. 이러한 메인 메시지들을 모아서 최종적으로 결론을 도출하는 방법이 피라미드 구조이다. 이러한 피라미드 구조를 사용함으로써 주변 사람들과 논리적인 이해가 가능하다.

28 브레인스토밍의 4대 원칙의 하나는 '질보다 양(Speed)'이다. 즉, 양(量)이 질(質)을 낳는다는 원리로, 질에는 관계없이 가능한 많은 아이디어들을 생성해내도록 격려하는 것으로, 많은 아이디어를 생성해 낼 때 유용한 아이디어가 들어있을 가능성이 더 커진다는 것을 전제로 한다. 브레인스토밍 활동 시 시간을 정해주거나 아이디어의 개수를 정해주기도 하는데, 이는 두뇌를 긴장시켜 빠른 시간에 많은 아이디어를 생성하도록 유도하는 것이다.

29 창의적 사고는 선천적으로 타고나는 것으로만 정해지는 것이 아니라 후천적 노력에 의해 개발이 가능하며, 창의력 교육훈련을 통해서 개발할 수 있다. 따라서 C의 대화가 받아들이기 가장 어렵다고 할 수 있다.

30 ① 퇴사한 사람은 철수와 미희인데, 철수는 A, B, C요인을 모두 가지고 있고 미희는 A, C요인을 가지고 있으므로, A와 C가 퇴사에 영향을 미치는 요인이라 할 수 있다. 그런데 A요인과 C요인 중 어떤 것이 퇴사에 더 큰 영향을 미치는지는 제시된 내용만으로 알 수 없다. 따라서 ①은 반드시 참이라 할 수는 없다.

   ② · ③ 재직 중인 사람은 영희와 만수인데, 영희는 A요인과 B요인이 있으며, 만수는 B요인만 가지고 있다. 따라서 재중 중인 사람은 모두 B요인을 가지고 있으며, C요인은 가지고 있지 않다. 따라서 모두 참인 진술이다.

   ④ 철수는 A, B, C요인이 모두 영향을 미치며, 미희는 A와 C요인이 영향을 미쳤다. 따라서 퇴사한 사람만 놓고 보면 A와 C요인이 큰 영향을 미친다고 할 수 있다.

31
> 성찰을 하는 이유
> - 다른 일을 하는데 필요한 노하우 축적
> - 지속적인 성장의 기회 제공
> - 신뢰감 형성의 원천 제공
> - 창의적인 사고능력 개발 기회 제공

32 흥미는 일에 대한 관심이나 재미를 의미하며, 적성이란 개인이 잠재적으로 가지고 있는 재능이나 주어진 학습능력을 의미한다. 흥미나 적성은 개인마다 다르기 때문에 각자 관심을 가지고 잘 할 수 있는 일이나 분야가 다르며 선천적으로 부여될 수 있고 후천적으로 개발되는 측면도 있다.

33 ③ 의사결정시 자신감이 부족하다는 것이 장애요인에 해당한다. 자기개발과 관련된 결정을 내릴 때 자신감이 부족한 경우 자기개발 계획 수립이 어렵게 된다.

   ① 자신의 흥미나 장점, 가치, 라이프스타일을 충분히 이해하지 못하는 등 자기정보가 부족한 경우 자기개발 계획 수립에 장애가 된다.

   ② 회사 내의 경력기회 및 직무 가능성에 대해 충분히 알지 못하는 등 내부 작업정보가 부족한 경우와, 다른 직업이나 회사 밖의 기회에 대해 충분히 알지 못하는 등 외부 작업정보가 부족한 것도 장애요인이 된다.

   ④ 재정적 문제나 연령, 시간 등 주변상황의 제약도 자기개발 계획 수립을 방해하는 요인이 된다.

34 합리적인 의사결정을 하기 위해서는 가능한 모든 대안을 탐색해보는 것이 좋다. 대안을 최소화하면 최적의 방안을 찾을 수 있는 폭이 좁아진다. 또한 모든 대안을 분석하고 평가해야 가장 최적의 대안을 찾을 수 있다.

35 빈 칸에 들어갈 말로 알맞은 것은 지식과 정보의 변화로 인해 끊임없이 직업적 능력을 개발해야 하고, 평생에 걸쳐 학습을 해야 한다는 의미의 '평생학습사회'이다. WLB는 Work Life Balance의 약자로 일과 삶의 균형을 의미한다.

36 1단계는 비전 및 목적을 정립하는 단계이다. 우선순위의 설정은 과제 발견 단계에서 실시해야 한다. 비전과 목적을 정립한 후에 수행 과제에 대한 중요도를 파악하고 그에 따라 우선순위를 결정해야 한다.

> **자기관리 절차**
> **1) 비전 및 목적 정립** : 비전과 목적은 모든 행동 및 업무의 기초가 되며, 의사결정의 가장 중요한 지침으로 적용된다.
> **2) 과제 발견** : 자신이 수행해야 할 역할을 도출하고 활동목표에 따른 우선순위를 정한다.
> **3) 일정 수립** : 우선순위에 따라 구체적인 일정을 수립한다.
> **3) 수행** : 계획한 대로 바람직하게 수행되도록 한다.
> **4) 반성 및 피드백** : 일을 수행하고 나면 결과를 피드백 하여 다음 수행에 반영한다.

37 우선 의사결정에 앞서 발생된 문제가 어떤 원인에 의한 것인지 문제의 특성이나 유형을 파악한다. 둘째, 의사결정의 기준과 가중치를 정한다. 셋째, 의사결정에 필요한 적절한 정보를 수집한다. 넷째, 의사결정을 하기 위한 가능한 모든 대안을 찾는다. 다섯째, 가능한 대안들을 앞서 수집한 자료에 기초하여 의사결정 기준에 따라 장단점을 분석 · 평가한다. 여섯째, 가장 최적의 안을 선택 또는 결정한다. 일곱째, 의사결정의 결과를 분석하고 다음에 더 좋은 의사결정을 내리기 위하여 피드백 한다.

38 체크리스트는 본인이 업무의 각 단계를 효과적으로 수행했는지 자가점검하는 도구이지 상사가 점검해볼 수 있는 도구는 아니다.

39 ③지속적이고 급속히 변화하는 환경에 적응하고 지식이나 기술이 과거의 것이 되지 않도록 하기 위해 지속적인 자기개발 노력이 필요하다.
① 직장생활에서의 자기개발은 업무의 효과적 처리 및 업무의 성과 향상을 위해 이루어진다.
② 자기개발은 사람들과 긍정적 인간관계 형성을 위해서 필요하다. 자기관리는 긍정적 인간관계 형성의 기초가 되는데, 자기개발에 있어서 자기관리는 좋은 인간관계 형성 및 유지의 기반이 된다.
④ 자기개발은 자신의 비전과 달성하고자 하는 목표를 발견하고 이를 성취하도록 도와준다.

40 경력개발계획 수립 단계는, 직무정보 탐색 → 자신과 환경이해 → 경력목표 설정 → 경력개발 전략수립 → 실행 및 평가의 5단계로 이루어진다. 자신과 환경을 이해하기 위해서는 자기탐색과 환경탐색의 과정이 필요하다. 자기인식 관련 워크숍에 참여하는 것은 자기탐색의 활동이다. 나머지는 모두 환경탐색 활동에 해당한다.

41 그날 먹었던 음식 같은 중요하지 않은 정보는 명함에 기입할 필요가 없으며, 상대방과 관련된 정보를 기입하여야 한다. 또한 명함은 단지 받아서 보관하는 것이 목적이 아니라 이를 활용하고 적극적인 의사소통을 통해 자신의 인맥을 만들기 위한 도구로 활용되어야 한다. 따라서 중요한 사항을 명함에 메모하는 것이 매우 중요하다.

42 '60 : 40의 규칙'은 자신의 시간 중 60%는 계획된 행동을 하여야 한다는 것을 의미한다. 즉, 예측하지 못한 사태와 일의 중단(낭비 시간의 발생 요인)이나 개인적으로 흥미를 가지는 것, 개인적인 일 등에 대응할 수 있도록 자신이 가지고 있는 시간 중 60%를 계획하는 것을 말한다. 구체적으로 자신에게 주어진 시간을, '계획된 행동(60%)', '계획 외의 행동(20%, 예정 외의 행동에 대비한 시간)', '자발적 행동(20%, 창조성을 발휘하는 시간)'의 세 가지 범주로 구분하였다.

43 ③ 기업에서 제품을 개발 할 때 개발 책정 비용을 실제 비용보다 높게 책정하면 경쟁력을 잃어버리게 되며, 반대로 개발 책정 비용을 실제보다 낮게 책정하면 개발 자체가 이익을 주는 것이 아니라 오히려 적자가 나는 경우가 발생할 수 있다.

① 넓은 범위에서의 예산에는 민간기업·공공단체 및 기타 조직체는 물론이고, 개인의 수입·지출에 관한 것도 포함된다. 개인이나 기업에게 있어서 대부분의 활동에는 예산이 필요하기 마련이다.

② 예산관리능력은 이용 가능한 예산을 확인하고 어떻게 사용할 것인지 계획하여 계획대로 사용하는 능력을 의미하며, 이는 최소의 비용으로 최대의 효과를 얻기 위해 요구되는 능력이라 할 수 있다.

④ 예산 책정 비용과 실제 비용의 차이를 줄여 두 비용이 비슷한 상태가 될 때 가장 이상적인 상태라 할 수 있다.

---

44 암스테르담은 유럽에 포함되므로 갑지에 해당하며, 출장일은 모두 6일이 된다. 사원인 A는 실비를 제외하면 일비와 식비를 해외 출장비로 지급받을 수 있는데, 식비의 경우 현지(암스테르담)에 있는 시간(07시 ~ 21시)만 인정되므로 출발일인 3일과 국내에 도착한 8일에는 받지 못한다. 그리고 7일의 경우 아침 식사에 해당하는 1끼의 식비를 받을 수 있다. 따라서 A가 받을 수 있는 식비는 모두 10끼가 된다(4~6일 3끼, 7일 1끼). 이를 토대로 출장비를 계산하면 다음과 같다.

- 일비＝70×6＝420(USD)
- 식비＝20×10＝200(USD)

따라서 A가 5박 6일 간 암스테르담 출장으로 받을 수 있는 출장비는 모두 '420＋200＝620(USD)'가 된다.

---

45 2인 이상이 출장을 가는 경우 가장 높은 등급을 적용받는 자의 식비를 지급하므로, A는 B부장의 식비를 지급받게 된다. 그리고 A사원은 B부장이 3일간 더 체류하는 것과 관계없이 5박 6일간의 출장일정을 갖게 되므로, 일비 6일, 식비는 10끼를 지급받게 된다. 이를 토대로 해외 출장비를 계산하면 다음과 같다.

- 일비＝70×6＝420(USD)
- 식비＝40×10＝400(USD)

따라서 A사원이 받게 되는 출장비는 모두 '420＋400＝820(USD)'가 된다.

---

46 ⊙ 유연성(Flexibility) 시간계획이란 자체가 중요한 것이 아니고 목표달성을 위해 필요한 것이므로 유연하게 작성하여야 한다는 말이다.

ⓒ 시간 프레임(Time Frame)은 적절한 시간 프레임을 설정하고 특정의 일을 하는데 소요되는 꼭 필요한 시간만을 계획에 삽입해야 한다는 말이다.

ⓒ '권한위양(Delegation)'은 기업의 규모가 커질수록 그 업무활동은 점점 복잡해져서 관리자가 모든 것을 통할하기가 어렵게 되므로 자기의 사무를 분할하여 일부를 부하에게 위임하고 그 수행 책임을 부과하는 것을 말한다.

---

47 명함에는 일반적으로 자신의 이름, 소속, 연락처 등이 포함되어 있어 다른 사람들로 하여금 자신이 어떤 일을 하는지를 알려주는 효과가 있다. 명함은 단지 받아서 보관하는 것이 목적이 아니라, 이를 활용하고 적극적인 의사소통을 통해 자신의 인맥을 만들기 위한 도구로 활용되어야 한다. 중요한 사항을 명함에 메모하는 것도 중요하다.

---

48 ③ 해당 직무 수행에 가장 적합한 인재를 배치하도록 하는 것은 적재적소 배치의 원칙이며, 직무 배당과 승진, 상벌, 근무 성적의 평가, 임금 등을 공정하게 처리해야 한다는 것은 공정 인사의 원칙이다.

① 공정 보상의 원칙은 근로자의 인권을 존중하고 공헌도에 따라 노동의 대가를 공정하게 지급해야 한다는 원칙을 말한다.

② 종업원 안정의 원칙은 직장에서 신분이 보장되고 계속해서 근무할 수 있다는 믿음을 갖게 하여 근로자가 안정된 회사 생활을 할 수 있도록 해야 한다는 원칙이며, 창의력 계발의 원칙은 근로자가 창의력을 발휘할 수 있도록 새로운 제안·건의 등의 기회를 마련하고, 적절한 보상을 하여 인센티브를 제공해야 한다는 것을 말한다.

④ 단결의 원칙은 직장 내에서 구성원들이 소외감을 갖지 않도록 배려하고, 서로 유대감을 가지고 협동·단결하는 체제를 이루도록 한다는 원칙이다.

---

49 기존의 설비를 유지하는 경우 한 달 84만원의 전기 사용료와 연료비 100만원이 들고, B회사의 설비를 설치하는 경우 연료비

가 한 달 70만원으로 줄어들게 되며, 설치비용은 900만원이 된다(전기 사용료는 동일함).

기존 설비를 유지하는 것보다 손해를 보지 않는다는 것은 기존 설비 보다 생산 비용이 같거나 적게 든다는 것을 말한다. 따라서 여기서 사용하는 개월 수를 x라 하면, '100(만원)$\times x \geq$70(만원)$\times x +$900(만원)'이 성립한다. 이를 정리하면 '30$x \geq$900'이므로 '$x \geq$30(개월)'이 된다.

따라서 30개월(2년 6개월) 이상 사용하면 손해를 보지 않게 된다.

50 C회사의 설비를 설치하는 경우, 한 달 전기 사용료는 25% 절감($84 \times 75\% =$63만원)되고 연료비는 동일하며, C회사의 설비 설치비용으로 1,000만원이 소요된다. 이를 통해 5년간 기존의 설비를 유지하는 경우와 C회사의 설비를 설치한 경우를 각각 구하면 다음과 같다.
   • 기존 설비를 5년간 유지하는 경우의 생산 비용 : $(840,000 \times 60) + (1,000,000 \times 60) =$110,400,000(원)
   • C회사의 설비를 설치한 경우의 생산 비용 : $(630,000 \times 60) + (1,000,000 \times 60) + 10,000,000 =$107,800,000(원)
   따라서 C회사의 설비를 설치한 경우 절감된 생산 비용 '$110,400,000 - 107,800,000 =$2,600,000(원)'이 된다.

51 대인관계에 있어서 정말로 중요한 기법 · 기술은 독립적인 성품으로부터 자연스럽게 나오는 것이어야 한다. 다른 사람과의 인간관계를 형성하기 시작하는 출발점은 자신의 내면이고, 우리 자신의 내적 성품이다.

52 인간관계를 형성할 때 가장 중요한 요소는 우리의 사람됨이다. 이는 깊은 내면에서 나오는 우리의 진정성 있는 말과 행동을 말한다.

53 감정은행계좌란 인간관계에서 구축하는 신뢰의 정도를 은유적으로 표현한 것이다. 약간의 친절과 공손함은 매우 중요하며, 이와 반대로 작은 불손, 작은 불친절, 하찮은 무례 등은 막대한 계좌인출을 가져온다. 인간관계에서의 커다란 손실은 이렇게 사소한 것으로부터 비롯되므로, 사소한 일에 대한 관심도 감정은행계좌를 적립하기 위한 수단이 된다.

54 사람들로 하여금 집단에 머물도록 만들고 그 집단의 멤버로서 계속 남아 있기를 원하게 만드는 힘은 응집력이다.

55 헨리포드는 권위주의적 리더십을 지닌 사람이다. 그는 하급자의 의견을 무시하고 독단적으로 조직을 이끌어갔다. 이러한 통치 방식은 그 어떤 탁월한 부하 직원들을 거느리고 있다 할지라도 효과적일 수 없다. 탁월한 부하 직원들을 거느리고 있을 때 효과적인 통치 방식은 민주주의적 리더십에 해당한다.

56 금전적 보상이나 편익, 승진, 스톡옵션 등의 외적인 동기유발제가 일시적으로 효과를 낼 수도 있지만 인간관계에서 측면에서는 전혀 먹혀들지 않으며, 단기간 좋은 결과를 가져올 수 있지만 그 효과는 오래가지 못한다. 즉, 외적 동기 유발제는 조직원들이 지속적으로 최선을 다하도록 동기를 부여하는 데는 충분하지 않다.

57 칭찬과 격려 속에서 긍정적인 동기부여를 받은 직원들은 업무에 열의를 가지고 더욱 더 노력하게 되어 더 큰 성과를 얻게 된다.
   ① · ② 부정적인 동기부여는 여러 가지 문제를 낳을 수 있다. 만일, 회사가 제시한 목표를 달성하지 않으면 감봉, 해고 등의 불이익을 주겠다고 하면, 직원들이 단기적으로는 그 일에 주의를 기울이게 되나, 장기적으로는 심각한 한계상황을 초래하게 되어 공포의 리더십은 결국 실패하게 된다.
   ③ 회사 내에서 공포의 리더십이 활용되는 경우 직원들은 사기가 떨어지고, 상사의 눈치만 살피면서 회사를 떠날 기회만 엿보게 된다.

58 코칭과 관리는 대표적인 커뮤니케이션 도구이나, 양자는 전혀 다른 접근법을 특징으로 한다. 관리의 도구로 활용되는 전통적인 접근법에서는 리더가 지식이나 정보를 하달하며 의사결정의 권한을 가지고 있는 것이 당연하게 받아들이지만, 코칭은 이와 같

은 전통적인 접근법과는 거리가 멀다. 코칭활동은 다른 사람들을 지도하는 측면보다 이끌어주고 영향을 미치는 데 중점을 두기 때문에, 리더는 자신이 가지고 있는 통제 권한을 기꺼이 버려야 한다. 코칭은 지침보다는 질문과 논의를 통해, 통제보다는 경청과 지원을 통해 상황의 발전과 좋은 결과를 이끌어낸다.

---

59 ② 임파워먼트가 잘 되는 조직은 내가 매우 중요한 일을 하고 있고, 그것이 다른 사람이 하는 일보다 중요한 일이라는 사실을 인식하게 된다.

① 임파워먼트(empowerment)란 조직성원들을 신뢰하고 그들의 잠재력을 믿으며, 그 잠재력의 개발을 통해 고성과(high performance) 조직이 되도록 하는 일련의 행위로 정의할 수 있다.

③ 진정한 임파워먼트는 혁신성과 자발성을 이끌어 내고 조직 전체의 목적에 헌신하도록 유도함으로써 방향감과 질서의식을 실제로 창출하게 한다.

④ 진정한 임파워먼트를 위해서는 사람들이 자유롭게 참여하고 기여할 수 있는 일련의 여건들을 조성하고 사람들의 재능과 에너지를 극대화하며, 명확하고 의미 있는 목적과 사명에 초점을 두는 3가지 기준이 반드시 충족되어야 한다.

---

60 팀이 비효율적이고 문제가 있을 때 나타나는 징후는 리더에 대한 높은 의존도이다. 팀에 이러한 징후가 나타나는 경우는 팀워크 강화 노력이 필요하다. 많은 경우에 문제는 팀원과 리더 사이의 갈등과 팀원들 사이의 알력에 의해 나타난다. 팀 리더와의 갈등은 종종 과잉동조와 리더에 대한 저항, 독재적인 리더십 스타일, 신뢰의 결여로 이어지며, 팀원들 사이의 문제는 종종 언쟁, 신뢰의 결여, 성격적 갈등, 의견 불일치, 파벌, 과업 미완성 등으로 이어진다.

---

61 직접회로는 3세대에 해당한다.

- 1세대 : 진공관
- 2세대 : 트랜지스터
- 3세대 : 직접회로
- 4세대 : LSI
- 5세대 : VLSI

62

플래시메모리
- EEPROM의 일종으로, MP3 플레이어, PDA, 디지털 카메라 등에 사용한다.
- RAM과 ROM의 장점을 결합한 칩이다.
- 하드디스크와 비교해 소형화가 가능하고 충격에 강하다.
- 비휘발성 메모리이다.

63

이름정의
- A1처럼 셀 주소와 같은 형태의 이름을 사용할 수 없다.
- 이름의 첫 글자는 문자나 밑줄(_)만 쓸 수 있고, 나머지 글자는 문자, 숫자, 밑줄(_), 마침표(.)를 사용할 수 있다.
- 같은 통합 문서에서 동일한 이름을 중복하여 사용할 수 없다.
- 이름은 기본적으로 절대참조로 대상 범위를 참조한다.
- 이름 상자의 화살표 단추를 누르고 정의된 이름 중 하나를 클릭하면 해당 셀 또는 셀 범위가 선택된다.
- 이름을 설정할 때 영문 대/소문자를 구분하지 않는다.

---

64 참조 범위를 인식할 수 없으므로 #NAME? 오류가 발생한다.

스프레드시트의 오류 값
- #N/A : 함수나 수식에 사용할 수 없는 값을 지정할 경우
- #NULL! : 공백 연산자를 이용하여 2개의 영역을 교차하는 셀 참조를 지정할 경우, 교차영역이 없을 경우
- #REF! : 유효하지 않은 셀 참조를 지정하였을 경우
- #NAME? : 인식할 수 없는 문자열을 수식에 사용하였을 경우, 함수명을 잘못 사용했을 경우

---

65 =$A$1+$A2

A1셀은 절대 참조로 식을 복사해도 셀 주소가 변경되지 않지만 A2셀은 열에만 절대참조가 설정되어 있으므로 A7의 식을 C8에 복사할 경우 열의 변동은 없고 행만 1행 증가한 A3으로 변하게 된다. 즉 =$A$1+$A3의 값을 계산한 결과 4가 출력된다.

66
GIF(Graphics Interchange Format)
- 여러 번 압축을 하여도 원본과 비교해 화질의 손상은 없다.
- 최대 256 색상까지만 표현할 수 있다.
- bitmap표현방식이다.
- 배경을 투명하게 처리할 수 있다.
- 비손실 압축 방식을 지원한다.

---

67 windows7에서 〈ctrl〉+〈Esc〉키를 누르면 시작 메뉴가 나타난다.
②실행 창 종료 : 〈Alt〉+〈F4〉
③작업 중인 항목의 바로가기 메뉴 : 〈Shift〉+〈F10〉
④창 조절 메뉴 : 〈Alt〉+〈Space〉

---

68 '원본 데이터에 연결' 기능은 통합 할 데이터가 있는 워크시트와 통합결과가 작성될 워크시트가 다른 통합문서에 있는 경우에도 적용할 수 있다.

---

69 Delete키만 누를 경우 셀에 입력된 내용만 삭제된다. 서식과 함께 삭제하고 싶을 경우에는 [홈]-[편집]-[지우기]-[모두 지우기]를 선택해야 한다.

---

70 추세선을 사용할 수 있는 차트는 분산형 차트이다.
- 3차원, 방사형, 원형, 도넛형, 표면형 차트에는 추세선을 추가할 수 없다.
- 추세선이 추가된 계열의 차트를 3차원으로 변경하면 추세선이 삭제된다.

---

71 기술 중 Know-how는 특허권을 수반하지 않는 과학자, 엔지니어 등이 가지고 있는 체화된 기술로 어떻게 기술이 성립하고 작용하는가에 관한 원리적 측면에 중심을 두었다.
- Know-why : 어떻게 기술이 성립하고 작용하는가에 관한 원리적 측면에 중심을 둔 개념

---

72 기술 교양은 모든 사람들이 광범위한 관점에서 기술의 특성, 기술적 행동, 기술의 힘, 기술의 결과에 대해 어느 정도 지식을 가지는 것을 의미한다. 기술능력은 직장생활에서 기본적으로 필요한 기술의 원리 및 절차를 이해하는 능력을 말한다.

73

매뉴얼 작성요령

- 매뉴얼의 서술은 가능한 한 단순하고 간결하며 비전문가도 쉽게 이해할 수 있어야 한다.
- 의미전달을 명확하게 하기위해서는 수동태보다는 능동사를 사용하고 명령을 사용함에 있어서 약한 형태보다는 단정적으로 표현하고 추상적 명사보다는 행위동사를 사용한다.
- 사용자의 질문을 예상하고 사용자에게 답을 제공해야 한다.
- 사용자가 필요한 정보를 빨리 찾기 쉽도록 구성해야 한다.
- 사용하기가 쉬워야 한다.

74

벤치마킹의 단계

- **계획단계** : 계획단계에서는 기업은 반드시 자사의 핵심 성공요인, 핵심 프로세스, 핵심 역량 등을 파악해야하고, 벤치마킹 되어야 할 프로세스는 문서화 되어야 하며 특성이 기술되어져야 한다.
- **자료수집단계** : 내부 데이터 수집, 자료 및 문헌조사, 외부 데이터 수집이 포함된다.
- **분석단계** : 데이터 분석, 근본 원인 분석, 결과예측, 동인 판단 등의 업무를 수행하여야 한다. 분석단계의 목적은 벤치마킹 수행을 위해 개선 가능한 프로세스 동인들을 확인하기 위한 것이다.
- **개선단계** : 개선단계의 궁극적인 목표는 자사의 핵심 프로세스를 개선함으로써 벤치마킹 결과를 현실화시키는 것이다. 이 단계에서는 벤치마킹 연구를 통해 얻은 정보를 활용함으로써 향상된 프로세스를 조직에 적응시켜 지속적인 향상을 유도하여야 한다.

75 ③ 개인의 연구 개발과 같이 지식을 획득하는 과정에서 항상 발생하는 실패는 용서받을 수 있으며, 오히려 바람직한 실패에 해당한다.

① 혁신적인 기술능력을 가진 사람들은 성공과 실패의 경계를 유동적인 것으로 만들어, 실패의 영역에서 성공의 영역으로 자신의 기술을 이동시킬 줄 안다.

② 실패에는 기술자들이 반드시 겪어야 하는 '에디슨식의 실패'도 있고, 아무런 보탬이 되지 않는 실패도 존재한다. 우리의 기술문화는 지금까지 성공만을 목표로 달려온 경향이 있어 모든 실패를 다 나쁜 것으로 보는데, 이것은 올바른 태도가 아니다.

④ 실패를 은폐하거나 과거의 실패를 반복하는 것은 어떤 의미에서도 바람직하지 않다. 실패를 은폐하다보면 실패가 계속 반복될 수 있고, 결국 실패는 커다란 재앙을 초래하기도 한다.

76 보기의 스위치를 눌렀을 때 바뀐 모양을 살펴보면 다음과 같다.

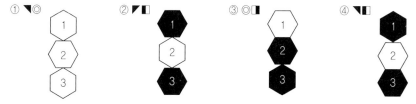

따라서 '◥▮▯'을 누르면 주어진 결과와 같은 형태가 된다.

77 보기의 스위치를 눌렀을 때 바뀐 모양을 살펴보면 다음과 같다.

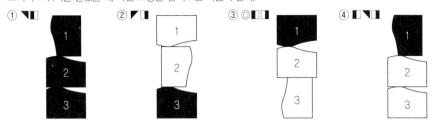

따라서 '◎▮▯'을 누르면 주어진 결과와 같은 형태가 된다.

78 보기의 스위치를 눌렀을 때 바뀐 모양을 살펴보면 다음과 같다.

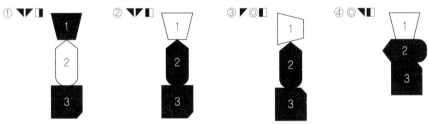

따라서 '▼▼▯'을 누르면 주어진 결과와 같은 형태가 된다.

79 제품 사용자의 유형과 사용 능력을 파악하고 혹시 모를 사용자의 오작동까지 고려하여 만들어져야 하는 것은 제품 매뉴얼이다. 제품 매뉴얼은 제품의 의도된 안전한 사용과 사용 중 해야 할 일 또는 하지 말아야할 일까지 정의해야 한다.

80 기술이나 추세에 대한 이해 능력은 중간급 매니저라 할 수 있는 기술 관리자에게 요구되는 능력이다. 나머지는 모두 기술경영자에게 필요한 능력에 해당한다.

> 기술경영자에게 필요한 능력
> • 기술을 기업의 전반적 전략 목표에 통합시키는 능력
> • 빠르고 효과적으로 새로운 기술을 습득하고 기존의 기술에서 탈피하는 능력
> • 기술을 효과적으로 평가할 수 있는 능력
> • 기술 이전을 효과적으로 할 수 있는 능력
> • 새로운 제품 개발 시간을 단축할 수 있는 능력
> • 크고 복잡하고 서로 다른 분야에 걸쳐 있는 프로젝트를 수행할 수 있는 능력
> • 조직 내의 기술 이용을 수행할 수 있는 능력
> • 기술 전문 인력을 운용할 수 있는 능력

81 전략은 조직의 장기적인 목적과 계획 그리고 이를 달성하기 위한 장기적인 행동지침이며, 설명은 '제도 · 절차'에 대한 내용이다.

82 ②번은 '출구전략'에 대한 설명이다. '양적 완화 정책'은 중앙은행이 통화를 시중에 직접 공급해 신용경색을 해소하고, 경기를 부양시키는 통화정책으로 자국의 통화가치를 하락시켜 수출 경쟁력을 높이는 것이 주목적이다.

83 STP에 대한 설명이다.

① 3C : 기업(Corporate), 소비자(Customer), 경쟁사(Competition)를 중심으로 시장 환경을 분석하는 방법

② 4P : 제품(product), 가격(Price), 유통(Place), 판매촉진(Promotion)을 통해 마케팅을 극대화 하는 방법

③ 5 Force model : 기업에 대한 5개의 경쟁세력을 나타낸 모형으로 기존 산업 내 경쟁 정도, 신규 시장진입자의 위험, 대체재의 위험, 구매자의 협상력, 공급자의 협상력에 따라 경쟁력이 커지거나 작아질 것이라는 분석

84 제31회 리우데자네이루 하계 올림픽(2016)은 브라질에서 개최되었다.

85 미국인들에게 조찬모임은 흔한 일로, 주로 아침 7시나 7시 반에 약속한다. 최소한 한 시간은 소요된다.

86 마케팅 부는 정해진 시장에 현수막을 설치하고, 전단지를 배포하기 때문에 시장이 우선 결정되어야 한다. ②, ③, ④는 회의록의 내용으로 알 수 없다.

87 워크 플로 시트에 대한 설명이다.

① **간트 차트** : 프로젝트 일정관리를 위한 바(bar)형태의 도구로서, 각 업무별로 일정의 시작과 끝을 그래픽으로 표시하여 전체 일정을 한눈에 볼 수 있다. 또한 각 업무(activities) 사이의 관계를 보여줄 수도 있다.

③ **체크리스트** : 업무 결과를 점검하기 위하여 작성하는 서식으로 업무별 달성 수준을 확인하기는 쉬우나 시간의 흐름을 알기는 어렵다.

④ **WBS** : 목표를 이루는 데 필요한 업무를 바르게 고칠 때 이용하는 도구로 '세부업무 추진구조도'라고도 불린다.

88 대표이사가 장기간 부재 시에 그 업무는 이사가 대행한다.

① 조직기구의 개편 및 조정은 경영상의 변화가 있을 때 가능하다.

② 팀 정원의 변경은 전무이사의 결재가 필요하다.

④ 각 팀의 업무는 이사가 총괄 관리한다.

89 C씨는 타인의 방문, 인터넷, 메신저 등으로 인해 업무수행을 방해 받고 있다. 이 경우에는 각 행동에 시간을 정해놓고 효율적으로 통제하는 것이 바람직하다.

② 사람들 간의 갈등으로 인하여 업무에 방해를 받을 때 효과적인 방법이다.

③ 스트레스로 인하여 업무에 방해를 받을 때 효과적인 방법이다.

90 영미권의 명함교환은 받고 한번 본 후 탁자위에 보이게 놓은 채로 대화를 하거나, 명함지갑에 넣는 것이 예의에 맞다.

① 사우디아라비아 사람은 거절을 모욕으로 받아들인다.

② 미국 사람과 악수 할 때는 꽉 잡는 것이 옳다.

③ 동부 유럽 사람들은 시간약속은 형식적이고 상대가 기다려줄 것으로 여기기 때문에 약속된 시간에 잘 오지 않는다. 인내를 가지고 예의바르게 기다려주는 것이 옳다.

91 인사는 인간관계를 형성하는 기본이며 처음 만난 사람에게 건네는 인사는 그 사람의 첫인상을 규정 짓는다. 첫 인사를 할 때에는 상대보다 먼저 인사하며, 명랑하고 활기차게 타이밍을 맞추어 적절히 응답하고 사람에 따라 인사법과 자세를 다르게 하지 않는다.

92 상대방을 서로에게 소개하는 것은 여러 가지 의미가 있으며, 서로가 서로를 알게 되는 것이다. 비즈니스 상의 소개를 할 때는 직장 내에서의 서열과 나이를 고려한다. 이때 성별은 고려의 대상이 아니다.

93

> 명함을 받을 때의 예절
> • 상대방에게서 명함을 받으면 바로 호주머니에 넣지 않는다.
> • 명함은 새것을 사용한다.
> • 명함은 하위에 있는 사람이 먼저 꺼내고 상위자에 대해서는 왼손으로 가볍게 받쳐내는 것이 예의이다.
> • 동시에 명함을 꺼낼 때는 왼손으로 교환하고 오른손으로 건네받는다.

94

> 고객접점서비스
> 고객과 서비스 요원 사이의 15초 동안의 짧은 순간에 이루어지는 서비스로서, 이 순간을 진실의 순간(MOT : moment of truth) 또는 결정적 순간이라 한다. 이 15초 동안에 고객접점에 있는 최일선 서비스 요원이 책임과 권한을 가지고 우리 회사를 선택한 것이 가장 좋은 선택이었다는 사실을 고객에게 입증시켜야 한다.

95 ④ 직업윤리의 덕목 중 전문가의식은, 자신의 일이 누구나 할 수 있는 것이 아니라 해당 분야의 지식과 교육을 밑바탕으로 성실히 수행해야만 가능한 것이라 믿고 수행하는 태도이다. ④는 이와 반대로 설명되었다. 일반적으로 직업윤리의 덕목에는 소명의식과 천직의식, 직분의식, 책임의식, 전문가의식, 봉사의식이 있다.
① 자신이 맡은 일은 하늘에 의해 맡겨진 일이라고 생각하는 태도는 직업윤리의 덕목 중 소명의식에 해당한다.
② 천직의식은 자신의 일이 자신의 능력과 적성에 꼭 맞는다 여기고, 그 일에 열성을 가지고 성실히 임하는 태도이다.
③ 자신이 하고 있는 일이 사회나 기업을 위해 중요한 역할을 하고 있다고 믿고 자신의 활동을 수행하는 태도는 직분의식에 해당한다.

96 윤리규범은 사회적 평가과정에서 형성된 사회현상으로 어떤 행위는 마땅히 해야 할 행위, 어떤 행위는 결코 해서는 안 될 행위로서 가치를 인정받게 되며, 모든 윤리적 가치는 시대와 사회상황에 따라서 조금씩 다르게 변화된다.

97 직장 내 성희롱이란 사업주, 상급자 또는 근로자가 직장 내의 지위를 이용하거나 업무와 관련하여 다른 근로자에게 성적 언동 등으로 성적 굴욕감 또는 혐오감을 느끼게 하거나 그 밖의 요구에 따르지 않았다는 이유로 고용에서 불이익을 주는 것을 말한다. 대표적인 유형으로는 입맞춤이나 포옹등 원하지 않는 신체 접촉을 하는 육체적 행위, 음란한 농담을 하거나 외모에 대한 성적 비유를 하는 언어적 행위, 자신의 신체부위를 노출하거나 음란한 사진, 낙서, 그림 등을 보여주는 행위 등이 있다.

98 올바른 휴대전화 예절로는 운전 중에는 스마트 폰을 사용하지 않는다. 지나친 SNS의 사용은 업무에 지장을 주므로 휴식을 취한다, 집 밖에서는 벨소리를 진동으로 하고 주위에 방해가 되지 않도록 조용한 목소리로 짧게 통화한다, 병원 대중교통 수단 등 공공장소 에서는 휴대폰을 사용하지 않는다. 등이 있다.

99 우리나라의 직업관이 각자의 분야에서 땀 흘리며 본분을 다하는 노동을 경시하는 측면이 강하고, 과정이나 절차보다는 결과만을 중시하는 경향을 낳게 되면서 '3D기피현상'으로 힘들고(Difficult), 더럽고(Dirty), 위험한(Dangerous) 일은 하지 않으려고 하는 현상까지 생겨 노동력은 풍부하지만 생산인력은 부족하다는 파행적 모습을 보여, 실업자 증가와 외국 노동자들의 불법취업이라는 새로운 사회문제가 대두하게 되었다.

100 ③ 우리가 단시일 내에 왕창 큰돈을 벌고자 한다면 정직하고 성실한 태도로 그 목적을 달성하기는 대체로 어렵다. 그러나 단시일 내에 왕창 떼돈을 버는 것이 아니라 기본 생활이 요구하는 필요한 정도의 돈을 장기간에 걸쳐서 벌고자 한다면, 정직하고 성실한 태도가 보다 안전하고 바람직한 태도가 된다.
① "최고보다는 최선을 꿈꾸어라."라는 말은 성실의 중요성을 나타내는 말로서, 삶의 경험에서 나오는 자연스러운 진리라 할

수 있다. 이러한 성실은 삶의 기본자세이기도 하지만 세상을 살아가는데 있어 가장 큰 무기이기도 하다.

② "천재는 1퍼센트의 영감과 99퍼센트의 노력으로 만들어진다."는 말도 성실의 중요성을 표현하는 말로, 성실만 뒷받침된다면 1퍼센트 모자란 부분은 그리 중요하지 않다.

④ 어떠한 종류의 직업에 종사하는 경우든 정직하고 성실한 태도로 일하는 사람들이 국가와 사회에 이바지하는 바가 크다. 또한, 직장 생활을 통한 자아 성장을 성취하기 위해서도 정직하고 성실한 태도가 바탕이 되어야 좋은 결과를 가져올 확률이 높다.

Part 03

부록

CHAPTER 01 인성검사

1. 인성검사의 목적

그동안 우리나라의 인사선발제도는 인간성 자체가 아닌 학력 · 성적 · 경력에 치중하여 시행되어 왔다. 이로 인해 선발된 직원은 직무수행 중 정서불안과 직업 부적응 등으로 갖가지 사고 및 사건의 원인이 되기도 하였다. 인성을 평가하는 검사기법은 일반적으로 질문지법, 작업검사법, 투사법의 3 가지로 구분할 수 있다. 질문을 하거나 과제를 부여하는데, 동일한 질문과 도형에도 그것에 대한 반응은 사람마다 매우 다르다. 인성검사의 실시는 반응의 개인차를 분류하려는 데서 출발하며 신입사원 선발 시 서류전형 합격자에 한해 이를 시행하여, 결함자를 제외하고 적정 인재를 적재적소에 배치하는 데에 그 목적이 있다고 하겠다.

2. 인성검사 준비전략

인성검사는 일관성이나 신뢰도가 없는 지원자를 추려내거나, 지원자의 기본 성품과 자질, 역량 등을 파악하여 우리 회사에 어울리는 인재인지 확인해보기 위한 검사이다. 대략 5% 정도의 지원자가 인성검사에서 부적합판정을 받게 되어 탈락한다고 알려져 있다.

인성검사에서 적합판정을 받을 경우, 응답 내용에 따라 지원자의 성격 유형을 독립형, 사교형, 창의형, 리더형, 협력형 등 몇 가지로 구분하며, 이를 면접이나 부서 배치에 활용하게 된다. 인성검사는 정답이 없는 것이기 때문에 평소에 많이 연습하고 솔직하게 임하는 것이 가장 중요하다.

첫째, 시간의 압박을 받지 않도록 연습하자. 솔직하고 직관적으로 한번만 생각하고 답을 하자. 곰곰이 생각하면서 답을 고를 경우 시간 내에 다 풀지 못할 가능성이 있는데 이 경우, 솔직하지 못해서 신뢰도가 낮은 지원자로 판명나게 된다. 짧은 시간에 많은 문제가 주어지기 때문에 시간 분배를 잘 하는 것이 중요하다.

둘째, 문제의 규칙을 찾는 연습을 하자. 기업의 전년도 인성검사 문항에 대한 자료를 찾아보거나, 질문의 요지를 파악할 수 있는 다양한 주제의 문제를 풀어보고 문제에 익숙해지는 것이 도움이 된다. 가능한 많이 풀어보고 문제의 규칙을 찾는 것이 좋다.

셋째, 일관성 있게 답하는 것이 중요하다. 인성검사는 짧은 시간에 동일하거나 유사한 질문이 여러 번 등장하기 때문이다. 일관성 있는 답을 하기 위해서는 처음부터 정직하게 답변을 하는 것이 좋다.

하지만 인간은 100% 일관성을 갖춘 기계가 아니다. 인성검사도 이를 알고 측정지표로 담고 있다. 따라서 극도로 일관성 있게 답하려고 좋아 보이는 답변에만 체크 하다보면 자칫 인성검사에서 자신이 부적합판정을 받을 수도 있음을 명심하자.

넷째, 나의 성격과 지원 직군과의 연관성을 고려해서 답하자. 인성검사는 지원자의 성격적인 특성을 파악하여 그 결과를 지원 직군의 면접이나 인사 배치에 활용한다. 따라서, 마케팅 직군에 지원한 응시자라면 다소 창의적인 쪽으로 응답하는 것이 유리할 것이고, 경영지원이나 법무에 지원한 응시자라면 룰과 규칙을 중시하는 쪽으로 응답하는 것이 유리할 것이다.

3. 인성검사 유형

문항에 대한 답은 틀린 답이 따로 있는 것이 아니라 개개인이 갖고 있는 특성이나 성향에 따라 다를 수 있으므로 평소 지니고 있던 자신의 태도를 솔직하고 편안한 마음으로 응답하면 된다. 또한 문항 수에 비해 검사 소요시간이 촉박하므로 한 문항을 너무 오래 생각해서는 안 된다.

일러두기

- 봄 검사는 성격측정 도구로써 개인의 행동을 예측하고 이해하기 위해 사용되는 검사입니다.
- 본 검사 문항은 '예', '아니요'의 두 가지로 응답할 수 있습니다. 해당 문항이 자신의 성격을 잘 설명하는 지를 고려하여 응답해 주시기 바랍니다.
- 문항에 대한 답은 옳거나 그른 답이 따로 있는 것이 아니라 개개인이 갖고 있는 특성 또는 성향에 따라 다를 수 있습니다.
- 본 검사의 문항은 총 350문항으로 구성되어 있으며, 검사 소요시간은 50분입니다. 한 문항을 너무 오래 생각하지 마시기 바랍니다.
- 인성검사는 적 · 부 여부만 판정하며 배점이 없습니다.

번호	문항	응답	
001	나는 여러 개의 클럽이나 모임에 가입하고 싶다.	예	아니요
002	나는 일기를 썼던 적이 있었다.	예	아니요
003	어릴 때 나의 문제를 부모님들과 상의할 수 있었다.	예	아니요
004	내 주위의 대부분의 사람들처럼 나도 유능하고 영리하다고 생각된다.	예	아니요
005	나의 일상생활은 즐거운 일로 가득 차 있다.	예	아니요
006	나는 항상 내가 하는 일이 성공하리라고 기대한다.	예	아니요
007	나는 투표할 권리를 포기하는 것을 부끄럽게 여긴다.	예	아니요

008	나는 대부분의 다른 사람들보다 옳고 그른 것에 대해서 보다 엄격한 편이라고 생각한다.	예	아니요
009	나는 의사결정을 하기 전에 모든 관점에서 문제를 신중히 생각한다.	예	아니요
010	나는 뱀을 그렇게 무서워하지 않는다.	예	아니요
011	나는 일을 마친 후에야 즐긴다는 규칙을 항상 따른다.	예	아니요
012	부모님은 내가 출세하기를 바랐다.	예	아니요
013	나는 많은 사람들 앞에서 이야기하기를 좋아한다.	예	아니요
014	나는 특별한 이유가 없거나 일이 잘못 되더라도 '세상을 정복한 것 같은' 행복감을 느낄 때가 가끔 있다.	예	아니요
015	내 주위의 대부분의 사람들처럼 나도 유능하고 영리하다고 생각된다.	예	아니요
016	연구를 수행한다는 생각만 해도 나는 매력을 느낀다.	예	아니요
017	나는 마무리 짓지 못할 일들을 종종 벌려 놓는다.	예	아니요
018	나는 의상 디자이너와 같은 일을 좋아할 것 같다.	예	아니요
019	나는 어떤 모임에서 일을 하게 될 때 그 책임을 맡고 싶어 한다.	예	아니요
020	나는 라디오에서 흘러나오는 교향음악을 듣기 좋아한다.	예	아니요
021	내 주위의 대부분의 사람들처럼 나도 유능하고 영리하다고 생각된다.	예	아니요
022	나는 지루할 때면 어떤 스릴 있는 일을 일으키고 싶어진다.	예	아니요
023	때때로 나는 실제로 내가 알고 있는 것 이상으로 아는 체 한다.	예	아니요
024	나는 집안 식구들과 좀처럼 싸우지 않는다.	예	아니요
025	탈세하기 위하여 소득 보고서를 허위로 작성하는 것은 정부의 돈을 훔치는 것과 마찬가지로 나쁘다.	예	아니요
026	나의 가정생활은 언제나 행복했다.	예	아니요
027	나는 일주일에 몇 번씩 마치 끔찍스러운 일이 나에게 일어날 것처럼 느낀다.	예	아니요
028	나의 가정생활은 언제나 행복했다.	예	아니요
029	나는 라디오에서 흘러나오는 교향음악을 듣기 좋아한다.	예	아니요
030	나는 남의 물건을 자기 것과 같이 함부로 다루는 사람에게는 내 물건을 빌려주고 싶지 않다.	예	아니요
031	남의 명령을 받아들일 때 화나 짜증을 내는 사람은 무언가가 잘못되어 있다.	예	아니요
032	나는 매우 이상한 경험을 한 적이 있다.	예	아니요
033	나는 일 년에 책을 적어도 열권은 읽는다.	예	아니요
034	나는 학교 다닐 때 언제나 긴 안목으로 과목을 선택하거나 공부 방향을 정했다.	예	아니요
035	규칙적인 시간 생활과 잘 정돈된 생활양식이 내 성질에 맞는다고 생각된다.	예	아니요
036	기회만 주어진다면, 나는 훌륭한 지도자가 될 것이다.	예	아니요
037	나는 유명한 성악가의 노래를 듣고 싶다.	예	아니요
038	나는 학교 다니기를 좋아했다.	예	아니요
039	나는 놀이와 오락을 다양하게 즐긴다.	예	아니요

040	나는 가끔 일을 너무 많이 벌려서 스스로 지치곤 하였다.	예	아니요
041	나는 목덜미가 아파 본 적이 거의 없다.	예	아니요
042	모든 국민들은 개인적인 즐거움을 포기하는 한이 있더라도 국가적인 문제를 해결하는 데에는 시간을 할애해야만 한다.	예	아니요
043	나는 법을 어겨서 말썽이 된 경우가 한 번도 없다.	예	아니요
044	나는 사실을 확실히 알기 전에는 남을 판단하는 일이 없다.	예	아니요
045	나는 매우 이상한 경험을 한 적이 있다.	예	아니요
046	나는 고의적인 거짓말을 한 번도 한 적이 없다.	예	아니요
047	교육이란 많은 사람들이 생각하는 것보다 훨씬 중요하다.	예	아니요
048	나는 평상시 아침에 일어나면 기분이 개운하고 피로가 풀린다.	예	아니요
049	모든 사실들을 종합해보면, 대부분의 질문에는 단지 하나의 정답만이 있을 뿐이다.	예	아니요
050	나는 어떤 모임에서 내가 잘 아는 분야에 대해 토론을 시작하거나, 의견을 제시하라는 요청을 받았을 때 당황하지 않을 것이다.	예	아니요
051	나는 뱀을 그렇게 무서워하지 않는다.	예	아니요
052	만약 우리가 '아마도', '대체로', '혹시'와 같은 말들을 쓰지 않도록 한다면 우리의 생각은 훨씬 나아질 것이다.	예	아니요
053	다른 사람이 나를 인정하지 않는다는 생각이 들면 매우 긴장되고 불안해진다.	예	아니요
054	나는 이야기를 듣기보다는 하기를 더 좋아한다.	예	아니요
055	나는 여러 개의 클럽이나 집회에 가입하고 싶다.	예	아니요
056	나는 다른 사람들에게 주목의 대상이 되기를 좋아한다.	예	아니요
057	나는 신문사의 해외특파원이 되기를 좋아하는 것 같다.	예	아니요
058	솔직히 말해서 나는 체면 차릴 만큼은 일을 한다.	예	아니요
059	나는 학교 다니기를 좋아했었다.	예	아니요
060	대체로 나는 행복감을 느낀다.	예	아니요
061	나는 집안 식구들과 좀처럼 싸우지 않는다.	예	아니요
062	남이 나에게 친절을 베풀면 나는 대개 숨겨진 이유가 무엇인지를 생각해본다.	예	아니요
063	나는 이전에도 그랬듯이 지금 매우 행복하다.	예	아니요
064	어떤 사람들은 동정을 얻기 위하여 그들의 고통을 과장한다.	예	아니요
065	기회만 주어진다면, 나는 훌륭한 지도자가 될 것이다.	예	아니요
066	우리의 한국적 생활양식을 변화시키려고 하는 것은 바보같은 짓이다.	예	아니요
067	나는 역사에 관한 것을 읽기 좋아한다.	예	아니요
068	나는 전문서적을 저술해 보고 싶다.	예	아니요
069	나는 사실을 확인하기 전에는 남을 판단하지 않는다.	예	아니요

070	나는 폭풍을 무척 두려워했다.	예	아니요
071	나는 내가 처음에 관련되어 있지 않더라도 그릇된 것을 고치기 위해서라면 기꺼이 돈을 내겠다.	예	아니요
072	나는 어떤 모임에서 내가 잘 아는 분야에 대해 토론을 시작하거나, 의견을 제시하라는 요청을 받았을 때 당황하지 않을 것이다.	예	아니요
073	나는 많은 사람이 이미 모여서 이야기 하고 있는 방에 들어가는 것을 두려워하지 않는다.	예	아니요
074	나는 다른 사람들에게 주목의 대상이 되기를 좋아한다.	예	아니요
075	나는 스페인의 투우 경기를 구경하고 싶다.	예	아니요
076	나는 한 가지 일에 전념하기가 어렵다.	예	아니요
077	나는 아프거나 상처를 입었을 때 의사를 찾아가는 일이 두렵지 않다.	예	아니요
078	나는 술을 과음한 적이 없다.	예	아니요
079	나는 스릴을 느끼기 위해 위험한 일을 한 적이 없다.	예	아니요
080	대부분의 사람들은 잡히는게 두려워서 나쁜 짓을 하지 않는다.	예	아니요
081	나는 명령을 받거나 작업지시 받는 것을 꺼리지 않는다.	예	아니요
082	학교 다닐 때 대부분의 선생님들은 공정하고 솔직하게 나를 대해 주었다.	예	아니요
083	나는 역사에 관한 것을 읽기 좋아한다.	예	아니요
084	나는 세상에서 가능한 한 무엇이든지 손에 넣으려고 노력하는 사람을 비난하지 않는다.	예	아니요
085	나는 과학을 좋아한다.	예	아니요
086	선출된 공무원들에게는 지금보다 더 많은 월급을 주어야 한다.	예	아니요
087	강한 사람은 아무리 어려운 문제에 부딪쳐도 스스로 결정을 내릴 수 있다.	예	아니요
088	교통사고가 날지도 모른다고 생각을 하면 소름이 끼친다.	예	아니요
089	여러 사람들이 모이는 자리에서 흔히 나는 사람들을 소개시키는 일을 맡는다.	예	아니요
090	나는 합창부에 가입하고 싶다.	예	아니요
091	나는 아프거나 상처를 입었을 때 의사를 찾아가는 일이 두렵지 않다.	예	아니요
092	나는 많은 사람이 이미 모여서 이야기 하고 있는 방에 들어가는 것을 두려워하지 않는다.	예	아니요
093	나는 내 자신에 대해 높은 기준을 세우고 있고 다른 사람들도 그래야만 한다고 느낀다.	예	아니요
094	길을 걷다가 때때로 나는 어떤 사람과 마주치는 것을 피하기 위해 다른 쪽으로 간다.	예	아니요
095	나는 현기증이 난 적이 전혀 없다.	예	아니요
096	나의 가정생활은 항상 즐거웠다.	예	아니요
097	나는 매우 이상한 경험을 한 적이 있다.	예	아니요
098	아무런 이유 없이 일주일에 한 번 이상 갑자기 온 몸이 화끈거리는 것을 느낀다.	예	아니요
099	나는 토론회나 연구회에 참석하기를 좋아한다.	예	아니요
100	나는 대체로 남들이 나에게 기대하고 있는 일을 해내려고 애쓰며 또한 남의 비판을 피하려 한다.	예	아니요
101	나는 학교 선생님이 하는 일을 좋아할 것 같다.	예	아니요

102	나는 학교에서 무엇을 배울 때 느린 편이었다.	예	아니요
103	나는 과학에 관한 것을 읽기를 좋아한다.	예	아니요
104	비록 내가 어떤 일에 대해서 이미 결심을 하였더라도, 사람들은 나의 마음을 꽤 쉽게 변화시킬 수 있다.	예	아니요
105	모든 사실을 종합해 보면 대부분의 질문에는 단지 한 가지 정답만이 있을 뿐이다.	예	아니요
106	나는 어두움을 무서워하는 편이다.	예	아니요
107	나는 내 자신이 매우 강한 성격의 소유자라고 말할 수 있다.	예	아니요
108	나는 누가 나를 지켜보고 있다는 생각을 하면 매우 불안해진다.	예	아니요
109	나는 파티나 사교적인 모임을 좋아한다.	예	아니요
110	나는 일 년에 책을 적어도 열권은 읽는다.	예	아니요
111	나는 현기증이 난 적이 전혀 없다.	예	아니요
112	아무런 이유 없이 일주일에 한 번 이상 갑자기 온몸이 화끈거리는 것을 느낀다.	예	아니요
113	자기 집 앞의 거리를 청소하는 일은 시민의 의무이다.	예	아니요
114	나는 곤경에 처해있을 때라도 언제든지 올바른 행동을 하려고 노력하였다.	예	아니요
115	나는 성급하다는 말을 종종 듣는다.	예	아니요
116	현재 상태가 계속된다면, 나는 성공하리라는 희망을 가지기가 매우 어렵다.	예	아니요
117	나는 일을 하기 전에 언제나 남의 입장을 생각해 보려고 노력한다.	예	아니요
118	나는 의견을 말할 수 있는 권리를 매우 중요하게 생각한다.	예	아니요
119	나는 활동 계획을 미리 짜기를 좋아한다.	예	아니요
120	만약 우리가 '아마도', '대체로', '혹시'와 같은 말들을 안 쓴다면, 우리의 생각은 훨씬 나아질 것이다.	예	아니요
121	나는 소변을 보거나 참는데 별 어려움을 겪은 적이 없다.	예	아니요
122	나는 종종 직업을 잘못 선택했다고 느낀다.	예	아니요
123	나는 모든 것을 반드시 제자리에 놓아두기를 좋아한다.	예	아니요
124	나는 매사를 어렵게 대하는 경향이 있다.	예	아니요
125	솔직히 말해서 나는 상당히 말재주가 있다.	예	아니요
126	누군가가 나를 부당하게 취급하는 경우가 있다면 가능한 한 정의를 실현하기 위해 보복을 하여야만 된다고 생각한다.	예	아니요
127	나는 여러 개의 클럽이나 집회에 가입하고 싶다.	예	아니요
128	나는 어떤 모임에서 내가 잘 아는 분야에 대해 토론을 시작하거나, 의견을 제시하라는 요청을 받았을 때 당황하지 않을 것이다.	예	아니요
129	나는 값비싼 옷을 입기 좋아한다.	예	아니요
130	나는 곤경을 모면하기 위해 꾀병을 부린 적이 있다.	예	아니요
131	투표를 하지 않는 사람은 올바른 시민이 아니다.	예	아니요
132	나는 낯선 사람과는 화투나 놀음을 절대 하지 않는다.	예	아니요

PART3 부록

133	때때로 나는 실제로 내가 알고 있는 것 이상으로 아는 체 한다.	예	아니요
134	파티에서 재주나 묘기 부리기를 하게 되면 내가 아닌 다른 사람들이 그런 놀이를 할 때 일지라도, 나는 기분이 언짢아진다.	예	아니요
135	나에게 가장 중요한 것은 나의 직업과 동료를 위하여 의무를 다하는 것이다.	예	아니요
136	나는 몹시 화를 낸 적이 가끔 있다.	예	아니요
137	나는 항상 남들이 나에게 기대하는 것보다 더 잘하려고 노력을 한다.	예	아니요
138	실제로 법을 위반하는 것이 아니라면 법망을 피하는 것은 괜찮다.	예	아니요
139	나는 대변을 보거나 참는데 별 어려움이 없었다.	예	아니요
140	나는 한 가지 일에 전념하기가 어렵다.	예	아니요
141	내가 남들과 언쟁을 하게 되는 경우는 대부분 나의 개인적인 신념이나 원칙 때문이다.	예	아니요
142	나는 도서관 직원이 하는 일을 좋아하는 것 같다.	예	아니요
143	나는 내가 속한 모임에서 대체로 지도자 역할을 한다고 생각한다.	예	아니요
144	나는 깊은 물을 두려워한다.	예	아니요
145	기회만 주어진다면, 나는 훌륭한 지도자가 될 것이다.	예	아니요
146	나는 떠들썩하고 재미있는 모임이나 행사에 참석하기를 좋아한다.	예	아니요
147	나는 어떤 모임에서 일을 하게 될 때 그 책임을 맡고 싶어 한다.	예	아니요
148	나는 어떤 대상에 대해 너무 민감해서 그와 관련된 이야기를 할 수 없다.	예	아니요
149	나는 법을 어겨서 말썽이 된 경우가 한 번도 없다.	예	아니요
150	우리 식구들은 언제나 매우 가깝게 지낸다.	예	아니요
151	때때로 나는 무엇인가 부수고 싶을 때가 있었다.	예	아니요
152	대부분의 사람들은 자기에게 도움이 될 것 같기 때문에 친구를 사귀게 된다.	예	아니요
153	사람들과 같이 있을 때, 나는 보통 의견을 표현하기 보다는 다른 사람들이 바라는 대로 행동하는 편이다.	예	아니요
154	세상에는 전혀 믿을 수 없는 사람도 있다.	예	아니요
155	학교 다닐 때, 나의 작문이 학생들 앞에서 낭독될 때 매우 기분이 좋았다.	예	아니요
156	오늘날의 부모들은 자식들에게 너무 허용적이다.	예	아니요
157	나는 종종 세상이 나와 상관없이 돌아가는 것 같은 느낌이 든다.	예	아니요
158	대개의 사람들은 성 문제를 지나치게 걱정한다.	예	아니요
159	나는 꾸준하고 열심히 일하는 사람으로 알려져 있다.	예	아니요
160	나는 간호원이 되고 싶다.	예	아니요
161	결정을 내려야 할 때면 사람들은 의당 나에게 도움을 구하는 것 같다.	예	아니요
162	현재 상태가 계속된다면, 나는 성공하리라는 희망을 가지기가 매우 어렵다.	예	아니요
163	나는 춤추기를 매우 좋아한다.	예	아니요
164	나는 항상 내가 하는 일이 성공하리라고 기대한다.	예	아니요

165	나는 이따금 천박한 농담을 듣고 웃는다.	예	아니요
166	대부분의 사람들은 남보다 앞서기 위하여 거짓말을 한다.	예	아니요
167	나는 거스름돈을 너무 많이 받으면 꼭 돌려준다.	예	아니요
168	나는 종종 직업을 잘못 선택했다고 느낀다.	예	아니요
169	거짓말을 하여 이득을 얻을 수 있다면 대부분의 사람들은 거짓말을 하게 될 것이다.	예	아니요
170	실제로 법을 위반하는 것이 아니라면 법망을 피하는 것은 괜찮다.	예	아니요
171	나는 가끔 남의 이야기를 할 때가 있다.	예	아니요
172	나는 가끔 낙담할 때가 있었다.	예	아니요
173	나는 매우 이상한 경험을 한 적이 있다.	예	아니요
174	나는 어려운 문제에 부딪치면 쉽게 포기해 버리는 경향이 있다.	예	아니요
175	나는 매우 이상한 경험을 한 적이 있다.	예	아니요
176	나는 옷을 아무렇게나 입은 사람을 만나기를 좋아하지 않는다.	예	아니요
177	나는 불분명하고 예측할 수 없는 일을 싫어한다.	예	아니요
178	솔직히 말해서 나는 낯선 곳에 가면 조금 겁을 먹는다.	예	아니요
179	나는 사람들을 감화시킬 수 있는 천부적인 재능을 가졌다.	예	아니요
180	나는 이성에 대한 생각으로부터 벗어났으면 좋겠다.	예	아니요
181	나는 역사에 관한 것을 읽기 좋아한다.	예	아니요
182	대체로 나는 행복감을 느낀다.	예	아니요
183	나는 무슨 일을 하기 전에 친구들의 반응이 어떠할지를 생각해 본다.	예	아니요
184	나는 가끔 해롭거나 세상 사람들이 깜짝 놀랄만한 일을 하고 싶은 강한 충동을 느낀다.	예	아니요
185	나는 스릴을 느끼기 위해 위험한 일을 한 적이 없다.	예	아니요
186	나는 학교 다닐 때 자주 수업을 빼 먹었다.	예	아니요
187	때때로 나는 같은 꿈을 몇 번이고 꾼다.	예	아니요
188	대부분의 사람들은 이익을 놓치지 않기 위해서 부당한 수단을 사용하려 든다.	예	아니요
189	이 세상에는 도저히 신뢰할 수 없는 사람들이 있다.	예	아니요
190	누군가가 나의 권리를 박탈하려고 한다면 나는 대항할 것이다.	예	아니요
191	나는 성급하다는 말을 종종 듣는다.	예	아니요
192	선생님은 종종 학생들에게 지나치게 많은 공부를 기대한다.	예	아니요
193	누군가가 나를 부당하게 취급하는 경우가 있다면 가능한 한 정의를 실현하기 위해 보복을 하여야만 된다고 생각한다.	예	아니요
194	나는 한 가지 일에 정신을 집중하기가 어렵다.	예	아니요
195	나는 일단 결심을 하면 좀처럼 바꾸지 않는다.	예	아니요
196	솔직히 말해서 나는 짓궂은 장난을 좋아한다.	예	아니요

197	나는 명령을 하고 일을 진행시키기를 좋아한다.	예	아니요
198	나는 집안에 있으면 마음이 편하지 않다.	예	아니요
199	나는 사람들과의 교제에 능숙하다.	예	아니요
200	나는 떠들썩하고 거창한 모임을 좋아한다.	예	아니요
201	나는 혼자 있을 때면 자유의지, 죄악과 같이 추상적인 문제들을 자주 생각한다.	예	아니요
202	나는 어둠 속에 혼자 있으면 무섭다.	예	아니요
203	사람들을 도와줘도 소용이 없는 일이다. 결국은 손해를 보게 된다는 것을 알게 될 뿐이다.	예	아니요
204	현재 상태가 계속된다면, 나는 성공하리라는 희망을 가지기가 매우 어렵다.	예	아니요
205	나는 한 가지 일에 전념하기가 어렵다.	예	아니요
206	나는 무슨 일을 하려고 하면 손이 떨릴 때가 많다.	예	아니요
207	나는 낯선 사람들에게 이야기를 꺼내기가 어렵다.	예	아니요
208	사람들은 가끔 나를 실망시킨다.	예	아니요
209	나는 학교 다닐 때 자주 수업을 빼 먹었다.	예	아니요
210	나는 언젠가 권투시합을 한번 갖고 싶다.	예	아니요
211	나는 폭풍을 무척 두려워했다.	예	아니요
212	나의 인생 목표 중 하나는 어머니가 나를 자랑할 수 있는 무엇인가를 달성하는 것이다.	예	아니요
213	나는 대부분의 다른 사람들보다 선과 악에 대하여 더 엄격한 편이다.	예	아니요
214	현재 우리가 직면하고 있는 국제문제에 대한 해결방안을 나는 알고 있다.	예	아니요
215	나는 일에 계획을 세우고 각자가 할 일을 결정하는 것을 좋아한다.	예	아니요
216	자기의 세금을 올리는데 찬성하는 사람은 바보밖에 없을 것이다.	예	아니요
217	나는 물을 무서워하지 않는다.	예	아니요
218	나에게 도전해 오는 것을 무엇이든지 하고자 한다.	예	아니요
219	내가 남들과 언쟁을 하게 되는 경우는 대부분 나의 개인적인 신념이나 원칙 때문이다.	예	아니요
220	나는 배탈이 자주 난다.	예	아니요
221	나는 매우 이상한 경험을 한 적이 있다.	예	아니요
222	나의 부모님들은 종종 나의 친구들을 못마땅하게 여긴다.	예	아니요
223	나는 내가 한 말이나 행동이 후회될까 두려워서 종종 다른 사람을 멀리할 때가 있다.	예	아니요
224	내가 잘 아는 사람이 성공했다는 소식을 들으면 나는 패배감 같은 것을 느낀다.	예	아니요
225	때때로 나는 실제로 내가 알고 있는 것 이상으로 아는 체 한다.	예	아니요
226	여러 아이들이 한 아이를 때리는 것을 본다면 나는 틀림없이 그들을 말리겠다.	예	아니요
227	누군가가 나를 부당하게 취급하는 경우가 있다면 가능한 한 정의를 실현하기 위해 보복을 하여야만 된다고 생각한다.	예	아니요
228	나는 다른 사람들이 나의 좋은 의견을 그들이 먼저 생각 못했다는 이유만으로 시기하는 것을 흔히 보아왔다.	예	아니요

229	신문에서 재미있는 부분은 만화나 해외토픽들 뿐이다.	예	아니요
230	나는 어려운 문제에 부딪치면 쉽게 포기해 버리는 경향이 있다.	예	아니요
231	결과야 어떻든 간에 모든 법률은 매우 엄격하게 집행되어야 한다는데 찬성한다.	예	아니요
232	나는 연애소설보다 모험소설을 더 좋아한다.	예	아니요
233	나는 내가 훌륭한 지도자가 될 수 있을까 의심스럽다.	예	아니요
234	보통 나는 매우 잘 아는 사람이 아니면 이야기를 잘 안한다.	예	아니요
235	나는 낯선 사람과 같이 있으면 자연스럽게 행동하기가 어렵다.	예	아니요
236	나는 연극배우나 영화배우가 되고 싶다.	예	아니요
237	다른 사람이 나보다 잘되는 것을 보면 질투심이 생긴다.	예	아니요
238	나는 나를 해치지 않는다는 것을 알면서도 어떤 물건이나 사람을 무서워한다.	예	아니요
239	교통 위반을 했을 때 벌금을 봐주는 사람은 사귀어둘만 하다.	예	아니요
240	나는 종종 깊이 생각하지 않고 즉각적으로 행동한다.	예	아니요
241	나는 때때로 욕지거리를 하고 싶어질 때가 있다.	예	아니요
242	가끔 내가 내 자신이나 남을 꼭 해칠 것만 같은 느낌이 든다.	예	아니요
243	때때로 나는 무엇인가 부수고 싶을 때가 있었다.	예	아니요
244	나는 무엇이든 잘하는 일이 없다.	예	아니요
245	자신의 활동계획을 미리 세운다면 인생의 즐거움 중 대부분을 빼앗기기 쉽다.	예	아니요
246	사람들은 실제보다도 더 남을 염려해 주는 체 한다.	예	아니요
247	여러 사람과 함께 있으면 어떤 적합한 말을 해야 할지 어려움을 느낀다.	예	아니요
248	장래의 목표를 희생하는 일이 있더라도 현시점에서 나를 즐겁게 하는 것이라면, 나는 그 일을 하겠다.	예	아니요
249	나는 항상 나의 일을 주의 깊게 계획하고 짜는데 완벽을 기한다.	예	아니요
250	나는 가끔 누군가와 주먹 싸움을 하고 싶은 충동을 느낀다.	예	아니요
251	나는 한 가지 일에 전념하기가 어렵다.	예	아니요
252	나는 낯선 사람들을 만나면 무슨 이야기를 해야 할지 어려움을 겪는다.	예	아니요
253	나는 폭풍을 무척 두려워했다.	예	아니요
254	나는 종종 세상이 나와 상관없이 돌아가는 것 같은 느낌이 든다.	예	아니요
255	나는 가끔 규율을 어기거나 금지된 일을 하기를 좋아한다.	예	아니요
256	내가 매우 즐겁고 활기 있을 때, 기분이 언짢거나 우울해 보이는 사람이 나타나면 내 기분이 망쳐진다.	예	아니요
257	나는 학교 다닐 때 자주 수업을 빼 먹었다.	예	아니요
258	나는 내가 걱정해야 할 것 이상으로 많은 걱정거리를 갖고 있었다.	예	아니요
259	나는 때때로 자신의 업적을 자랑하고 싶어진다.	예	아니요
260	나는 내가 걱정해야 할 것 이상으로 많은 걱정거리를 갖고 있었다.	예	아니요

261	거짓말을 하여 이득을 얻을 수 있다면 대부분의 사람들은 거짓말을 하게 될 것이다.	예	아니요
262	나는 대체로 잠을 안잔다.	예	아니요
263	나는 학교에서 무엇을 배울 때 느린 편이었다.	예	아니요
264	어떤 사람의 경우에 미래가 너무 불확실하기 때문에 진지하게 계획을 세울 수 없다.	예	아니요
265	나는 학교에서 무엇을 배울 때 느린 편이었다.	예	아니요
266	나는 혼자 있을 때면 자유의지, 죄악과 같이 추상적인 문제들을 자주 생각한다.	예	아니요
267	많은 사람들의 문제점은 일을 신중하게 하지 않는데 있다.	예	아니요
268	나는 경주용 차를 몰아보고 싶다.	예	아니요
269	나는 내가 한 말이나 행동이 후회될까 두려워서 종종 다른 사람을 멀리할 때가 있다.	예	아니요
270	자기 자신을 돌볼 수만 있다면 남을 걱정할 필요가 없다.	예	아니요
271	나 자신에 관해서 남에게 이야기하기가 매우 어렵다.	예	아니요
272	다른 사람이 나를 인정하지 않는다는 생각이 들면 매우 긴장되고 불안해진다.	예	아니요
273	나는 연극배우나 영화배우가 되고 싶다.	예	아니요
274	나는 늘 머리가 아픈 것 같다.	예	아니요
275	내가 사회에 아무런 도움을 줄 수 없을 바에야, 사회의 일들을 걱정해도 소용이 없는 일이다.	예	아니요
276	학교 다닐 때 가끔 말썽을 부려서 교무실에 불려가곤 했다.	예	아니요
277	솔직히 말해서 나는 다른 사람들이 원하는 바에 관계없이 내 고집대로 하려는 때가 종종 있다.	예	아니요
278	나는 다른 사람들이 나의 좋은 의견을 그들이 먼저 생각 못했다는 이유만으로 시기하는 것을 흔히 보아왔다.	예	아니요
279	나는 때때로 욕지거리를 하고 싶어질 때가 있다.	예	아니요
280	투표란 단지 귀찮은 절차일 뿐이다.	예	아니요
281	나는 어려운 문제에 부딪치면 쉽게 포기해 버리는 경향이 있다.	예	아니요
282	귀중한 물건을 아무데나 두어 다른 사람으로 하여금 훔치고 싶은 유혹을 일으키게 하는 사람은 훔친 사람과 똑같이 과실을 범한 사람이다.	예	아니요
283	대부분의 사람들은 자기에게 도움이 될 것 같기 때문에 친구를 사귀게 된다.	예	아니요
284	나는 일의 결과에 대한 확신이 서기 전에는 일을 시작하려 하지 않는다.	예	아니요
285	나는 내 자신에 대해 높은 기준을 세우고 있고, 다른 사람들도 그래야만 한다고 생각한다.	예	아니요
286	만약 내가 정치가가 된다면, 대부분의 현 정치가들보다도 일을 더 잘 할 수 있다고 생각한다.	예	아니요
287	여러 사람과 함께 있으면 어떤 적합한 말을 해야 할지 어려움을 느낀다.	예	아니요
288	어떤 사람의 경우에 미래가 너무 불확실하기 때문에 진지하게 계획을 세울 수 없다.	예	아니요
289	나는 공식적인 사교모임에서는 곧잘 불안하고 불편해진다.	예	아니요
290	나는 천박한 이야기를 들으면 당황한다.	예	아니요
291	경찰차가 오는 것을 쉽게 볼 수 있도록 경찰차에 뚜렷하게 표시를 해야만 한다.	예	아니요
292	사람들은 나를 성인으로 대하기보다는 어린이로 대한다.	예	아니요

293	누군가가 나를 부당하게 취급하는 경우가 있다면 가능한 한 정의를 실현하기 위해 보복을 하여야만 된다고 생각한다.	예	아니요
294	나는 나쁜 일을 한 것 같은 느낌이 가끔 든다.	예	아니요
295	나는 가끔 입에 담기 어려울 정도의 나쁜 일들을 생각한다.	예	아니요
296	전문가라고 알려진 사람들 중에서 나보다 별로 나을 것이 없는 사람들을 가끔 보아왔다.	예	아니요
297	길을 걷다가 때때로 나는 어떤 사람과 마주치는 것을 피하기 위해 다른 쪽으로 간다.	예	아니요
298	나는 친구가 한 사람도 없어도 완전히 행복해 질 수 있다.	예	아니요
299	나는 가끔 나 자신이 쓸모없는 사람이라고 느껴질 때가 있다.	예	아니요
300	나는 가끔 다른 사람에게 짐이 된다는 생각이 든다.	예	아니요
301	나의 부모님들은 종종 나의 친구들을 못마땅하게 여긴다.	예	아니요
302	많은 사람들이 자신도 모르게 죄를 범한다.	예	아니요
303	나는 떠들썩하고 재미있는 모임이나 행사에 참석하기를 좋아한다.	예	아니요
304	확실히 나는 자신감이 부족한 편이다.	예	아니요
305	학교에 다닐 때 나는 학생들 앞에 나가서 말하기가 매우 어려웠다.	예	아니요
306	여러 사람과 함께 있으면 어떤 적합한 말을 해야 할지 어려움을 느낀다.	예	아니요
307	나는 누구든지 파티에서 취할 때까지 술을 마시는 것을 못마땅하게 여긴다.	예	아니요
308	나는 낯선 사람과 같이 있으면 자연스럽게 행동하기가 어렵다.	예	아니요
309	어떤 동물들을 보면 나는 불안해진다.	예	아니요
310	소수 집단이 천대를 받을 때도 있지만 나와는 무관한 일이다.	예	아니요
311	나는 종종 부모님들이 하라는 대로 하지 않는다.	예	아니요
312	나는 다른 사람들에게 주목의 대상이 되기를 좋아한다.	예	아니요
313	대부분의 사람들은 속으로는 남을 돕는 것을 싫어한다.	예	아니요
314	나는 때때로 나 자신의 업적을 자랑하고 싶어진다.	예	아니요
315	남을 속여서 거액의 돈을 빼앗을 정도로 영리한 사람이라면 그 돈을 가져도 좋다.	예	아니요
316	나는 방랑벽이 있어서 여행을 하지 않고는 결코 행복감을 느낄 수 없다.	예	아니요
317	많은 사람들은 사물을 진지하게 다루지 않는다는 결정을 가지고 있다.	예	아니요
318	선생님은 종종 학생들에게 지나치게 많은 공부를 기대한다.	예	아니요
319	나는 사냥을 매우 좋아한다.	예	아니요
320	학교 다닐 때 나는 학생들 앞에 나가서 말하기가 매우 어려웠다.	예	아니요
321	나는 밖에 나가거나 버스를 타거나 상점에 들어갔을 때 남들이 쳐다보면 괴로워진다.	예	아니요
322	나는 학교에서 무엇을 배울 때 느린 편이었다.	예	아니요
323	나 자신에 관해서 남에게 이야기하기가 매우 어렵다.	예	아니요
324	나는 내가 훌륭한 지도자가 될 수 있을까 의심스럽다.	예	아니요

325	내 가족 중에는 나를 몹시 괴롭히고 귀찮게 구는 사람이 있다.	예	아니요
326	우리는 조국만 걱정을 하면 되고, 다른 나라는 스스로 알아서 하도록 내버려 두어야 한다.	예	아니요
327	가끔 나는 집을 떠나고 싶은 생각이 들곤 했다.	예	아니요
328	나는 스페인의 투우 경기를 구경하고 싶다.	예	아니요
329	어떤 사람의 경우에 미래가 너무 불확실하기 때문에 진지하게 계획을 세울 수 없다.	예	아니요
330	솔직히 말해서 나는 다른 사람들이 원하는 바와 관계없이 내 고집대로 하려는 때가 종종 있다.	예	아니요
331	사회를 위해 봉사 할 때는 반드시 보수를 받아야 한다.	예	아니요
332	나는 분명한 이유 없이 가끔 시무룩하거나 짜증스러울 때가 있다.	예	아니요
333	나는 지진을 생각만 해도 두려워진다.	예	아니요
334	나는 내가 걱정해야 할 것 이상으로 많은 걱정거리를 갖고 있었다.	예	아니요
335	나는 기계에 관한 잡지를 좋아한다.	예	아니요
336	자녀가 없는 사람은 교육세를 낼 필요가 없다.	예	아니요
337	나는 다른 사람이 말을 걸어오기 전에 먼저 말을 걸지 않는 편이다.	예	아니요
338	신문에서 재미있는 부분은 만화나 해외토픽들 뿐이다.	예	아니요
339	나는 낯선 사람들에게 이야기를 꺼내기가 어렵다.	예	아니요
340	아무도 나를 이해하지 못하는 것 같다.	예	아니요
341	나는 리더와 조직에 더욱 가치 있는 사람이 되기 위해서 독특한 능력을 적극적으로 발휘한다.	예	아니요
342	리더의 부재 시에도 맡은 일보다 많은 일을 하고 능력껏 일한다.	예	아니요
343	내가 아무런 인정을 받지 못할 때라도 다른 동료들이 좋은 평가를 받도록 돕는다.	예	아니요
344	리더에게 의존해서 어려운 문제를 해결하기 보다는 스스로 해결한다.	예	아니요
345	자신의 업무범위를 벗어나는 일도 찾아내서 성공적으로 완수하기 위해 솔선수범한다.	예	아니요
346	자신에 대한 평가를 미루기 보다는 장점과 약점을 적극적이고 솔직하게 인정한다.	예	아니요
347	리더나 팀의 기준이 아니라 자신의 윤리적 기준에 따라 행동한다.	예	아니요
348	내 자신의 열의가 확산되어 주변 사람들을 활기차게 만든다.	예	아니요
349	내 자신의 목표가 조직의 최고 목표와 일치하는 경우가 많다.	예	아니요
350	조직의 목표에 공헌할 수 있는 새로운 아이디어를 독자적으로 고안해서 적극적으로 제기한다.	예	아니요

CHAPTER 02

면접

면접

면접은 일반적으로 서류심사, 필기시험, 적성검사 등을 실시한 후 최종적으로 지원자를 직접 대면해 인품·성격·언행·지식의 정도 등을 알아보는 구술 평가 또는 인물 평가이다. 면접은 지원자와 면접위원과의 맞선이므로 자신이 가지고 있는 능력, 사고방식, 장점을 모두 내보일 수 있도록 평소에 충분히 준비해야 한다.

자신 있고 명료하게 말하되, 핵심을 먼저 말하라.

자신이 말하고자하는 입장을 정확하게 밝힌다. 면접관의 질문을 경청하는 태도가 필요하며, 자신감 있는 말투와 웃음을 띤 밝은 얼굴로 면접에 임한다. 답변을 할 때에는 먼저 결론을 제시하고 설명을 붙이는 방식으로 구체적인 근거를 제시하는 것이 효과적이다.

모르는 질문에 당황하지 말고 성실하게 답변하라.

모르는 질문을 받으면 과장하여 대답하지 않고 솔직하게 모르겠다고 답변하고 배우겠다는 태도를 보이는 것이 중요하다. 당황하여 횡설수설하지 않고 아는 범위까지 성실하게 답변하며 자신의 부족한 부분을 솔직하게 인정하는 것이 좋다. 답변이 미흡했다는 느낌이 들더라도 마지막 질문 까지 최선을 다하는 태도를 보여야 한다.

어떤 상황에 처해도 유연하게 대처하라.

전혀 예상하지 못했던 상황이나 난처한 질문을 받았을 때 당황하지 않고 유연한 상황 대응력을 보여주어야 한다. 상황에 맞추어 재치 있는 답변을 하는 것이 면접관의 호감을 살 수 있다.

본인의 소신과 열정을 최대한 강조하라.

학창시절 관심을 가졌던 전공 분야, 활동, 성취 경험 등을 제시하며 기업에서 찾는 인재가 '나'임을 열정적으로 피력할 수 있어야 한다. 질문을 자신에게 유리한 국면으로 끌고 가는 지혜가 필요하며 자신 있는 질문에서는 승부수를 던져야 한다.

1. 인성역량

인성면접을 보는 이유는 단순히 개인 신상에 대한 평가를 하고자 하는 것이 아니다. 지원자의 기본적인 성향과 자라온 환경, 가치관, 관련 경험 등을 파악해 기업에 대한 열정, 가능성 등을 측정하기 위한 것이다. 인성면접 질문은 특기 · 적성 및 자신의 능력, 대학생활 소개, 장래희망 및 포부 등으로 분류할 수 있다. 인성을 중요시 하는 이유는 성실함과 인간됨이 기업의 모든 직무에서 요구되는 공통적인 기본 바탕이기 때문이다.

국민건강보험공단의 인재상
공단의 인재상은 '큰사람'이다.
큰사람이란 공단의 핵심가치를 소중히 여기고 인재상을 행동으로 실천하는 사람이다.
• 약속을 지키기 위해 책임을 다하는 인재
• 열린 마음으로 소통하기 위해 서로를 신뢰하는 인재
• 더 나은 가치를 만들기 위해 열정을 쏟는 인재
• 최고의 전문가가 되기 위해 끊임없이 성장하는 인재

1 개인신상

01 주위 사람들이 자신을 어떤 사람으로 보고 있다고 생각합니까?

기출질문 **예시답안**

답안 1.
친구들은 저를 '비타민'과 같은 사람이라고 말합니다. 아무리 주변 환경이 힘들고 어려울지라도 긍정적이고 낙천적인 사고방식으로 상황에 임하려고 노력하기 때문입니다. 저의 유쾌한 에너지가 다른 사람에게 활력소가 되고 업무에서도 시너지 효과를 창출할 수 있으리라 생각합니다.

답안 2.
아마도 저를 늘 바쁜 친구로 생각하고 있을 겁니다. 봉사활동과 동아리 활동, 학생회 활동을 모두 적극적으로 참여했기 때문에 시간을 쪼개서 생활하는 것이 습관이 되었습니다.

답안 3.
주위 사람들은 저를 '집념의 사나이'라고 합니다. 어떤 일에 집념이 너무 강해 제가 실패한 일에 대해서는 성공 할 때까지 도전하는 편입니다. 포기를 모르는 집념 때문에 받는 스트레스가 심하기도 하지만 목표를 달성했을 때의 쾌감은 이루 말할 수 없습니다. 어려운 고비를 넘기고 나면 또 다른 목표에 도전하는 삶이 진정한 청춘이라고 생각합니다.

면접관은 타인의 눈에 비친 지원자의 객관적인 모습을 궁금해 한다. 자기 분석이 아닌 타인의 분석을 묻는 질문은 겸손하면서 자신의 좋은 인상을 이미지화 할 수 있는 방향으로 답변하는 것이 좋다.

02 자신을 설명할 수 있는 단어를 말해보세요.

응용 질문

예시답안

제 모습을 잘 드러내는 단어는 양면성입니다. 저는 맡겨진 업무에 대해서는 차분하고 냉철한 판단을 하지만 때로는 열정적으로 모험을 할 줄 아는 반전이 있는 사람입니다.

03 자신의 단점과 극복방안을 말해보세요.

응용 질문

PAR3 부록

예시답안

저는 자기주장이 강한 편이라 남을 가르치려드는 경향이 있습니다. 이러한 단점을 극복하기 위해 평소에 제가 말을 하기 전에 상대방의 주장을 먼저 듣고 존중하기 위해 노력하고 있습니다.

04 지금까지 읽은 책 중 가장 인상 깊은 책을 말해보세요.

예시답안

답안 1.

마커스 버킹엄이 쓴 「First Break All the Rule」이라는 책이 인상에 깊게 남습니다. 이 책은 '재능 있는 직원들이 직장에서 가장 필요로 하는 것은 무엇인가'라는 질문에서 시작하여 다양한 분야에서 일하고 있는 백만 명이 넘는 사람에 대한 인터뷰를 바탕으로 유능한 관리자의 지혜와 관리 노하우를 담고 있습니다. 이 책을 통해 최고의 인재란 무엇이며, 최상의 팀을 만드는 리더십과 관리자의 행동 지침 등을 배울 수 있었습니다.

답안 2.

사마천의 「사기」를 제 인생의 책으로 삼고 있습니다. 한 시대를 풍미했던 고대 중국 인물들의 일화를 보노라면 옛날이나 지금이나 사람이 사는 세상은 다를 바가 없다는 생각이 듭니다.

관련상식

면접 전 준비

① **면접 전날 충분한 수면을 취하자.**

첫 인상은 면접에 있어 중요하다. 전날 충분히 수면을 취하지 못해 피곤해 보이거나 생기가 없어 보인다면 좋은 인상을 남기기 어렵다. 충분한 수면은 면접 당일 안정감을 유지해 주고 첫 출발의 신선한 마음가짐을 갖는 데 도움이 된다.

② **생기 있는 얼굴과 옷차림으로 대면하자.**

면접관이 가장 좋아하는 인상은 예쁘고 잘생긴 얼굴이 아니라 얼굴에 생기가 있고 눈동자가 살아 있는 사람, 즉 기가 살아 있어 보이는 사람이다. 면접 시 첫인상을 가름하는 중요한 변수 중의 하나가 바로 옷차림이다. 가장 중요한 것은 깔끔하고 단정한 인상과 신뢰감과 호감을 줄 수 있는 옷차림이다. 면접 당일에 당황하지 않도록 입을 옷과 소품 등을 미리 준비해두자.

③ **정보에 민감한 사람이 되자.**

면접의 질문대상이 될 수 있으니 아침에 인터넷 뉴스나 신문을 통해 중요한 최근 이슈를 알아 두는 것이 좋다. 특히 경제, 사회, 문화, 정치면 등을 유의해서 봐둘 필요가 있다.

④ **필요한 준비물은 확실하게 챙기자.**

회사에서 요구하는 서류 및 자신의 경력이나 능력을 증명할 수 있는 포트폴리오 등을 꼼꼼히 준비하고, 서류 이

외에 신분증(학생증, 주민등록증 등), 필기도구, 수첩, 시계, 손수건, 지도(회사 약도, 지하철 노선도 등)등 필요한 지참물들을 꼼꼼하게 챙겨두도록 한다.

05 지금까지 살면서 가장 기뻤던 순간을 말해보세요.

응용
질문

예시답안

지금까지 살면서 가장 기뻤던 순간은 대학을 수석으로 졸업했을 때입니다. 개인적으로도 명예로운 일이지만 졸업식에서 상을 받는 제 모습을 보고 부모님께서 저를 자랑스러워하실 때 가장 기뻤습니다. 여태껏 부모님을 크게 기쁘게 해드린 적이 없었는데 흐뭇해하시는 부모님의 모습을 보고 앞으로 더욱 열심히 살아야겠다는 다짐을 했습니다.

06 지금까지 살면서 가장 힘들었던 경험을 말해보세요.

응용
질문

예시답안

제가 초등학교 5학년이 되던 해, 제조업에 종사하시던 아버지의 사업이 부도가 났을 때 가장 힘들었습니다. 집에 많은 빚이 생기고 편안하게 살아왔던 생활이 송두리째 변하는 경험을 했습니다. 이후 부모님과 저, 동생이 똘똘 뭉쳐서 서로를 위로하고 절약한 결과 2년 뒤 저희 집은 안정을 되찾을 수 있었습니다. 그때의 경험으로 어떤 힘든 일이라도 가족이라는 버팀목이 있다면 얼마든지 극복할 수 있다는 가르침을 얻었습니다.

② 학교생활

학창시절 어느 한 가지에 몰입한 경험이 있습니까? 있다면 그 이유에 대해 설명해보세요.

예시답안

답안 1.

저는 어려서부터 영어에 관심이 많았고 좋아했습니다. 그 때문에 대학생이 되면 꼭 교환학생이 되어 외국의 대학에서 공부해보고 싶다는 목표가 있었습니다. 대학교 2학년이 되던 해에 한 기업에서 주최하는 '글로벌 해외대학 교환학생' 프로그램이 매년 시행된다는 것을 알았고, 선발의 기준이 되는 학점과 토플 점수를 향상시키기 위해 1년간 전력 질주 했습니다. 그 결과 3학년이 되던 해에 교환학생으로 당당히 선발될 수 있었습니다. 선발 후에도 힘들게 주어진 기회인만큼 교환학생 프로그램을 성실하게 이수하고자 노력했습니다. 정규수업에 충실하게 참여해서 학점 우수 학생이 되었고, 외국인 교수님들과도 좋은 관계를 유지할 수 있었습니다. 그리고 연수기간 동안 여러 국가의 친구들과 어울리면서 그들에게 한국의 독창적인 문화를 알리는 동시에 그들의 색다른 문화를 경험해 볼 수 있었습니다.

답안 2.

학과공부도 열심히 했지만 그에 못지않게 봉사 동아리 활동도 열심히 했습니다. 제가 속해있던 동아리에서는 보육원 아이들을 정기적으로 방문해서 학습을 지도해 주기도 하고, 형 또는 누나가 되어 함께 놀아주기도 했습니다. 돌이켜보면 제가 그 아이들에게 도움을 준 것이 아니라 진정한 어른이 되는 것에 많은 도움을 받았다고 생각합니다.

> 학창시절을 어떻게 보냈는지, 또 그것을 통해 무엇을 얻었는지를 묻고 있다. 단순히 자랑으로 끝내지 말고 거기에서 무엇을 얻었고 어떻게 자신이 성장했는지까지 말할 수 있어야 한다. 세계시장 진출을 활발히 하고 있는 기업에서는 어학 실력, 국제적 감각 등이 필수적으로 요구된다. 따라서 이와 관련된 경험이라면 부각시키는 것이 좋다. 아무리 작은 경험이라도 얻은 바가 있고 성장하는 데 도움이 되었다면 자신감을 가지고 표현하도록 하자.

02 아르바이트 경험에 대해 말해보세요.

응용
질문

_____

_____

_____

_____

_____

_____

_____

_____

예시답안

대학교 1학년 때부터 초등학생을 대상으로 하는 수영교실의 수영강사를 했습니다. 시작할 당시에는 제 몸을 단련하고 용돈을 벌어보자는 생각만 가지고 있었습니다. 그런데 처음에는 물에 뜨지도 못했던 아이들의 실력이 향상되어 가는 것을 보면서 가르치는 즐거움을 알게 되었습니다. '가르치는 것은 곧 스스로 배우는 것이다.'라는 말처럼 몸과 마음이 성숙해지는 값진 경험이었습니다.

03 어학 실력은 어느 정도입니까?

응용
질문

_____

_____

_____

_____

_____

_____

_____

_____

PAR3 부록

예시답안

전공은 아니지만 중국어에 관심이 많아서 교양과목으로 중국어를 수강했습니다. 초급에서 시작해서 회화수업까지 꾸준히 들었기 때문에 신문을 읽거나 간단한 문서를 작성할 수 있고, 기초 회화도 가능한 수준입니다. 최근에는 SNS를 통해 사귄 중국 친구들에게 일상적으로 사용하는 중국어를 많이 배우고 있습니다.

2. 직무역량

01 노령화가 건강보험에 미치는 영향과 이에 대한 방책에 대해 설명해보세요.

응용
질문

예시답안

노인들은 상대적으로 질병발생률이 높기 때문에 노인 진료비 증가를 유발하게 하고 건강보험료 수입의 증가율을 낮추어 건강보험의 재정수입을 감소시킬 것으로 전망 되므로 건강보험의 재정운용이 상당한 어려움에 처할 것 같습니다. 그러나 노령인구의 증가는 피할 수 없는 상황이기 때문에 사전 예방적 노인건강관리의 제공과 노인성질환예방에 대한 효과적이고 지속적인 정보 개발 및 제공이 필요하다고 생각합니다.

02 사회보장이란 무엇이라고 생각하는지 말해보세요.

응용
질문

예시답안

사회보장의 목적은 시대가 변함에 따라 바뀌고 있지만 내부로부터 발생하는 사회적 위험으로부터 국민들의 불안정한 사회생활을 보장해 주고 의료와 소득에 대한 최저수준을 보장해 줌으로써 인간의 존엄성을 유지할 수 있도록 해주는 제도라고 생각합니다.

03 담배소송에 대한 자신의 생각을 말해보세요.

응용
질문

예시답안

담배소송은 소송 자체만으로 담배회사에 부담을 줄 수 있고 금연 교육의 효과가 있습니다. 흡연과 질병의 인과관계는 이미 인정 됐기 때문에 담배회사는 책임을 회피 할 수 없으며, 공공기관이 담배와 관련하여 벌이는 첫 번째 사례이기 때문에 중요한 의미를 가진다고 생각합니다.

국민건강보험공단 면접사례

- 자신의 롤 모델을 말해보세요.

- 자신이 부족한 역량에 대해 말해보세요.

- 자신이 맡고 싶은 직무와 다른 직무에 배치된다면 어떻게 하겠습니까?

- 국민건강보험공단의 이미지에 대해 어떻게 생각하는지 말해보세요.

- 자신만의 스트레스 해소방법에 대해 말해보세요.

- 본인을 뽑아야 하는 이유에 대해 말해보세요.

- 국민건강보험공단이 하는 일이 무엇인지 말해보세요.

- 국민건강보험공단이 개선해야 할 점에 대해 말해보세요.

- 직장생활에서 가장 중요한 것이 무엇인지 말해보세요.

- 원칙이 우선이라고 생각하는지, 융통성이 우선이라고 생각하는지?

- 직장상사가 자신에게 능력 밖의 일을 지시하였을 때 어떻게 행동하겠습니까?

- 직장을 선택할 때 중요하게 여기는 것은 무엇인지 말해보세요.

- 자신이 곤란에 처했을 때 도움을 청하는 사람이 누구인지 말해보세요.

- 국민건강보험공단에 지원한 동기는 무엇인지 말해보세요.

- 자신이 지원한 지역과 다른 지역에 가게 된다면 어떻게 할 것인지?

- 10초 동안 자기PR을 해보세요.

- 보험급여란 무엇인지 말해보세요.

- 자신이 서비스를 받을 때 불만을 가졌던 경험을 말해보세요.

- 최근에 읽은 책의 저자와 내용을 말해보세요.

- 공단이 하고 있는 사업 중 가장 관심 있는 사업에 대해 말해보세요.

- 자신이 가장 좋아하는 사자성어를 말해보세요.

- 개인적인 약속이 있는데 상사가 중요한 업무를 지시했다면 어떻게 할 것인지?